CHRISTINE BAILEY

CUSTOMER INSIGHT

COMO ENTENDER O CLIENTE PODE REVOLUCIONAR SEU NEGÓCIO

TRADUÇÃO
UBK Publishing House

ubook UBK Publishing House

Publicado mediante acordo com a Kogan Page. Edição traduzida do livro *Customer Insight Strategies: How to Understand Your Audience and Create Remarkable Marketing*, publicado por Kogan Page.

ubook UBK
Publishing House

COORDENAÇÃO Alessandra Brito
EDIÇÃO Fernanda Barreto
COPIDESQUE Christian Danniel
REVISÃO Nádia Maia e Vinícius Nascimento
DIAGRAMAÇÃO Joyce Matos
CAPA Clarissa Duarte
IMAGEM DA CAPA Daisy Niedlich | Shutterstock

Dados Internacionais de Catalogação na Publicação (CIP)
(Câmara Brasileira do Livro, SP, Brasil)

Bailey, Christine

Customer insight : como entender o cliente pode revolucionar seu negócio / Christine Bailey ; tradução UBK Publishing House. -- 1. ed. -- Rio de Janeiro : Ubook Editora, 2021.

Título original: Customer insight strategies : how to understand your audience and create remarkable marketing
ISBN 978-65-5875-679-8

1. Clientes - Contatos 2. Marketing 3. Marketing de relacionamento I. House, UBK Publishing. II. Título.

21-86368 CDD-658.8343

Índices para catálogo sistemático:

1. Clientes : Comportamento : Marketing : Administração de empresas 658.8343

Cibele Maria Dias - Bibliotecária - CRB-8/9427

Ubook Editora S.A

Av. das Américas, 500, Bloco 12, Salas 303/304,
Barra da Tijuca, Rio de Janeiro/RJ.
Cep.: 22.640-100
Tel.: (21) 3570-8150

Este livro é dedicado à minha filha, Tazmin, que sempre me encoraja a "sair da minha zona de conforto".

SUMÁRIO

ENTREVISTADOS

Scott Brinker, vice-presidente do ecossistema de plataformas da HubSpot, editor do Chiefmartec.com e presidente de programas da MarTech.

Bev Burgess, autora, vice-presidente sênior e líder de prática global de ABM [account-based marketing] da ITSMA.

Leanne Chescoe, gerente sênior de marketing de campo da Demandbase.

Moira Clark, professora e diretora do Henley Centre for Customer Management.

David Cotterill, diretor de marketing da EMEA [Europe, Middle East and Africa — Europa, Oriente Médio, África] da Conduent.

Gemma Davies, diretora de estratégia global de ABM da ServiceNow.

Teri Donovan, diretora de marketing de parceiros e distribuição da EMEAR [Europe, Middle East, Africa, Russia — Europa, Oriente Médio, África e Rússia] da Cisco Systems.

Carlos Doughty, CEO, diretor de marketing tecnológico e fundador da MarTech Alliance.

Stefan Eller, diretor sênior de inteligência competitiva da Cisco Systems.

Halvor Garaas, líder de análise da Cisco Systems.

Linus Gregoriadis, diretor e cofundador da London Research.

Jenna Hamlyn, diretora de conteúdo e comunicações da Valitor.

Joel Harrison, editor-chefe e cofundador da B2B Marketing.

Clive Humby, OBE, inovador em ciência de dados e especialista em assuntos temáticos, além de diretor científico de dados da Starcount.

Andrew Kane, diretor-geral da Sedgwick Richardson na Grande China.

Katie King, conselheira de administração, autora, consultora de gestão e palestrante sobre Inteligência Artificial (IA).

Pascal Lendermann, diretor de marketing global da Cisco Systems.

Ben Lyons, gerente de operações de atendimento ao cliente da The Co-op.

Wendy McAuliffe, fundadora e diretora da Populate Digital.

Jen McClure, diretora do centro de marketing e comunicação da The Conference Board, e diretora de programas do conselho de mídias sociais e CEO da JEM.

Paul Nola, associado da Context Consulting.

Cath Puddick, líder global de customer insight e inteligência conectada da Cisco Systems.

Aly Richards, CEO da Odyssiant.

Richard Robinson, diretor comercial da DPL.

Emma Roffey, vice-presidente de marketing da EMEAR da Cisco Systems

Ruth Rowan, diretora de marketing da NTT.

James Rowland, diretor de desempenho digital da Refinitiv.

Steve Russell, diretor executivo da Cyance.

Mark Schaefer, palestrante, consultor de marketing, autor de Marketing Rebellion, coach de branding executivo.

Richard Tyler, astro do West End, autor, orador, coach e terapeuta.

John Watton, ex-líder europeu de marketing da Adobe*.

David Wharram, CEO da Coast Digital.

Tim Williams, CEO da Onalytica.

Julia Bramble, estrategista e instrutora de anúncios e marketing para mídias sociais.

Laura Hannan, cofundadora e diretora Comercial da Pitch 121.

Adam Gray, cofundador e diretor de propriedade intelectual da DLAignite.

William Blundon, presidente e CEO da Advert One.

*atuando sob título pessoal

Os pontos de vista e opiniões expressos neste livro são dos próprios autores e não refletem, necessariamente, as opiniões dos entrevistados ou de suas organizações afiliadas.

Prólogo

Liberte-se de sua zona de conforto

Como profissionais de marketing, queremos criar um marketing extraordinário, memorável e que funcione. Entretanto, enfrentamos orçamentos apertados, metas trimestrais e regulamentações sufocantes, e por isso, é difícil parar, pensar e considerar como fazer coisas diferentes para chegar a essa posição extraordinária. O marketing notável está se tornando cada vez mais elusivo. Entramos na "era inteligente", em que um profundo customer insight define cada ação; porém, para muitos profissionais da área isso não está acontecendo, e eles estão começando a ficar para trás. Como a Forbes (2019) comentou recentemente: "A influência exercida por líderes de marketing vai além da escala de seguidores nas mídias sociais ou do alcance de suas menções em jornais. Sua influência está na forma como se sintonizam com as atitudes dos clientes e as tendências do setor, traduzindo um conjunto sempre crescente de dados e informações de marketing em uma estratégia coerente para seus próprios negócios e, muitas vezes, uma visão ao setor como um todo".

Para ser um líder de marketing extraordinário, você provavelmente precisará saltar para o desconhecido. Este livro o incentivará a se desafiar, a dar um passo além de sua zona de conforto — seu espaço seguro — e a começar a pensar em aplicar o customer insight de maneiras que ainda não fez. Compartilharei minhas experiências e as de outros, de como os customer insights são usados para criar um marketing notável. Tais histórias o inspirarão e demonstrarão como usar estratégias de customer insight no marketing, não importando quão grande ou pequena seja sua organização.

Há muito tempo, inspirei-me na obra de Richard Tyler, um astro de West End, autor, palestrante, coach e terapeuta, cujo livro de 2015, Jolt, me motivou a tentar novas formas de pensar. Senti-me encantada quando Richard concordou em contribuir para este prólogo, e você encontrará suas palavras entremeadas ao longo do livro. Começaremos com algumas palavras de Richard sobre criar algo extraordinário.

OPINIÃO DE ESPECIALISTA

Richard Tyler

Há três elementos para um desempenho extraordinário:

1. seu porquê;
2. sua vontade;
3. sua disciplina.

Seu porquê e seu propósito são extremamente importantes. Quando falo de propósito para empresas, relaciono-o com minha experiência no mundo das artes cênicas. Nesse espaço, ser extraordinário é inegociável. Você não pode simplesmente entrar em piloto automático. Quando estrelei *O fantasma da ópera*, a equipe se reunia 35 minutos antes de cada espetáculo para se perguntar como poderíamos nos sair melhor do que no dia anterior. A pergunta era feita a cada um dos envolvidos na produção, desde o protagonista até o operador dos holofotes. Cada indivíduo era responsável por entregar algo extraordinário, e o porquê de todos estava alinhado.

Quantos negócios fazem isso? Quantas empresas consideram fazer suas tarefas de uma forma melhor do que no dia anterior, tanto individual quanto coletivamente? É possível criar coisas extraordinárias apenas quando seu propósito é claro e seu porquê está alinhado. Muitos dos processos, sistemas, atitudes, comportamentos e ações que o tornam bom no que faz não serão o que o tornará extraordinário. Os negócios de sucesso são ágeis e reativos.

Para criar o extraordinário, você precisa de fato querer o resultado e senti-lo dentro de si. Você precisa querê-lo o suficiente para que se traduza em disciplina, diligência, rigor, implacabilidade e destemor. Vejo muitas organizações lideradas por obrigações em vez de desejos. Dê vida a este livro porque deseja dar vida a ele, porque quer o resultado e quer fazer um grande marketing baseado no discernimento, não porque Christine diz que você *deve*. Qualquer coisa que façamos como obrigação geralmente não nos pertence, o que, por consequência, gera um conflito interno.

Por fim, há a parte da disciplina. Nunca deixe de conversar sobre como melhorar as coisas. Seja implacável. Tenha ímpeto. Não reserve essa conversa para uma vez por mês, faça-a acontecer diariamente. Faça dos insights uma norma em sua organização e não algo ao qual você retorna uma vez por ano, mas que acontece no dia a dia. O mundo está em constante mudança, portanto, os insights também mudam, e o que seus clientes pensavam ontem pode não ser o que pensam hoje.

Saindo da zona de conforto

O que quero dizer com zona de conforto? É um lugar ou uma situação em que nos sentimos à vontade e sem estresse. Agarramo-nos a esse espaço porque é seguro e previsível. Muitas vezes, não temos confiança para sair dele, mas permanecer dentro de seus parâmetros nos impede de avançar.

Como profissional de marketing, você permanece extremamente ocupado. Seus dias são cheios e sua lista de tarefas é sempre longa, apesar disso, talvez você nunca saia da zona de conforto. Pergunte-se: você costuma correr riscos? Tem o hábito de superar limites, de tentar algo novo? Ou acha que entrega o que precisa entregar, e sendo assim, por que tentar algo diferente? As enormes recompensas vêm quando assumimos riscos e saímos do nosso espaço seguro. Quando se liberta da zona de conforto, as oportunidades se abrem e você entra em um território antes desconsiderado. Tal atitude é emocionante e repleta de possibilidades.

Começarei contando minhas experiências fora da zona de conforto. Alguns anos atrás, fui impactada por uma grande mudança em minha vida. Perdi o emprego e a equipe que eu amava. Será que entrei em pânico? Fiquei arrasada? Muito pelo contrário. Na verdade, disse a mim mesma: "Isso pode levar a algo ainda melhor." Senti-me genuinamente otimista com a mudança que estava por vir. Senti-me confortável fora da zona de conforto.

Não é fácil sentir-se à vontade com o desconforto, mas a boa notícia é que se trata de um comportamento que se pode aprender. Aprendi a lidar com isso porque a demissão não era algo novo para mim — já ocorrera duas vezes, e a cada vez eu acabava em um lugar melhor. Minhas experiências me ensinaram a me sentir feliz fora do meu espaço seguro, e eu sabia que tudo daria certo. Libertar-se da zona de conforto não acontece naturalmente, é como qualquer coisa; se praticar, você se tornará melhor nisso. Se quiser que o customer insight impulsione seu marketing, isso não pode ser feito apenas uma vez. Como diz Richard, o mundo e os insights estão em constante estado de fluxo, então como condicionar-se para repetir o processo de forma contínua? Recorremos outra vez a Richard para conseguir algum insight sobre isso.

OPINIÃO DE ESPECIALISTA

Richard Tyler

Para mudar a cultura de sua organização, você precisará desenvolver novos hábitos e impulsionar consistentemente suas intenções, contando uma história diferente. Em sua velha história, o insight pode ter sido algo que você apenas precisava conferir às vezes. Sua nova história precisará explicar por que o insight deve ser conferido todos os dias.

Isso é muito importante, portanto, não seja um lobo solitário. Se estiver por conta própria, achará difícil levantar sua voz e contar essa história. Aconselho-o a conseguir apoio para que, quando as coisas inevitavelmente derem errado, você tenha pessoas por perto para ajudá-lo. Considere quem poderia apoiá-lo — sua equipe, um gestor ou mentor? Você precisa de alguém que o encoraje quando cair e lhe parabenize quando tiver sucesso.

Ao fazer isso, você se colocará numa posição vulnerável e precisará ser corajoso o suficiente para fracassar. Não será brilhante no início. As pessoas duvidarão de você e tentarão continuar insistindo na velha história. Mas continue. Seja implacável. Não pare no primeiro obstáculo. Ao introduzir algo novo, as coisas darão errado. Isso é fato. A questão importante é o que você faz após a primeira tentativa. É aí que está o ouro em pó — no insight que vem de nossos erros.

Haverá um insight pessoal, de equipe, e cultural antes de você sair e conseguir o customer insight.

Há cinco passos que você precisa dar ao sair da zona de conforto e abraçar o risco em prol da recompensa:

1 Desafie suas crenças limitantes.
2 Ouse começar antes de estar pronto.
3 Não peça permissão, peça perdão.
4 Dê pequenos passos para realizar grandes sonhos.
5 Alimente seu cérebro.

Desafie suas crenças limitantes

A primeira vez que estive realmente ciente do conceito das "crenças limitantes" foi num fim de semana com Tony Robbins, o renomado coach de vida e autor americano, no Excel Centre [Centro de Exposição de Londres]. Meu chefe, na época, estava realmente interessado nesse tipo de coisa, e fomos juntos como uma equipe. Tony Robbins é conhecido por fazer as pessoas andarem descalças sobre brasas. Fizemos isso no final da primeira noite. Estava convencida de que arderia em chamas, mas aprendera durante o dia que essa era uma crença limitante. Em vez disso, racionalizei para mim mesma dizendo: "Milhares de pessoas fizeram isso antes de você e não se queimaram. Matar ou ferir pessoas em massa não é um modelo de negócios muito sustentável". Caminhar sobre o fogo ensinou-me que se você acreditar que pode fazer algo, você consegue. Tal atitude é incrivelmente poderosa. Após caminhar descalço sobre brasas e não arder em chamas, você realmente acredita que consegue fazer qualquer coisa! De fato, desde então, se acho que não consigo fazer algo, pergunto-me: "Isso é um fato ou apenas uma crença limitante?"

FIGURA 0.1 Onde a mágica acontece

Então pergunte-se: você consegue identificar alguma crença limitante que o está segurando? Há alguma coisa que o impeça de tentar algo novo? Não desconsidere este livro por achar que ele não é técnico o suficiente ou que você não tem tempo ou capacidade para assumir mais uma coisa. Se está pensando em alguma dessas coisas, pare e pergunte-se: "Isso é um fato ou apenas uma crença limitante?" Pergunte-se se existe algo que realmente o impeça de experimentar e explorar novos territórios. Esse tipo de questionamento lhe permitirá fazer mudanças ousadas e corajosas.

Enfrente a síndrome do impostor

A síndrome do impostor é um fenômeno psicológico ligado à ideia de limitar crenças. Manifesta-se como um sentimento internalizado de que seremos expostos como uma fraude. Você já experimentou isso? Certamente já, e não me importo em dizer que a senti ao escrever este livro. O que ajudou foi dizer a mim mesma que não podia esperar saber tudo sobre customer insight (ninguém sabe), porém, incorporar as experiências de outros especialistas na área preencheria a lacuna. Isso realmente me livrou da pressão, e superei a síndrome do impostor. Também me ajudou a reconhecer tanto meus próprios pontos fortes quanto os do livro. Este não é um livro sobre as mais novas, tampouco sobre as melhores reflexões acerca da análise do cliente. O que ele oferece é um insight valioso das minhas experiências e das vivências dos incríveis profissionais de marketing com quem tive o privilégio de trabalhar em minha carreira.

Identificar e enfrentar a síndrome do impostor é muito semelhante a identificar e enfrentar suas crenças limitantes. O segredo é aprender a mudar nosso pensamento e, em vez de nos concentrarmos no que não estamos fazendo ou ainda não fazemos, passarmos a reconhecer nossos pontos fortes e nossa trajetória. Não tenha medo de ostentar seus pontos fortes. Quanto mais confiança tiver em suas habilidades, maior será a probabilidade de sair da zona de conforto.

Ouse começar antes de estar pronto

No marketing, é fácil adiar a tomada de decisões ou tentar coisas novas. Estamos sempre esperando a próxima reunião, a próxima informação ou o próximo orçamento trimestral para ajudar a determinar nosso próximo passo. Esperamos mais tempo livre, que alguém volte das férias ou a contratação de alguém que assumirá parte da nossa carga de trabalho. Soa familiar? A realidade é que mesmo que trabalhasse 24 horas por dia e contratasse alguém (ou algumas pessoas!) para ajudá-lo, ainda assim não conseguiria fazer o trabalho. Isso me leva a outro grande aprendizado extraído de Jolt: ouse começar antes de estar pronto. Eis o que Richard tem a dizer sobre isso:

OPINIÃO DE ESPECIALISTA
Richard Tyler

Não espere pelo momento perfeito para começar algo, porque esse momento nunca chegará. Quando estava na escola de teatro e na faculdade de música, ofereciam-me uma escala ou um roteiro e diziam-me: "Faça isso agora". Não havia tempo para me preparar nem para pensar: "E se eu não estiver pronto?" Você precisaria ter coragem suficiente para fazer naquele momento. Você experimenta uma rápida onda de aprendizado somente ao começar a fazer algo pela primeira vez. As pessoas muitas vezes ficam paralisadas esperando pelo momento perfeito, mas você nunca terá as perguntas perfeitas, a maneira perfeita de se envolver com seus clientes ou a porção de dados perfeita. Faça sua primeira tentativa, e isso lhe servirá de trampolim para o extraordinário.

Sábias palavras! Minha mensagem a você é a seguinte: não espere até ter todas as respostas. Isso pode nunca acontecer! Marketing trata-se de experimentos, portanto, comece a testar ideias e abordagens diferentes. Thomas Edison, o inventor e empresário americano, supostamente disse: "Eu não falhei, apenas encontrei dez mil maneiras que não funcionam." Uso sua filosofia o tempo todo quando ainda não encontrei uma solução para algo, e isso realmente elimina o estresse da situação.

Marketing trata-se de arte e ciência. Você pode pegar a ciência e usá-la da melhor forma que puder, mas é impossível produzir uma fórmula mágica que sempre funcione. Já lhe pediram para medir o índice exato do retorno de uma campanha? A olhar para algo em preto e branco e dizer: "Gastamos a quantidade X e tivemos Y de retorno, então faremos mais de X?" Sem essa! O marketing não funciona assim, e mesmo a pessoa mais qualificada não pode ter respostas para tudo. Todavia, o fato de não termos respostas não deve nos prender. Canalize seu Thomas Edison interior e caso sinta que precisa tentar algo novo, vá em frente e faça. Cada experiência fornecerá um ponto de dados e o aproximará da resposta que procura.

Não peça permissão, peça perdão

Outro ditado que gosto de adotar em minha vida é: "Não peça permissão, peça perdão." Quando estava na escola, os alunos não destinados à universidade eram treinados como datilógrafos. Eu queria aprender a datilografar, mas me disseram que não podia — essa função era apenas para "garotas estúpidas". Felizmente, a professora da turma de datilografia também era minha professora de economia. Ela prometeu levar-me à classe e inscreveu-me para a prova. Ela disse: "Não pediremos permissão, pediremos perdão quando você passar na prova." Aprender a datilografar me garantiu um emprego remunerado quando eu era estudante. Também me deu a frase de abertura do meu bastante visualizado TEDx Talk "Conselhos não convencionais sobre carreira" (BAILEY, 2016), que, no momento em que escrevia este livro, recebeu mais de 126 mil visualizações

A ideia de pedir perdão se as coisas não derem certo tem funcionado bem para mim ao longo de minha carreira. Afinal, se optarmos pelo jeito seguro o tempo todo, talvez nunca cheguemos a tentar algo inovador de verdade. O mundo do marketing é um ambiente acelerado, e não temos tempo para adiar as decisões até que a permissão seja concedida. Sinta-se apto a agir. Se algo parece certo e não há um enorme risco associado, basta seguir em frente e fazê-lo. Isso não quer dizer que pedir perdão não seja difícil para uma seguidora de regras como eu! Mas, descobri que a recompensa em geral supera o risco. Às vezes, você só precisa fazer as coisas, correr algum risco e depois pedir perdão. O que pode acontecer de pior? Não me cite em suas obras no que diz respeito a isso!

Dê pequenos passos para realizar grandes sonhos

É ótimo sonhar grande e estabelecer metas ambiciosas, porém como atingi-las sem se sentir sobrecarregado? Um pouco de ansiedade faz bem; ela o mobiliza e concentra sua atenção. Todos sentimos ansiedade e precisamos dela; sinto-me um pouco ansiosa toda vez que subo ao palco para me apresentar, mas sei que isso melhora minha oratória porque me obriga a me certificar de que estou muito bem preparada e ensaiada. Entretanto, se a ansiedade saudável se torna um estresse avassalador, então o oposto é verdadeiro. Segundo o dr. Philippe Goldin, um neurocientista da Universidade de Stanford, "a ansiedade é normal e muitas vezes ajuda a concentrar a atenção e impulsiona a fazer o que precisa ser feito e agir; quando a ansiedade está acima de um limiar, tanto em intensidade quanto em duração, ela começa a ser corrosiva e a minar a produtividade e o bem-estar" (HOWARD, 2013).

Para arrasar sem surtar, procure fazer apenas uma mudança pouco confortável a cada semana. Recorrerei outra vez a Richard, que nomeou tal atitude de "um grau de mudança". É um belo termo que Richard explica com mais detalhes.

OPINIÃO DE ESPECIALISTA

Richard Tyler

Controlamos nossa atitude, humor, comportamento e reações, e dentro desses pontos de escolha há pequenas adaptações que poderíamos fazer em torno de coisas como: a maneira como caminhamos, ficamos de pé, nos sentamos, o quão alto falamos ou a energia que trazemos a um ambiente. Uma vez esclarecidas as escolhas, você pode começar a mapear suas intenções e a preencher as lacunas entre o que faz atualmente e aquilo que deseja fazer. Não faça grandes mudanças. Nao diga que quer "se comunicar melhor". Isso é algo grande. Em vez disso, pense nas pequenas adaptações que poderia fazer na maneira de se comunicar, que melhorariam suas escolhas e desempenho atuais.

Pequenas adaptações têm um efeito significativo. Se você pegar duas linhas de trem paralelas e mover uma delas por um grau, oitenta quilômetros depois da linha, as duas linhas ficarão a um quilômetro e meio de distância.

Tenha a coragem de mover as peças realmente pequenas, acredite que elas são significativas e têm o potencial de mudar o jogo. Quando nos reunimos como equipe antes de uma apresentação de *O fantasma da ópera*, não pensávamos nas grandes mudanças que poderíamos fazer. Pensávamos nas pequenas coisas, nas quais poderíamos colocar nossa energia e nos concentrar para melhorar. Seguir pequenas ações diárias literalmente forma novos caminhos neurais no cérebro. Como terapeuta, sou muito consciente da importância de construir pequenos hábitos diários que reprogramem a mente durante um período. Neste mundo de ritmo acelerado, é bem fácil não vermos o valor em pequenas mudanças. Nosso sistema de filtragem as elimina, mas ao definir a pequena mudança que fará em um dia, você colherá as recompensas.

Tenha uma direção, mas não um plano fixo

Falo muitas vezes em ter uma direção, mas não um plano fixo. Planos podem não dar certo. No marketing, fazemos um plano no início do ano, no qual normalmente precisamos definir o que faremos no trimestre. Com que frequência você já olhou para esse plano no final do ano e se maravilhou com o quão desatualizado ele está? É importante pensar a longo prazo e ter uma direção estratégica, porém, às vezes nosso plano de ação, de como vamos chegar ao ponto final, é muito inflexível ou complexo. Pode ser limitante ou avassalador, e esquecemos de dividi-lo e dar pequenos passos. Desde que siga o rumo certo, não importa quão pequenos sejam seus passos. Você chegará lá no final e descobrirá coisas que não imaginara ao longo do caminho.

Aprendi essa lição quando estava escalando o monte Kilimanjaro na África. Eu estava com um grupo de pessoas que caminhava muito rápido e, desde o primeiro dia, eles me deixaram comer poeira. Comecei a pensar: “Caramba, jamais vou conseguir”. E um pensamento genuíno que tive foi: “Parecia mais fácil nas fotos!” Por sorte, havia um guia fantástico, que me disse: “Não há um prêmio para quem chegar primeiro. Você só precisa chegar ao topo." Ele disse: "Siga-me. Estabelecerei o ritmo. Você só precisa colocar um pé na frente do outro." Partimos na manhã seguinte, e ele determinou o ritmo. Ele ia tão devagar que pensei que estava zombando de mim. Após uma hora, tínhamos conseguido alcançar os outros, que estavam descansando. Conseguimos ultrapassá-los. E sabe de uma coisa? Fomos os dois únicos, do grupo inteiro, a chegar ao topo! Os outros precisaram desistir por causa do cansaço, do enjoo pela altitude e das condições climáticas adversas. Era realmente assim tão simples — colocar um pé na frente do outro e dar pequenos passos para realizar meu grande sonho.

Alimente seu cérebro

O cérebro é como qualquer outro músculo do corpo; para ficar mais forte, precisa de exercícios. A neuroplasticidade prova que nosso cérebro consegue mudar de maneira contínua, mas para isso, precisa ser constantemente desafiado.

Ao final de cada capítulo, você encontrará uma seção intitulada "Alimente seu cérebro", em que farei sugestões de coisas a serem examinadas ou ações a serem tomadas para desenvolver sua mente. Dessas sugestões, escolha algo que normalmente não faria. Por exemplo, se costuma ler livros, opte por postagens em blogs ou TED Talks. Conecte-se com uma pessoa nova nas mídias sociais ou faça uma pesquisa cultural diferente. Escale uma montanha! Funcionou para mim. O importante é continuar se desafiando com coisas novas, pois isso tornará seu cérebro mais forte e mais adaptável. No marketing, sempre nos dizem para "pensar de forma inovadora" e "ser criativo", mas essa é uma grande questão se nosso cérebro está atolado com metas e listas de tarefas trimestrais. Faça um treinamento cruzado com seu cérebro para mantê-lo flexível e forte.

Quero que este livro o inspire a fazer um marketing notável. Fuja da zona de conforto para começar a experimentar algo novo. Incentivo-o a seguir os conselhos de Richard Tyler e a alcançar aquele grau de mudança que somará vários graus mais adiante. Desafio-o a experimentar e a pensar em customer insight de novas maneiras, e a não esperar pelo momento perfeito para começar. Em marketing, nunca há o momento perfeito; você estará sempre ocupado. Haverá sempre algo mais a fazer. Comece agora. Ouse começar antes de estar pronto.

Principais aprendizados

- O marketing notável está se tornando cada vez mais elusivo. Entramos na "era inteligente", em que o customer insight profundo define cada ação, mas para muitos profissionais de marketing, isso não está acontecendo, e eles estão começando a ficar para trás.
- De acordo com Richard Tyler, há três elementos para um desempenho extraordinário: seu porquê, sua vontade e sua disciplina.
- Libertar-se de sua zona de conforto não ocorre naturalmente, mas como qualquer coisa, se praticar, você vai melhorar. É preciso dar cinco passos:
  - Desafie suas crenças limitantes.
  - Ouse começar antes de estar pronto.
  - Não peça permissão, peça perdão.
  - Dê pequenos passos para realizar grandes sonhos.
  - Alimente seu cérebro.

ALIMENTE SEU CÉREBRO

- Leia *Jolt*, o livro de Richard Tyler. Pense no único grau de mudança que somará vários graus mais adiante.
- Veja meu TEDx Talk, "Conselhos não convencionais sobre carreira" ou qualquer outro TED Talk que o inspire a tentar algo novo.
- Experimente!

Referências

BAILEY, C. Christine Bailey: Unconventional Career Advice. YouTube, 2016. Disponível em: https://perma.cc/4NDF-NSMF.

FORBES. The World's Most Influential CMOs 2019. Forbes, 2019. Disponível em: https://perma.cc/4PAW-M74Y.

HOWARD, J. Performance Anxiety Study Suggests Getting Exciting Help More Than Trying to Calm Down. HuffPost, 31 de dezembro de 2013. Disponível em: https://perma.cc/7CSM-H6K6.

TYLER, R. Jolt: Shake up Your Thinking and Upgrade Your Impact for Extraordinary Success. Chichester: John Wiley & Sons, 2015.

01

Uma introdução sobre customer insights

Introdução

Você se lembra da última vez em que pensou "uau, que estratégia de marketing incrível" ou ficou surpreso com o quão bem um vendedor ou fornecedor em potencial o compreendia? Quando foi a última vez que recebeu uma campanha publicitária realmente direcionada que o obrigou a agir? Percebeu alguma tendência nas mensagens de marketing que anda recebendo? Por acaso, você anda recebendo menos delas? Elas são mais ou menos direcionadas do que as que recebia cinco anos atrás? Tome um tempo para considerar o marketing que recebe a cada dia. Trata-se de algo memorável ou apenas aceitável?

Este capítulo reconhece como o papel do profissional de marketing está mudando para além do que reconhecemos, e também alguns dos desafios que enfrentamos quando usamos customer insights para justificar nossas decisões e formar nossa estratégia.

Para ajudar a destacar alguns dos desafios que os profissionais de marketing enfrentam hoje, chamei Mark Schaefer, o internacionalmente aclamado especialista em marketing cujo livro de 2019, Marketing Rebellion, apresenta uma nova perspectiva radical sobre o papel do profissional dessa área. Você encontrará suas palavras entremeadas ao longo deste capítulo. Mas antes, sejamos claros sobre o que queremos dizer com "customer insight" e como ele pode ser acionado dentro das organizações.

O que significa customer insight?

Começaremos pelo início, ou seja, o que é "customer insight" e de onde vem? O customer insight resulta da análise e interpretação de dados, comportamento e feedback do mercado, da concorrência e do cliente. O objetivo é se munir com algumas informações que o ajudem a servir melhor seus clientes. Elas permitem uma compreensão profunda das crenças, necessidades e relacionamento dos clientes com sua marca, bem como as motivações inerentes ao seu comportamento de compra.

Os benefícios da utilização das técnicas de customer insights são claros. Alcançar uma compreensão profunda dos clientes significa dizer que você estará mais preparado do que seus concorrentes para responder a seus desejos e necessidades. Isso, por sua vez, fará com que o cliente se sinta valorizado, promoverá a fidelidade à marca e o ajudará a se conectar em um nível emocional. Esse nível de fidelidade à marca impulsiona as vendas e lhe dará vantagem competitiva.

A Forrester Research (2016) cunhou o termo "negócios orientados por insights" para descrever um novo tipo de empresa que "incorpora profundamente a análise e o software em seu modelo operacional para ser obcecada pelo cliente". Essas empresas utilizam "dados, análises e softwares em circuitos fechados e continuamente otimizados para se diferenciar e competir" (FORRESTER RESEARCH, 2016). No relatório de 2017 Insights-Driven Businesses Set the Pace for Global

Growth, a Forrester deixa claro que as empresas orientadas por insights devem prevalecer no futuro. Elas estão trilhando o caminho certo para ganhar 1,8 trilhão de dólares anualmente até 2021 e crescem oito vezes mais rápido que o PIB global (CLAVERIA, 2019).

O que significa o "insight acionável"?

É importante que as organizações utilizem o insight, mas ele precisa resultar em ações diretas, claras e significativas direcionadas ao crescimento e ao aperfeiçoamento. Enquanto a maioria das empresas se afogam em dados, muitas carecem das ferramentas, pessoas e habilidades necessárias para transformar esses dados no tipo de ação significativa que lhes permitirá se tornar um negócio orientado por insights. De fato, o relatório da Forrester de 2016 afirma que "enquanto 74 por cento das empresas dizem que querem ser 'orientadas por dados', apenas 29 por cento dizem que conseguem conectar as análises à ação" (FORRESTER RESEARCH, 2016). Uma empresa orientada por insights coletará dados brutos e os converterá em informações (informações são dados processados em um formato de fácil leitura, por exemplo, representação visual ou painéis de controle). Sendo assim, um insight acionável é criado pela análise dessas informações, que têm por objetivo fornecer conclusões e facilitar a tomada de decisões estratégicas.

Nem todos os dados, no entanto, trazem insights. Estamos cercados deles, mas nem sempre são do tipo que precisamos para formular sólidas estratégias de marketing. Não me refiro a dados reunidos por trilhas digitais, mas da sabedoria que vem de uma pesquisa qualitativa e quantitativa comprovada e verdadeira. Para obter um insight acionável de seus dados, eles devem lhe dizer algo novo em vez de simplesmente confirmar seu conhecimento existente. Um insight é uma descoberta que contradiz seu conhecimento, confirma, nega sua suspeita, ou quantifica sua importância. Insights acionáveis levam à adaptação e à ação dentro da organização, ou confirmam o fato de que nenhuma ação é necessária. A professora Moira Clark, diretora do Henley Centre for Customer Management, expande esse ponto.

OPINIÃO DE ESPECIALISTA

Professora Moira Clark da Escola de Negócios Henley

Há três tipos diferentes de insights acionáveis:

1. Insight > adaptação > ação: o pensamento crítico é necessário para transformar conclusões baseadas em insights em ações.
2. Insight > nenhuma ação necessária: nem sempre é viável ou necessário agir, mas a análise de dados pode ser usada para confirmar suas suposições ou enganos. Por exemplo, um produto ou serviço pode ser visto como problemático, mas se os clientes não o destacam como um problema, então nenhuma ação é necessária.
3. Insight > repensar a estratégia: a análise de dados também pode ajudar a validar se uma determinada estratégia funciona ou não e se ela precisa de mais reflexão.

Você precisa saber o que está procurando ou tentando testar, e uma vez que tenha o insight, precisa escolher se deve ou não agir de acordo com ele. Se os clientes dizem que seu concorrente oferece uma experiência melhor do que você, esse é um importante insight em que é necessário tomar medidas. Seria possível aprofundar por meio de mecanismos de feedback de clientes, tais como pesquisas de NPS (em que os clientes são questionados se recomendariam ou não uma organização); avaliações on-line (em grande parte baseadas em texto, mas a análise consegue transformá-las em insights); ou mídia social (para obter uma compreensão mais profunda do que os clientes realmente dizem sobre suas experiências).

A análise de dados requer uma solução confiável para interpretar os insights no contexto correto. As respostas livres são notoriamente difíceis de analisar, mas os desenvolvimentos de aprendizado de máquina e inteligência artificial (IA) indicam que agora é possível fazê-lo. No entanto, você ainda precisa de um ser humano para identificar o que é acionável de forma prática e o que é apenas insight para o negócio (com base no contexto e no histórico).

De acordo com Dykes (2016), os insights acionáveis dos dados têm seis principais atributos:

1 Alinhamento estratégico: um insight é mais provável de conduzir à ação se estiver estreitamente alinhado aos objetivos centrais do negócio e às iniciativas estratégicas.

2 Contexto: para incorporar um insight, deve haver uma compreensão de porque é importante (por exemplo, na forma de um benchmark ou no ambiente de negócios). Sem esse entendimento, o insight poderia levantar outras questões e retardar a ação.

3 Relevância e aplicabilidade: muitas vezes há um grau de subjetividade quando se trata da relevância dos insights, e, enquanto uma pessoa pode achar um insight significativo, outra pode não achar. Portanto, é importante garantir que os insights sejam direcionados às pessoas certas, no lugar certo e na hora apropriada.

4 Especificidade: detalhes suficientes e específicos são necessários para agir com base em um insight. Às vezes, os insights baseados apenas em medidas de desempenho, tais como KPIs [Key Performance Indicator ou indicadores-chave de desempenho], carecem de detalhes suficientes para impulsionar qualquer forma de ação imediata.

5 Novidade: há tantos dados e informações a serem assimilados que é provável que os insights com diferença ou originalidade se destaquem e prevaleçam sobre aqueles familiares, pois poderiam lançar nova luz sobre os conhecimentos e crenças predominantes.

6 Clareza: um insight é importante tanto a nível individual quanto empresarial e precisa ser claramente comunicado para não ser ignorado ou descartado.

Tais critérios ajudam a decidir o quão acionáveis os insights são para uma empresa, com base nos resultados das ferramentas de análise de dados e inteligência empresarial, e a coleta de mais insights a partir deles produz grandes resultados. Lembre-se, porém, que nem todos os insights precisam ser acionados, mesmo que sejam acionáveis. Por outro lado, a maior capacidade de ação deve encorajar os indivíduos da organização a pensar mais profundamente sobre como os dados poderiam ser usados para agregar valor ao negócio.

Como as organizações utilizam os insights?

Este é um livro sobre como as bases do customer insights são usadas no marketing. Um negócio orientado por insights, entretanto, não limitará seu uso ao departamento de marketing, mas o aplicará em toda a organização. O que se segue é uma rápida pesquisa sobre como isso pode ser feito, com base em uma coleção de estudos de caso da Vision Critical para demonstrar como algumas das empresas mais inovadoras usam "comunidades de insights", em outras palavras, grupos de clientes com um interesse pessoal em dar feedback às marcas. Segundo a Vision Critical (2019), tais comunidades ajudam a criar "melhores produtos, melhores campanhas de marketing e uma melhor experiência do cliente" e dão uma vantagem competitiva às marcas que as utilizam.

De acordo com a Vision Critical, a News Corp Australia utiliza uma comunidade de cinco mil consumidores da mídia para ajudar a conduzir sua estratégia e suas decisões de negócio. A inteligência do cliente é fornecida à publicidade, ao editorial e à inovação de produtos, que é então repassada às partes interessadas da empresa para que tenham uma compreensão completa do mercado para basear suas decisões. Dessa forma, a inteligência fornecida pelo insight ajuda as empresas em qualquer aspecto da formação da estratégia, seja na mudança para novos mercados, direcionando o planejamento de canais parceiros, ou impulsionando a satisfação dos funcionários e motivando a equipe.

Uma das principais razões para usar o customer insight é melhorar o desempenho das vendas; por exemplo, ele pode ser aplicado para ajudar a estabelecer metas precisas, concentrar o esforço de vendas nas contas certas, alertar o time de vendas para problemas de satisfação do cliente que poderiam impactar as vendas ou orientá-los sobre como adaptar seu comportamento de acordo com os diferentes valores do cliente. O LinkedIn, a principal rede social profissional, utiliza cinco comunidades de insights para entender o comportamento dos usuários de modo que possam aumentar seu valor e impulsionar o crescimento. De acordo com a Vision Critical (2019), "o feedback da comunidade ajuda a criar estratégias para aumentar as inscrições em contas premium na rede social".

Empresas orientadas por insights utilizam o customer insight em todos os estágios do ciclo de vida de um produto. Não adianta desenvolver um produto só porque alguém da equipe de desenvolvimento acha que é interessante. Para que um produto realmente decole é preciso haver uma necessidade para ele, e o insight pode ser usado para determiná-la. Salomon, a fabricante francesa de roupas e equipamentos esportivos, criou uma comunidade de cinco mil entusiastas do esporte para melhorar seus produtos. Eles buscaram feedback da comunidade sobre assuntos relacionados a cocriação de produtos, testes de conceito e posicionamento de produtos, e até pediram aos membros da comunidade que testassem protótipos, coletando, dessa maneira, feedbacks por meio de questionários e entrevistas para ajudar a aprimorar o projeto final (VISION CRITICAL, 2019).

Se uma organização quer melhorar a experiência do cliente, o insight pode dizer como. De acordo com a Vision Critical, a Alliant Energy, uma empresa de eletricidade e gás natural dos Estados Unidos, utiliza uma comunidade de insight para ajudar a compreender a evolução das expectativas de sua base de clientes. A comunidade fornece feedback sobre coisas como faturamento, melhorias no site e mudanças no número de contas para que a Alliant Energy se adapte rapidamente às suas necessidades em evolução. A Vision Critical (2019) informa que a satisfação do cliente da Alliant Energy "aumentou em 15 pontos e seu índice de NPS, em 88 por cento — crescendo de 17 em 2014 para 32 em 2016".

Como demonstrado, o insight é usado para formar estratégias, impulsionar vendas, desenvolver produtos e melhorar a experiência do cliente. Mas como pode ser aplicado no marketing? Toda a "razão de ser" do marketing é adquirir, desenvolver e reter clientes, e para fazer isso é necessário usar insights ao longo da maioria das etapas do processo. A Figura 1.1 mostra as seis etapas do processo de marketing: compreender, desenvolver, adaptar, apoiar, onde e quando, medir, além de informar como o insight pode ser utilizado.

Compreender

O insight ajuda a desenvolver uma compreensão profunda de seus mercados, concorrentes e clientes, incluindo suas necessidades futuras, problemas específicos e comportamento.

Desenvolver

O insight impulsiona o plano de marketing. Uma vez que se obtenha a compreensão, você poderá continuar a desenvolver planos e programas estratégicos de marketing.

Sem a compreensão, você não conseguiria definir segmentos de clientes, traçar jornadas típicas dos clientes ou desenvolver propostas.

Adaptar

Os profissionais de marketing precisam personalizar e adaptar as mensagens aos segmentos de clientes, ou mesmo aos indivíduos, e decidir que tipo de oferta ou conteúdo devem ser oferecidos a um determinado cliente. Em alguns casos, os profissionais de marketing realmente adaptam o texto para garantir que a mensagem final seja relevante à pessoa a quem ela é direcionada.

Apoiar

A maioria das equipes de marketing precisa do apoio de agências em áreas especializadas. Elas lhe dão os insights certos e você age com base neles? Você compartilha ideias com suas agências para ajudá-las a ter um melhor desempenho?

Onde e Quando

Ao entender quando e onde seus clientes certamente responderão às mensagens de marketing, você poderá decidir como, quando e onde posicionar suas interações. O uso adequado de insight ajuda-o a obter as mensagens certas no momento adequado e pelo canal correto.

Medir

Insights são absolutamente vitais para medir os resultados de seu esforço de marketing e para a melhoria contínua.

FIGURA 1.1 Como o customer insight é usado no processo de marketing

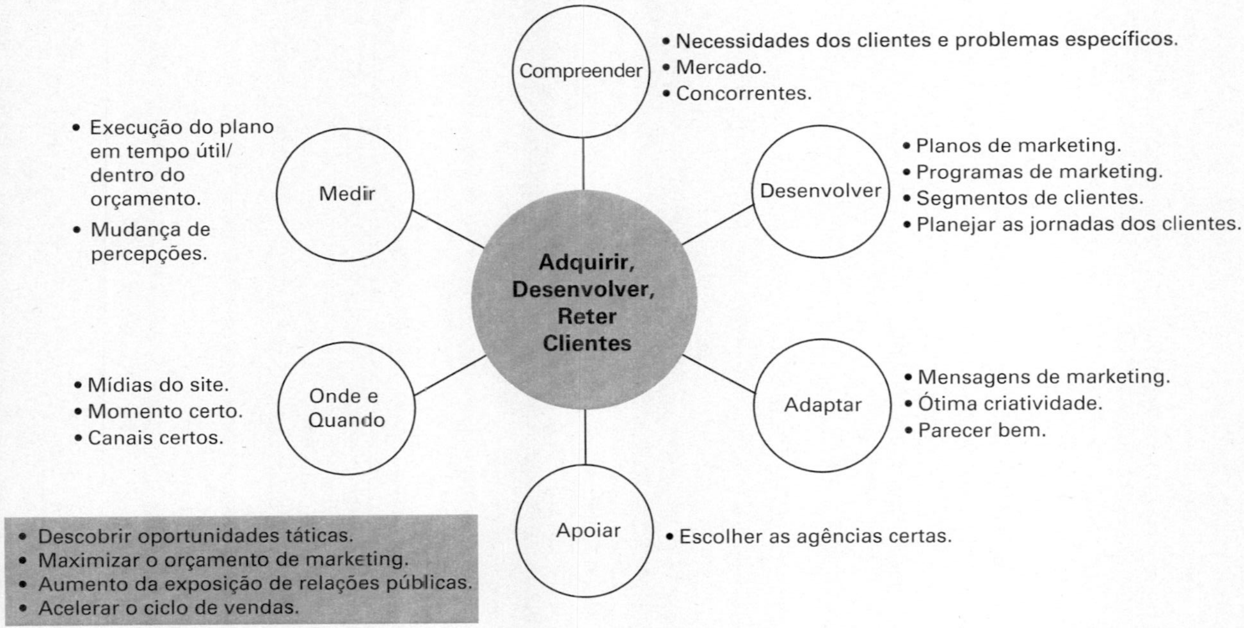

Empresas movidas pelo cliente

Dan McCall, CEO da Influitive, acredita no uso do marketing de defensores para criar o que chama de "empresas movidas pelo cliente". As organizações que adotam essa abordagem criarão "uma comunidade de clientes engajados, em que os defensores convertem uma clientela em potencial em clientes, e os novos clientes em clientes de sucesso" (INFLUITIVE, 2019). Uma dessas empresas que assume a liderança é a Cisco Systems, na qual Emma Roffey é vice-presidente de marketing da EMEAR. Em 2008, publiquei uma tese de doutorado sobre as razões pelas quais as grandes empresas britânicas utilizavam o customer insight para impulsionar a aquisição, o desenvolvimento e a retenção de clientes. Emma sempre esteve interessada em aprofundar seu conhecimento e sabedoria sobre esse tópico e foi uma das primeiras pessoas que entrevistei. Na sequência, ela nos fala sobre sua abordagem de insights na Cisco, e como eles criaram uma empresa movida pelo cliente.

OPINIÃO DE ESPECIALISTA

Emma Roffey, vice-presidente de marketing da EMEAR

Se não tivéssemos o customer insight, não seríamos conscientes em relação ao cliente. Considere o que essas três pessoas e organizações têm em comum: J. K. Rowling, Blockbuster e o Jamie Oliver Restaurant Group. Para cada uma delas, as histórias seriam muito diferentes se o customer insight fosse usado da forma correta. J. K. Rowling foi recusada 12 vezes antes de seu original ser aceito por uma editora; o CEO da Netflix fez uma oferta para comprar a Blockbuster, mas eles recusaram, pois achavam que a Netflix era um nicho muito grande, e; o Jamie Oliver Restaurant Group recorreu a administradores em 2019 para fechar todos os seus 25 restaurantes do Reino Unido, exceto três (BUTLER, 2019). O referido grupo não conseguiu usar os customer insights para se adaptar ao mercado e atualizar seu restaurante. Em cada um desses casos, o customer insight não foi usado da forma correta para criar sabedoria. Você pode ter todas as análises e insights que quiser, mas se não fizer nada e se não aprender a partir deles, o conhecimento desaparece e você perde o impacto de sua aplicação prática.

Na Cisco (líder mundial em tecnologia que atua com internet desde 1984), criamos a The Gateway, uma comunidade on-line originada na EMEAR que funciona como uma plataforma de promoção, a partir da qual todo cliente pode:

- compartilhar suas histórias e experiências com a Cisco;
- demonstrar sua liderança de pensamento;
- aprender e conectar-se com seus pares;
- construir sua rede profissional.

Desde dezembro de 2019, temos 6.533 membros na EMEAR, e eles concluíram 158 mil tarefas. Os interessados são convidados a entrar na comunidade em nossos eventos ou por meio do e-mail de nossas equipes de vendas. Eles também ficam sabendo de tais práticas pelo burburinho de outros membros, que são premiados a partir de desafios divertidos e educacionais.

O principal objetivo da The Gateway era escalar as histórias de nossos clientes e contá-las a partir de sua perspectiva, e não da Cisco. Isso torna as histórias muito mais significativas e envolventes, demonstrando o uso real e os problemas que nossos produtos resolvem. Se os membros têm uma história para compartilhar, eles a oferecem voluntariamente, e nós damos vida a ela usando escritores terceirizados e a compartilhamos como um desafio dentro da comunidade. Alguns membros ganham pontos por ampliarem a divulgação dessa história.

Quando um cliente, por sua vez, divulga uma história, ela funciona muito melhor do que se fosse feita por uma organização, pois as pessoas acreditam muito mais em seus semelhantes do que em vendedores. Tais desafios também fazem com que outros membros queiram apresentar suas próprias histórias para serem contadas. Por essa razão, a The Gateway foi estendida para outras regiões, de modo que temos uma comunidade global de apoiadores que interagem e formam relações.

A beleza não intencional da The Gateway é que essa comunidade nos supre constantemente com customer insights. Podemos obter esses insights de forma rápida e sem precisar realizar pesquisas caras. Entretanto, incialmente não foi por isso que a criamos, mas acabou se tornando um subproduto fantástico. Lançamos o "Desafio de Insights" em que perguntamos algo à nossa comunidade e obtivemos um rápido retorno. Por exemplo, podemos pedir respostas rápidas sobre como a comunidade Gateway percebe nossos concorrentes ou como os membros avaliam a Cisco e se recomendariam nossa empresa. Podemos também perguntar como utilizam as mídias sociais e quais plataformas usariam ao pesquisar informações relevantes sobre produtos e serviços do nosso setor.

Esse tipo de envolvimento escalável e interação em tempo real provou ser de valor inestimável para nossa organização.

O fato da necessidade de usar o customer insight é indiscutível. Sem ele, as empresas carecem de uma plataforma robusta para as tomadas de decisões estratégicas e necessárias para competir nos mercados atuais. O que ouço muitas vezes, no entanto, é que os insights que precisamos no marketing estão se tornando cada vez mais difíceis de serem obtidos. Operamos em um novo cenário quase irreconhecível em comparação com aquele que estávamos há cinco ou dez anos. Daremos uma olhada no que estamos enfrentando.

Navegando no cenário atual do marketing

Ser um profissional de marketing hoje em dia é difícil. Obstáculos infinitos são colocados em nosso caminho, o que sufoca a inovação e torna nosso trabalho mais difícil do que nunca. Basta considerar as leis de privacidade. Vivemos agora em um mundo regido pela privacidade, o que significou uma mudança gradual, mas definitiva, ao tomar o poder do profissional de marketing e oferecê-lo ao consumidor. É ele que decide quanto de seus dados deve dar e para que esses dados podem ser usados. Tal fato será particularmente pertinente aos leitores afetados pela introdução do Regulamento Geral de Proteção de Dados (RGPD) que, vale ressaltar, não se limita à Europa. Embora o RGPD esteja sob a legislação da União Europeia (UE), é relevante para qualquer empresa que promove seus produtos na web, caso ela colete dados pessoais de residentes da UE. No Canadá, existe a Lei de Proteção de Informações Pessoais e Eletrônicas, e nos Estados Unidos, a Lei de Proteção ao Consumidor da Califórnia, bem como várias outras leis estaduais que protegem as informações pessoais de seus habitantes. As leis de privacidade estão indo em apenas uma direção, por isso, é importante ressaltar que não é uma preocupação que logo desaparecerá.

Os consumidores não confiam em nós

Há uma razão pela qual tais regras de privacidade são necessárias e muitos consumidores estão satisfeitos com elas. O abuso de dados no passado gerou desconfiança em relação às organizações de marketing e mesmo diante da introdução do RGPD algumas empresas ainda não o adotavam. Em 2019, o Information Commissioner's Office (ICO), a autoridade de proteção de dados no Reino Unido, multou a British Airways e a Marriott International por violarem o RGPD, mais de um ano após ele ter entrado em vigor. A British Airways divulgou dados pessoais de quinhentos mil clientes, enquanto a Marriott International expôs uma variedade de dados pessoais de 339 milhões de registros de hóspedes em todo o mundo. As multas impostas pelo ICO foram significativas, sugerindo que se destinavam a fazer com que as pessoas percebessem o que estava em jogo caso não cuidassem dos dados pessoais que lhes foram confiados (DAVIES, 2019).

O Edelman Trust Barometer de 2019 (uma pesquisa anual lançada em 2000 que mede atitudes de confiança em relação a instituições como governo, empresas e mídia) revelou que 73 por cento das pessoas se preocupam com informações ou notícias falsas usadas como recurso para tirar vantagem, e 56 por cento concordam que muitas marcas usam questões sociais como um estratagema de marketing para aumentar a venda de seus produtos (EDELMAN, 2019). Nesse contexto, as pessoas simplesmente não acreditam mais nos profissionais de marketing, mas em seus pares, influenciadores e líderes.

Essa falta de confiança significa que muitos clientes agora escolhem não compartilhar seus dados. Ao longo dos anos, os clientes esperavam um marketing personalizado, e nós ficamos especialistas nisso. Acessar os dados dos clientes significava dizer que podíamos ofertar algo de relevância no lugar certo e na hora certa. Desse modo, é quase impossível fazer isso se não tivermos acesso aos dados de que precisamos, porém, as pessoas ainda esperam que lhes façamos ofertas personalizadas. Nossa única esperança é que o FOMO [Fear of Missing Out ou medo de perder algo] comece a se espalhar, e os consumidores passem a perceber a conexão entre a opção por seus dados e o recebimento de marketing personalizado. Porém, por enquanto não estamos em uma boa posição. No tópico seguinte, Mark Schaefer explica como precisamos desenvolver uma nova mentalidade de marketing para renovar esse sentimento de confiança e encontrar um caminho de volta.

OPINIÃO DE ESPECIALISTA
Mark Schaefer, autor

Um artigo de 2019 do *The Wall Street Journal* (ADAMY; ZUMBRUN, 2019) afirma que as pessoas não querem mais participar de pesquisas. Elas estão cansadas e não confiam nelas; a taxa de não resposta quase quadruplicou desde os anos 1990. Isso confirma que precisaremos nos esforçar mais para obter informações de qualidade de nossos clientes.

Como fazer isso? Há uma história no meu livro Marketing *Rebellion* sobre Martin Lindstrom, autor de *Small data: como poucas pistas indicam grandes tendências* (2016). Martin é um antropólogo que entra nas casas e ambientes de trabalho das pessoas e observa pequenas nuances para obter customer insights impossíveis de se conseguir em qualquer outro lugar. Durante uma palestra para cinco mil líderes de marketing em Nova Iorque, Martin perguntou quantos tiveram interações frente a frente com seus clientes nos últimos 12 meses. Dezenove pessoas ergueram as mãos. Para mim, esse é um sintoma de um problema maior: estamos preguiçosos. Passamos muito tempo debruçados sobre painéis de controle e plataformas de escuta social e deixamos de falar com nossos clientes! Os dias de preguiça do profissional de marketing acabaram, uma vez que precisamos fazer um esforço, sair e encontrar novas maneiras de entender nossos clientes.

Quando me aprofundei nas últimas pesquisas, houve um momento em que perdi o fôlego. *Percebi que não sabia o que significava ser um profissional de* marketing *hoje*. As pessoas acreditam umas nas outras, em seus amigos, líderes e influenciadores, porém, não acreditam nas empresas. Todas as tendências estão contra nós. No passado, a única maneira de as pessoas conhecerem um produto era por canais formais, como mensagens de marketing, relações públicas ou publicidade. Hoje, os consumidores estão hiperempoderados por conta da internet. Estão no controle de sua própria jornada, de seu tempo, e têm cada vez mais controle de suas informações e dados. Somado a isso, a taxa de natalidade está em declínio, portanto, não podemos mais prever o crescimento baseado em uma população crescente (MARTIN *et al.*, 2019). Nesse sentido, uma população em declínio dará ainda mais controle a cada consumidor de forma individual, porque haverá menos deles.

De acordo com a Mckinsey & Company (2017), dois terços de seu marketing... não é seu. Essa importante mudança no comportamento do consumidor significa que as empresas devem se movimentar para além das comunicações de um marketing que pressiona e, de alguma forma, precisam aprender a influenciar os desconhecidos dois terços impulsionados pelo consumidor. Se tivermos êxito, aqueles que nos amam e se entusiasmam conosco, contarão nossa história. Entretanto, se persistirmos no caminho do marketing e da publicidade tradicionais, vamos apenas seguir nosso caminho em direção à obsolescência.

Os profissionais de marketing poucas vezes detectam se seu conteúdo funciona, e uma enorme quantidade de conteúdo B2B nunca é vista. Portanto, parece estranho que a produção de conteúdo seja o item de linha de maior crescimento na maioria dos orçamentos de marketing na atualidade. Por quê? Porque os profissionais de marketing estão presos em um determinado pensamento, e ainda seguem práticas que funcionavam há cinco ou dez anos. Por outro lado, eles estão cientes de que as coisas não estão funcionando e se sentem desesperados. Estão criando mais conteúdo porque têm medo de não o fazer. No entanto, nós não estamos mais no controle do processo e se os números baixarem, entenderemos que a solução não se traduz apenas em gerar mais pressão.

Ao compreendermos isso, fica claro que precisamos desenvolver uma nova mentalidade de marketing. Nenhum comentário no livro espantou mais do que este de Olga Andrienko, diretora de marketing global da SEMrush:

> Em nosso campo, o marketing, a experiência acaba se tornando um fardo. Em outras disciplinas, o mundo não mudou tanto assim. Vejamos, por exemplo, as vendas, em que há certas habilidades de chamadas frias, apelos emocionais, gatilhos de vendas... e pronto. Tem sido assim por muito tempo. Mas no marketing, se você não abraçar as mudanças rápidas e refinar constantemente sua visão, falhará por completo. Em suma, se fez sucesso com marketing há dez anos, não significa que será bem-sucedido agora (SCHAEFER, 2019).

Muitos profissionais experientes que conheço na área não tiveram tempo de melhorar e perceber que o mundo do marketing virou de ponta-cabeça, e que sua experiência pode não ser mais relevante. Ser um profissional de marketing hoje exige humildade e abertura. Precisamos aprender com os nativos digitais, e, a partir deles, reinventar nosso campo, pois eles olham para nossas práticas "tradicionais" de marketing e pensam: "Por que fazer isso? As pessoas não querem ser incomodadas dessa forma." Os consumidores exigem que respeitemos seu tempo, sua vida e sua privacidade, mas nós persistimos em fazer coisas que eles odeiam.

Um dos meus exemplos favoritos de marketing humanizado é a Glossier, a empresa de cosméticos e cuidados com a pele criada por nativos digitais e uma das primeiras grandes marcas a nascer das mídias sociais. A fundadora Emily Weiss ganhou sua reputação como blogueira. Ela formou seu negócio com sua marca pessoal e um público construído a partir do zero. *Ela é a marca.* Praticamente não faz propagandas e a maior parte do seu negócio vem do boca a boca. Acredita que a indústria cosmética tem um histórico de falar com as pessoas e queria criar uma empresa amiga. É o que todos queremos! Não apenas os jovens. Amo o que Emily Weiss e outros, parecidos com ela, fazem. Eles são destemidos, ousados e autênticos.

Se queremos sobreviver, *temos* que olhar para algumas dessas novas maneiras de fazer pesquisa e formar conexões mais profundas e emocionais com nossos clientes. Temos que deixar para lá o controle e a jornada do cliente e encontrar uma maneira diferente de agir. Precisamos olhar para os jovens nativos digitais e permitir que eles nos ensinem uma nova maneira de fazer negócios.

Mark apresenta uma nova perspectiva radical e desconfortável para muita gente. Mas pergunte-se: quando foi a última vez que teve contato direto com seus clientes? É tão comum permanecermos no escritório, sobretudo se trabalhamos para grandes empresas, e nunca chegamos a ver ou falar com as pessoas que devemos entender por dentro e por fora.

Se quiser saber quais são os objetivos de seus clientes e se estão sendo atingidos, você precisa perguntar a eles. Deixe seu painel de controle e saia por aí!

O problema com a tecnologia

Os avanços tecnológicos oferecem muitas oportunidades para o marketing, mas também muitos desafios. A tecnologia e a digitalização continuam a revolucionar nosso mundo. Tudo é digital e todos são móveis. Com uma banda larga cada vez maior, e a partir das constantes atualizações de nossos dispositivos, as possibilidades são quase infinitas. A seguir, estão algumas estatísticas retiradas do infográfico Data Never Sleeps, da Domo de 2019. São estatísticas espantosas do que está acontecendo on-line a cada minuto de cada dia (DOMO, 2019a):

- 18,1 milhões de textos são enviados;
- os usuários de Skype fazem 231.840 chamadas;
- os usuários do YouTube assistem a 4,5 milhões de vídeos;
- 390.030 aplicativos são baixados.

Isso lhe dá um gostinho da quantidade de dados gerados a cada minuto. Encorajo-o a conferir o infográfico para ver a variedade de estatísticas impressionantes. De acordo com o infográfico, foi previsto que até 2020 haveria "quarenta vezes mais bytes de dados do que estrelas no universo observável" (DOMO, 2019a).

Por conseguinte, temos enormes quantidades de informações ao nosso alcance e múltiplas formas de contato: e-mail, WhatsApp, mensagens de texto, mídias sociais. Em consequência, estamos muito distraídos e nossa capacidade de atenção diminuiu. Somos bombardeados por mensagens de marketing durante todo o dia, mas quantas delas permanecem tempo o suficiente para que possamos agir influenciados por elas?

É difícil acompanhar o ritmo da tecnologia. No prólogo, introduzi a ideia de que o marketing é uma mistura de arte e ciência; o único problema é que a parte da ciência está se tornando cada vez mais complexa. Passei toda minha carreira no setor de tecnologia, mas não pude dar uma explicação detalhada sobre algumas das que usamos hoje. Blockchain, inteligência artificial, algoritmos, aplicações inteligentes, autoaprendizagem... a lista continua e está sempre aumentando. De fato, de acordo com Scott Brinker (2020), havia oito mil soluções tecnológicas de marketing para escolher em 2020, um aumento de 13,6 por cento em relação a 2019. Isso é uma loucura! A maioria de nós não conseguiria sequer começar a lidar com essas novas tecnologias sem se sentir perplexo. No Capítulo 10, entrevisto Scott, e exploramos o papel da tecnologia para nos ajudar a criar customer insights.

Pesquisas mostram que quase sessenta por cento das pessoas não conseguem acompanhar a sobrecarga tecnológica e apenas 16 por cento dos líderes de marketing estão confiantes que têm a tecnologia certa para trabalhar (MARKETING CHARTS, 2018). Um relatório de 2019 da Domo afirma que 83 por cento dos profissionais de marketing seniores se sentem às cegas devido ao enorme volume de análises com as quais precisam lidar como parte de sua função no dia a dia. A pesquisa, que inclui respostas de 681 profissionais de marketing seniores de todo o mundo, constatou que 83 por cento dos entrevistados têm dificuldades para se adaptar ao volume de dados, enquanto oitenta por cento desse grupo sente que o setor se concentra em muitas métricas de desempenho. Quase metade dos entrevistados disse que o número de canais e fontes de dados tornou mais difícil o planejamento a longo prazo, e 26 por cento afirmou que o foco em análises de curto prazo, em vez de resultados de longo prazo, é um dos maiores desafios do setor (DOMO, 2019b).

Como mostra a pesquisa da Domo, se o lado tecnológico das coisas faz parecer como se sua cabeça fosse explodir, você não está sozinho. Meu conselho não é apenas focar na ciência; lembre-se que há departamentos inteiros de pessoas trabalhando no lado analítico e técnico da história, portanto, como profissional de marketing, você não precisa entender os meandros de como tudo funciona para empregar customer insights de forma eficaz. Pense outra vez no prólogo e na discussão sobre a síndrome do impostor. Para ser sincera, ouço, às vezes, vozes desagradáveis na minha cabeça me dizendo que não domino a técnica o suficiente para escrever um livro sobre customer insight. Entendo se você achar o lado tecnológico assustador. Entretanto, para sobreviver no novo cenário, precisamos encarar de frente esse sentimento. Necessitamos pegar o que precisamos da ciência e usá-la para nos concentrarmos na arte, na inovação e na criatividade. De acordo com pesquisas realizadas pela McKinsey com 450 CMOs (diretores de marketing), a incorporação de dados e análises no processo criativo melhora a experiência do cliente e pode dobrar o crescimento da receita (YESICANNES, 2018).

No Capítulo 10, analisaremos as diferentes tecnologias à sua disposição para gerar e distribuir o customer insight. O que você precisa entender neste ponto é que, embora os customer insights estejam se tornando cada vez mais difíceis de se obter, eles são importantes e precisamos usá-los. O Capítulo 2 analisará o porquê.

Principais aprendizados

- O customer insight resulta da análise e interpretação dos dados, do comportamento e do feedback de mercado, de concorrentes e de clientes. Um insight deve lhe dizer algo novo.
- Identifique o que está procurando ou tentando testar e, quando tiver o insight, escolha se deve ou não agir de acordo com ele. Há três tipos diferentes de insights acionáveis: insight > adaptação > ação; insight > nenhuma ação necessária, e; insight > repensar estratégia.
- Os insights acionáveis de dados devem ter seis atributos-chave: alinhamento estratégico, contexto, relevância e aplicabilidade, especificidade, novidade e clareza.
- As empresas orientadas por insights estão preparadas para assumir um papel dominante no futuro e as mais inovadoras da atualidade usam "comunidades de insight".
- Os consumidores estão no controle de sua própria jornada, de seu tempo e, cada vez mais, de suas informações e dados. Há uma maior governança em torno da privacidade dos dados e uma falta de confiança dos consumidores.
- De acordo com Mark Schaefer, dois terços do marketing ocorrem sem nós. Precisamos desenvolver uma nova mentalidade de marketing, encontrar novas maneiras de fazer pesquisa e formar conexões mais profundas e emocionais com nossos clientes.
- Um relatório da Domo de 2019 afirma que 83 por cento dos profissionais de marketing seniores se sentem às cegas devido ao enorme volume de análises com as quais precisam lidar como parte de seu trabalho diário.

ALIMENTE SEU CÉREBRO

- Leia o livro de Mark Schaefer Marketing *Rebellion: The Most Human Company Wins.*
- Caso livros não sejam o seu forte, tente ouvir o podcast de Mark, Marketing Companion, que ele apresenta com Brooke Sellas: https://businessesgrow.com/podcast-the-marketing-companion-2 [conteúdo em inglês].
- Consiga um mentor reverso — alguém que está no extremo oposto de sua carreira — para obter novas reflexões.
- Estipule como missão falar com pelo menos um cliente a cada semana ou a cada mês.

Referências

ADAMY, J.; ZUMBRUN, J. Searching for Answers: Census Case Points to Falling Survey-Response Rates. The Wall Street Journal, 22 de abril de 2019. Disponível em: https://perma.cc/5B7N-DJMK.

BRINKER, S. Marketing Technology Landscape Supergraphic (2019): Martech 5000 (actually 7,040). Chief Marketing Technologist, 2020. Disponível em: https://perma.cc/NUB4-595Q.

BUTLER, S. Jamie Oliver's Empire Collapses as 22 UK Restaurants Close. The Guardian, 21 de maio de 2019. Disponível em: https:// perma.cc/4HCB-J4VA.

CLAVERIA, K. 13 Stats on Insight-Driven Businesses. Vision Critical, 19 de fevereiro de 2019. Disponível em: https://perma.cc/UN3X-2EW4.

DAVIES, J. '2019 Is the Year of Enforcement': GDPR Fines Have Begun. Digiday UK, 11 de julho de 2019. Disponível em: https://perma.cc/2YEZ-EZRT.

DOMO. Data Never Sleeps 7.0. Domo, 2019a. Disponível em: https://perma.cc/36E6-H765.

DOMO. Marketing's New MO: Why Marketing Leaders Need to Juggle Strategic, Business and Operational Goals Better than Ever Before. Domo, 2019b. Disponível em: https://perma.cc/GF46-5B9S.

DYKES, B. Actionable Insights: The Missing Link Between Data and Business Value. Forbes, 26 de abril de 2016. Disponível em: https://perma.cc/JXR6-HV9G.

EDELMAN. Edelman Trust Barometer Reveals "My Employer" Is the Most Trusted Institution. Edelman, 2019. Disponível em: https:// perma.cc/F7Q6-H2SG.

FORRESTER RESEARCH. The Insights-Driven Business. Forrester Research, 2016. Disponível em: https://perma.cc/J52D-W74C.

INFLUITIVE. About Us. Influitive, 2019. Disponível em: https://perma.cc/E5DB-6PAT.

LINDSTROM, M. Small Data: como poucas pistas indicam grandes tendências. Rio de Janeiro: HarperCollins Brasil, 2016.

MARKETING CHARTS. MarTech's Evolving More Rapidly Than Marketers' Use of It. Marketing Charts, 2018. Disponível em: https://perma.cc/LK69-5ULY.

MARTIN, J. A. et al. Births: Final Data for 2018. National Vital Statistics Reports, v. 68, n. 13, 2019. Disponível em: https://perma. cc/M6SM-3TT7.

MCKINSEY & COMPANY. Ten Years on the Consumer Decision Journey: Where Are We Today? McKinsey & Company, 17 de novembro de 2017. Disponível em: https://perma.cc/N3BG-PRW6.

SCHAEFER, M. Marketing Rebellion: The most human company wins. Knoxville: Schaefer Marketing Solutions, 2019.

VISION CRITICAL. The 10 Smartest Brands: How They Use Customer Intelligence as a Competitive Advantage. Vision Critical, 2019. Disponível em: https://perma.cc/W3EA-SX3U.

YESICANNES. McKinsey at Cannes Lions: AI Doubles Revenue Growth. YesICannes, 2018. Disponível em: https://perma.cc/FWN6-V4R3.

02

Por que os customer insights são importantes e como gerá-los

Introdução

Este capítulo conta a história da importância de se usar o customer insight e destaca algumas das consequências ao não dedicar o tempo necessário para aplicá-lo de forma significativa. Como vimos no Capítulo 1, o insight é cada vez mais difícil de ser obtido, mas o fato é que não podemos ser profissionais de marketing eficazes sem ele. Precisamos focar em encontrar aquelas pequenas diferenças escondidas nos dados que nos ajudarão a contar uma história, e a nos conectarmos com nossos clientes em um nível mais humano, assim como conduzir mentes, não produtos. Tornarei a recorrer à experiência de Mark Schaefer para destacar algumas dessas questões.

Analisaremos alguns dos aspectos práticos envolvidos na geração de insight: onde procurar para coletar seus dados, e qual o tipo de insight os dados são usados para gerar. Não se pretende apresentar um guia abrangente, mas sim um recorte rápido de onde sua atenção deve se concentrar.

Primeiro, analisaremos por que precisamos encontrar tempo e espaço em nossos trabalhos para gerar e usar o customer insight.

Encontrando tempo!

Você pode estar pensando: "Até agora tudo bem, mas como encontrarei tempo?" Compreendo isso. O tempo é precioso nesse ofício, e é muito difícil encontrar espaço para pensar sobre como fazer as coisas de maneira diferente. Considerando que, no futuro, 62 por cento dos CMOs decidirão aumentar o orçamento do marketing e das análises (PEMBERTON, 2019), todos precisaremos encontrar mais tempo em nossos trabalhos para reunir customer insight. Uma frase que uso muito é "diminuir a velocidade para acelerar". Com isso, quero dizer que há momentos em que precisamos parar e dar a nós mesmos espaço para gerar o pensamento e a estratégia necessários para executar feitos maiores. Escrever cem palavras significativas requer muito mais esforço do que escrever mil, assim como gerar e usar customer insights para orientar sua estratégia demanda tempo e esforço extras.

Usando a matriz de Eisenhower

Há uma citação maravilhosa atribuída a Dwight Eisenhower, 34º presidente dos EUA: "O que é importante poucas vezes é urgente, e o que é urgente poucas vezes é importante." A matriz de Eisenhower, mostrada na Figura 2.1, baseia-se nesse princípio, em que as tarefas podem ser colocadas em diferentes quadrantes da matriz conforme são consideradas importantes/não importantes e urgentes/sem urgência. Para os profissionais de marketing, é fácil usar a necessidade de velocidade como desculpa para não planejar e aprender, e somos muitas vezes levados ao quadrante superior esquerdo da caixa, em que tudo é urgente, seja crítico ou não. Passar muito tempo nessa zona significa que não temos estratégia, particularmente quando tentamos atender às demandas das equipes de vendas que querem que tudo seja feito para ontem.

Tome minha experiência na Valitor, uma empresa internacional de soluções de pagamento fundada na Islândia em 1983. Como muitas empresas, operávamos usando uma metodologia de objetivos e resultados-chave (OKR) na qual os OKRs trimestrais são definidos e medidos a cada duas semanas. Esse processo foca sua atenção no trimestre atual, e antes que chegue ao final de cada trimestre, deve-se definir os OKRs para o próximo. Isso significa que há pouquíssima oportunidade de desacelerar e dedicar tempo para pensar, analisar, discutir e produzir uma estratégia significativa para o futuro. Qual é o objetivo da medição trimestral se você não vai aprender com o resultado, tampouco adaptar o que está fazendo de forma apropriada? Devemos implementar processos de planejamento estratégico menos trabalhosos para que sejam feitos com mais frequência e nos tornem mais ágeis e aptos a responder aos resultados trimestrais e aos novos customer insights. Sei, entretanto, por experiência própria, que é muito fácil se colocar consistentemente no quadrante superior esquerdo de Eisenhower, com pouco tempo para se inserir no quadrante superior direito.

FIGURA 2.1 A matriz de Eisenhower

	URGENTE	SEM URGÊNCIA
IMPORTANTE	Crítico e Imediato FAZER Faça agora	Crítico, mas não imediato DECIDIR Agende um tempo para fazer isso
NÃO IMPORTANTE	Não crítico, mas imediato DELEGAR Quem pode fazer isso para você?	Sem categoria ELIMINAR Elimine isso

Usar as técnicas de customer insights nos levará além de campanhas pontuais para desenvolver um plano estratégico que identifique nossos clientes-alvo, nos auxiliará a articular por que devem comprar de nós e não de outra pessoa, assim como mapeará como nossos esforços de marketing atingirão os objetivos financeiros que desejamos. Em resumo, eles nos ajudam a decidir que coisas colocar no quadrante "não urgente, mas importante".

Você não precisa procurar muito para encontrar exemplos em que a falta de uma estratégia de marketing sólida teve consequências terríveis. Tomemos como exemplo a Nokia. Uma vez líder do mercado global do setor de telefonia móvel, a empresa não está mais no ramo. A Nokia era ágil e inovadora, mas ao perder o foco e ignorar a tela sensível ao toque, foi usurpada pela Apple e pela Samsung quando o smartphone surgiu (WOLLASTON, 2018). Patrick Fagan escreveu sobre a importância de falar com as pessoas certas em sua pesquisa, usando a Coke Life como exemplo, uma bebida "saudável" contendo estévia que foi descontinuada dois anos após seu lançamento. Fagan (2019) escreve que estava condenado ao fracasso porque "não entendia seus clientes: não entendia que pessoas com consciência saudável não comprariam Coca-Cola de forma alguma". Diminuir a velocidade e usar o customer insight com eficácia é vital se quisermos nos tornar profissionais de marketing estratégicos e adaptáveis. Recorreremos outra vez a Mark para obter algum insight sobre isso.

OPINIÃO DE ESPECIALISTA

Mark Schaefer, autor

A maioria dos profissionais de marketing pensa que está à frente porque participa de conferências sobre inteligência artificial, blockchain, automação de marketing, sistemas de curadoria de conteúdo, salas de guerra de mídias sociais, realidade virtual, otimização de mecanismos de busca, busca por voz e outras tecnologias que mudam o cenário empresarial. No entanto, se negligenciarmos nossos *clientes* e não encontrarmos novas maneiras de nos conectar com eles, o uso das novas tecnologias não fará nenhuma diferença! As estratégias por trás da tecnologia precisam ser sensatas. Se não buscarmos alcançar as pessoas certas, mesmo a melhor tecnologia do mundo não conseguirá ajudá-lo.

Além disso, precisamos estar preparados para adaptar constantemente nossa estratégia de acordo com as tendências do comportamento humano. Tomemos como exemplo as mídias sociais, que requerem redefinições. Não temos acesso a muitos dos lugares em que os usuários (particularmente os jovens) deixam seus dados. Eles não estão no Facebook. Podem estar no Instagram, mas *o maior canal de mídia social do mundo atualmente para adolescentes é o Fortnite* (BLOOM, 2019). Milhões de pessoas conectam-se com seus amigos e conversam sobre Fortnite, e nós não temos acesso a nenhum desses dados. Há também o Twitch, no qual um usuário médio passa noventa minutos por dia assistindo a outras pessoas jogarem videogames (TWITCHTRACKER, 2019). Mais que isso, vemos uma migração geral, não apenas dos jovens, mas dos usuários como um todo, das mídias sociais públicas, como o Facebook, para as mídias privadas, como Messenger, WhatsApp ou SnapChat. Para muitos jovens, o SnapChat é o novo e-mail.

O obstáculo número um para os profissionais de marketing fazerem a transição para a nova mentalidade é a *medição*. Adoramos nossos painéis de controle. Eles nos dão conforto e nos ajudam a provar nosso valor. No novo mundo, a medição é menos definida e familiar; o marketing boca a boca é difícil de medir! Em meu livro, há uma citação de Marc Simons, um dos fundadores da Giant Spoon Agency. Ele é um profissional de marketing experiente e sua visão é essa: "Você pode acompanhar o ritmo acelerado da cultura ou pode medir. Mas talvez não possa fazer as duas coisas" (SCHAEFER, 2019). Há muita sabedoria aí, mas quantos CEOs adotarão isso?

O departamento de marketing do futuro será mais parecido com um laboratório experimental. No prólogo, Christine fala em ousar começar antes de estar pronto — é exatamente isso que precisamos fazer. Devemos pensar: "Tentarei isso. Se funcionar, como acharíamos que seria?" A medição eventualmente se atualizará, mas não podemos esperar por ela, e hoje esse é o maior obstáculo que precisamos superar.

Onde você deve procurar seus dados?

Estabelecemos que precisamos identificar as fontes de dados dos insights, transformar esses dados em um insight acionável e depois usá-lo para criar histórias com as quais nosso consumidor se conecte. A primeira pergunta que se faz, é: como identificar os dados necessários para obter esses insights? Onde procurar pequenas diferenças que vão nos tornar mais humanos, nos ajudar a contar uma história e a conduzir mentes?

Quando fiz meu doutorado, descobri que as organizações coletavam dados em cinco áreas principais: concorrentes, clientes, mercados, funcionários e canais parceiros. O quadro segue o mesmo hoje, com algumas diferenças cruciais:

- De acordo com a SiriusDecisions, uma empresa líder mundial em pesquisa e consultoria B2B, dois terços das jornadas de compra ocorrem on-line (HEUER, 2013). Por conseguinte, temos enormes volumes de dados de rastros digitais. Com isso, sabemos o conteúdo que as pessoas consomem on-line e quais passos dos clientes esses rastros seguem. De acordo com pesquisas da CSO Insights, setenta por cento dos compradores B2B definem completamente suas necessidades antes de se envolverem com um representante de vendas, e quase a metade identifica soluções específicas antes de chegar ao mercado (MILLER HEIMAN GROUP, 2018). Isso não é apenas B2B, quem não pesquisa on-line antes de comprar algo? Exploraremos isso com profundidade no Capítulo 6.
- O futuro da coleta de dados está no reconhecimento de imagem, texto e voz. Com mais de quatrocentos milhões de pessoas falando com a Siri, quinhentos milhões falando com o Google Assistente, 150 milhões falando com a Cortana e mais de vinte por cento de todas as buscas que ocorrem por voz (KING, 2019), sabemos que o mundo da digitação e da leitura está em transição para a fala e a escuta.
- A inteligência artificial é cada vez mais usada no marketing. De acordo com Katie King, autora de Using Artificial Intelligence in Marketing, a IA chegou para ficar por três razões principais:

1. As transações de nossa era digital significam que agora temos dados da escala e do formato que precisamos.
2. Agora temos arquitetura para hospedar os dados e o canal — a banda larga — para transmitir os dados; na nuvem, temos integração com ferramentas de IA para transmitir dados com baixo custo, além de armazená-los e manipulá-los.
3. Agora temos o poder de processamento de computadores por um custo acessível (KING, 2019).

O mundo evoluiu, mas as principais áreas pelas quais coletamos dados não avançaram. Na sequência, daremos uma olhada nelas.

Concorrentes

Você vai querer coletar dados de novos concorrentes, bem como dos mais tradicionais. Tenha em mente que se sua organização entrar em uma nova área, isso abrirá toda uma nova gama de negócios competitivos que você precisará analisar.

O lugar óbvio para começar na coleta de inteligência competitiva (IC) é com perfis de concorrentes e dados de participação no mercado. Mas tal análise deve ser apenas o seu ponto de partida. Você se colocará numa posição muito mais forte se conseguir ter acesso aos dados mais valiosos dos concorrentes, por exemplo, o tipo de marketing que eles enviam aos clientes e como elaboram suas mensagens. Stefan Eller, diretor sênior de inteligência competitiva da Cisco, fala a seguir sobre como o lado estratégico da IC evoluiu, e como você agora precisa cavar muito mais fundo para entender seus concorrentes e tentar adivinhar o que estão pensando.

OPINIÃO DE ESPECIALISTA

Stefan Eller, Cisco Systems

Muitos ainda não reconhecem a IC como uma função estratégica, mas isso é um erro. Os muitos "cibernéticos" que andam por aí (indivíduos que apenas aspiram dados sem tentar obter insights acionáveis a partir deles) estão perdendo uma sabedoria profunda e os inúmeros benefícios para sua organização. A Figura 2.2 mostra até onde chegamos com a IC, desde uma posição em que apenas se tem estrelas solitárias fazendo pesquisas *ad hoc*, até as ilhas de IC, em que partes da organização estão engajadas com sua aplicação. O nosso objetivo deveria ser fazer da IC uma missão crítica, uma função para toda a empresa.

Quando as pessoas pensam em IC, muitas vezes a associam ao óbvio (por exemplo, perfis de concorrentes e dados de participação de mercado), e então podem comparar sua própria participação com a de seus concorrentes. Depois, revelam suas mensagens de marketing como uma grande novidade, sem perceber que são exatamente as mesmas que as de todos os outros! Esse é um cenário tão comum, mas olhar para as estratégias das mensagens de seus concorrentes para ver se a sua é realmente diferenciada ou não é um exemplo de algo que não deve ser feito no que tange a IC.

FIGURA 2.2 A evolução da IC

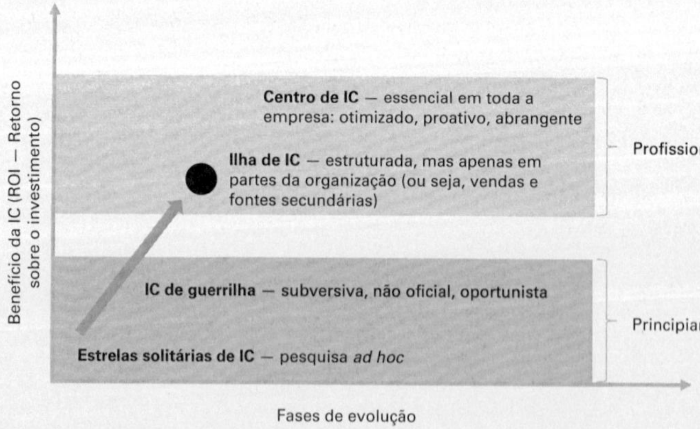

FONTE © Cisco e/ou suas afiliadas, 2017. Todos os direitos reservados.

Seu objetivo com a IC deve ser entender seus concorrentes por meio da compreensão de sua cultura. Eles podem não ser quem você pensa que são, e restringir seu olhar aos perfis e dados do produto não vai lhe dizer nada muito esclarecedor. É claro que você precisa prestar atenção nesses dados, mas também deve entrar na mente deles e entender quem são e o que estão tentando alcançar, para, posteriormente, tentar adivinhar sua estratégia. Não se trata apenas de quais mercados eles estão ou não, mas de quais investimentos estão fazendo e se estarão ou não nesses mercados no futuro. É preciso ver a origem da receita deles, e de onde ela poderá vir dentro de seis meses.

Dê uma olhada nos executivos da empresa. Onde eles trabalharam antes? Estão em modo de luta ou fuga? O que procuram fazer com a empresa? Olhe o que postam nas redes sociais; sobre o que estão pensando?

Quem são os funcionários desses líderes? Quantos anos eles têm, quanto estão pagando? Contratam pessoas de startups, recém-formados ou consultorias?

Todas essas informações o ajudarão a formar um quadro muito mais completo do que você está enfrentando e alimentarão sua estratégia para os próximos meses. É como montar um quebra-cabeça.

Como regra geral, sugiro os seguintes passos:

1. Comece com a macroanálise (estrutura das cinco forças de Porter).
2. Siga para a microanálise (por exemplo, quatro cantos ou análise de agrupamento).
3. Avance para a nanoanálise (em que você reúne análise social e análise de funcionários ou pessoas, encontra seus pontos cegos, revela sua estratégia e prevê o futuro).

Onde você traça a linha?

Você precisa, é claro, considerar limites éticos, algo ilustrado de maneira tão forte pelo escândalo do Facebook/Cambridge Analytica em 2018, quando milhões de pessoas alegaram que seus dados foram coletados para campanhas políticas sem seu consentimento. Você pode obter muitas informações competitivas na dark web, mas isso seria ético? Decida onde está sua bússola moral e saiba quando você estaria cruzando esse limite. Trata-se de algo que não tem uma resposta fácil. A Cambridge Analytica traçou uma nova linha que muitos considerariam inaceitável ultrapassar. De toda forma, este livro discute as considerações éticas no Capítulo 11, e analisa suas implicações para os profissionais.

Clientes

Os dados dos clientes em geral se enquadram em uma das quatro categorias:

1. Interações.
2. Transações.
3. Satisfação.
4. Opiniões, comportamentos e valores.

INTERAÇÕES

Certifique-se de registrar todas as interações de sua empresa com os clientes e os potenciais clientes. É provável que, para isso, você necessite de um sistema de gestão de relacionamento com o cliente (CRM), pois não se trata apenas de marketing — mas de todos os pontos de contato, incluindo vendas, marketing e atendimento ao cliente. Tanto as atividades de "saída" quanto as de "entrada" devem ser registradas (sendo de entrada quando um potencial cliente se aproxima da empresa e de saída o oposto). Atividades de saída são atitudes como visitas da equipe de vendas e campanhas de marketing ou eventos; e de entrada, são as visitas a sites ou ligações para call center.

TRANSAÇÕES

Vários dados podem ser coletados na categoria de transações:

- Dados sobre transações de vendas ou reservas — são necessários para entender quais clientes compraram quais produtos. Seu modelo de negócio (direto ou indireto) determinará a extensão dos dados de transações e de receita mantidos.
- Ponto de venda eletrônico (EPOS — electronic point of sale) — permite ver o que acontece em tempo real no mercado, em termos de produtos mais populares e quais as empresas ou agentes de vendas superam o resto.
- Retenção de produtos — esses dados permitem ver quais produtos são mantidos por quais clientes, às vezes até mesmo produtos concorrentes.

SATISFAÇÃO

Os programas de satisfação do cliente são geralmente conduzidos por entrevistas e pesquisas e visam a estabelecer como os clientes se sentem quanto ao serviço recebido. Eles incluem perguntas sobre fidelidade, tais como "você nos recomendaria?" e "você nos usaria de novo?". Há várias pesquisas diferentes em uso, inclusive:

- Pesquisas de índice de satisfação do cliente (ISC) — incluem uma série de perguntas para determinar se os clientes estão satisfeitos com a experiência.
- Monitoramento da satisfação do cliente com base em eventos (EDCSM — Event-driven customer satisfaction monitor) — essas pesquisas recebem feedback sobre como foram os "eventos" ou interações com a empresa. Elas tendem a ser mais detalhadas que as medidas

gerais de ISC e tentam estabelecer se os clientes estariam preparados para agir como defensores da empresa.

- Programas de estabilidade de serviços — ligações proativas aos clientes para realizar um "check-up", fazer ofertas relevantes e prevenir ativamente a insatisfação.
- Entrevistas de entrada e saída — além de realizar entrevistas de entrada com novos clientes para descobrir porque compraram produtos ou serviços de uma empresa e/ou para garantir que eles sejam "ativados" e utilizados, algumas empresas também realizam uma entrevista de saída para verificar porque os clientes saem. Você pode focar na importância de entender por que as pessoas saem em vez de por que entram!
- Tratamento de reclamações de clientes — uma área crucial de insight que tende a ser negligenciada. Empresas inteligentes usam isso como uma oportunidade não apenas para corrigir o problema, mas para impulsionar receitas adicionais e criar uma fidelidade duradoura. No Capítulo 8, falaremos com Ben Lyons da The Co-op para descobrir como eles transformam as conversas com clientes em seus call centers em insights.
- Avaliações on-line de clientes — as avaliações de clientes são feedbacks dados a uma empresa com base em sua experiência com a organização. Essas opiniões podem ser públicas ou privadas, e são coletadas tanto pela empresa quanto por sites de opiniões de terceiros. De acordo com a pesquisa da HubSpot, um terço dos entrevistados disse que os sites de análise desempenharam um papel importante em seu processo de tomada de decisão de compra, e 92 por cento dos consumidores têm mais probabilidade de comprar um produto após ler uma avaliação on-line positiva. De acordo com a HubSpot, os cinco principais sites de análise do mundo

são Amazon Customer Reviews, Angie's List, Choice, Trustpilot e Testfreaks (KOLOWICH, 2019).

- Net promoter score (NPS) — Apresentado pela primeira vez em 2003, mas ainda com grande relevância como uma referência popular usado pelas empresas para avaliar a satisfação do cliente, de maneira rápida e frequente. Tipicamente, tal índice é calculado por meio de uma pergunta, em uma escala de zero a dez pontos, que questiona a probabilidade de o cliente recomendar a empresa. Com isso, para calcular o NPS, você deve considerar a porcentagem de clientes que recomendariam e subtrair a porcentagem dos que não recomendariam, e assim, terá a pontuação. Digamos, por exemplo, que trinta por cento das pessoas que responderam deram uma nota de nove ou dez (recomendariam), 25 por cento responderam sete ou oito (isso os tornaria neutros) e 45 por cento deram respostas entre um e seis (ou seja, não recomendariam), seu NPS seria 30 menos 45 (o resultado seria igual a menos 15). Um NPS positivo é considerado bom, assim como qualquer resultado acima de cinquenta é considerado excelente. Particularmente, não sou uma grande fã dessa metodologia, pois leva em conta um recorte do sentimento do cliente, baseado em uma amostra — provavelmente pequena — de pessoas que respondem pesquisas. Vale salientar que de acordo com um artigo da Forbes, o mundo parece estar cansado de pesquisas; a matéria aponta vários estudos indicando que as respostas dos clientes chegam a menos de cinco por cento (FERRACONE, 2019).

OPINIÕES, COMPORTAMENTOS E VALORES

É possível obter insights das opiniões, comportamentos e valores dos clientes por meio de:

- Grupos focais.
- Programas de gestão de valor do cliente (CVM — customer value management), que analisam o que é importante para o cliente em termos de valor (por exemplo, um cliente pode valorizar um gestor de relacionamento dedicado, enquanto outro pode querer apenas o preço mais barato).
- Programas de monitoramento e percepção da marca.
- Pesquisas para entender o comportamento do comprador, o uso do produto e as atitudes; por exemplo, quais caixas eletrônicos os estudantes usam em uma sexta-feira à noite, ou, se os clientes compraram um novo produto, estão realmente o utilizando?
- Motivo para ligações: a maioria das empresas registra como e porque os clientes entraram em contato com elas, para entender o que motivou o contato, e se ou como a automação poderia melhorar a experiência do cliente.
- Pesquisas usando biometria, que é derivada das palavras gregas “bio” (vida) e “métrica” (para medir). Não comumente usadas quando publiquei meu doutorado em 2008, a medição científica e a análise estatística de traços, características, comportamentos e emoções humanas são mais comuns hoje, graças aos avanços significativos no campo do processamento computacional (MAYHEW, 2015). Os tipos comuns utilizados no marketing são o rastreamento ocular, a resposta galvânica da pele (GSR — galvanic skin response) e a análise de expressão facial. Você pode pôr alguém

sentado em frente a uma tela exibindo o seu site, e obter uma visão do que ele está olhando, das emoções desencadeadas e da intensidade com que ele as sente. Os resultados dos testes biométricos muitas vezes nos dizem mais do que as pessoas conseguem articular, pois identificam reações subconscientes.

Mercados

Cumpre salientar que você poderá obter dados acerca de sua participação no mercado de empresas como a Dun & Bradstreet, GlobalData, Statista e empresas de análise como a Gartner, Forrester Research e IDC (ENTERPRISE MANAGEMENT 360, 2018). É vital manter-se a par das questões do mercado e da nova legislação, recebendo boletins ou newsletters. Por outro lado, há também uma série de fontes de dados gratuitas (MARR, 2016).

É de suma importância também coletar dados sobre tendências sociais, econômicas e políticas ou eventos que vão impactar seus negócios. Por exemplo, o impacto de algo como a Copa do Mundo na economia do país anfitrião, o impacto da escassez de água ou de um ataque terrorista.

Da mesma forma, perfis de empresas podem ser adquiridos de organizações como a Dun & Bradstreet/Hoovers, Market Location e Treasure Data, as quais auxiliarão a descobrir onde seus concorrentes estão em seu próprio ciclo de vida, como estão atuando, em que direção estão indo e quais são seus objetivos. Além disso, é relevante tentar descobrir quanto dinheiro as empresas gastam em determinadas áreas, e, a partir disso, cruzar os dados com seus próprios gastos.

Funcionários

É muito fácil ignorar os dados dos funcionários como uma fonte de customer insight. Entretanto, é uma forma extremamente rica e econômica de obter o insight de que você precisa. Há várias maneiras de se fazer isso:

- Feedback dos funcionários — isso é feito por meio de grupos focais e pesquisas de satisfação dos funcionários, e faz com que eles se sintam orgulhosos por compartilharem suas opiniões. Algumas empresas também optam por oferecer questionários à equipe para obter feedback regular sobre como ela está se saindo.
- Programas de cliente oculto — se sua empresa vende diretamente aos consumidores, os "clientes ocultos" podem ser uma fonte de informação útil. Eles são enviados para verificar a qualidade do serviço, e especificamente para compreender e monitorar a experiência do cliente, checar o desempenho dos funcionários e para fins de treinamento (HELM, 2020). A comparação desses programas com os bônus pode realmente fazer com que sua equipe os leve a sério!
- Dados de desempenho do serviço — medem o desempenho operacional nas centrais de atendimento, por exemplo, por meio das chamadas encerradas ou do tempo de atendimento.
- Programas de parceiros — uma das ideias mais inovadoras que encontrei é um "programa de parceiros", no qual os funcionários são amigos de um cliente durante um ano, acompanhando-os em sua jornada, realizando sessões trimestrais, briefings presenciais, em outras palavras, "sendo seus amigos". Tal prática realmente ajuda a fazer com que os clientes se sintam como se estivessem no centro dos negócios.

Canais parceiros

Os canais parceiros também podem ser uma rica fonte de dados. Em minha pesquisa de doutorado notei que a Barclays coletou dados de estilo de vida dos parceiros da Barclaycard, a Cisco coletou dados de seus revendedores e distribuidores e os correios observaram o acesso a dados de transações de terceiros (BAILEY, 2008).

Que tipo de insight seus dados devem gerar?

Cobrimos os diferentes tipos de dados, mas e quanto aos diferentes tipos de insight que esses dados geram? Existem quatro tipos principais de insight que você deve procurar obter com a coleta de seus dados:

1. previsões de mercado (ou análises preditivas);
2. segmentos de clientes;
3. modelos de propensão;
4. análise do cliente.

Previsões de mercado (ou análises preditivas)

Os dados podem ser usados para identificar o tamanho e as oportunidades do mercado. Tradicionalmente, há o domínio da pesquisa de mercado e essa área tem se expandido para incluir dados reais dos clientes e ajudar a fazer previsões, não apenas sobre o tamanho total do mercado e sua participação atual, mas sobre o potencial de vendas, as tendências e as questões suscetíveis a afetar sua capacidade de atingir esse potencial.

O customer insight pode orientar decisões estratégicas sobre quais mercados podem operar e quais produtos devem desenvolver (em vez de projetar grandes produtos e depois decidir a quem vendê-los). Os tipos de perguntas que você vai querer responder são:

- Qual é o tamanho e a estrutura do meu mercado?
- Como quero ou preciso que ele seja no futuro?
- Quantas empresas existem em tamanho de público-alvo e em segmentos diversos?
- Qual é a cobertura de meus clientes, tanto histórica quanto prevista?
- Alcancei a cota de clientes-alvo ou o número de clientes?

Segmentos de clientes

Sua estratégia de segmentação dependerá do tipo de negócio em que você se encontra e de sua base de consumidores. Tradicionalmente, se sua base é composta pelo público em geral, você provavelmente já segmentou via:

- dados demográficos — afluência e estágio de vida;
- atitudes;
- comportamento do comprador;
- geografia;
- necessidade do cliente.

A segmentação de clientes corporativos tradicionalmente ocorre de acordo com:

- valor;
- tamanho da empresa;
- tipo de empresa;

- setor vertical, por exemplo, olhando para as características das empresas que operam em serviços financeiros, em oposição à mídia ou ao lazer;
- tipo de relacionamento.

No Capítulo 5, exploraremos como a segmentação evoluiu drasticamente, levando em conta os dados de rastros digitais, os perfis psicológicos, os passos dos clientes, os dados de intenção, e como é possível direcionar e personalizar um segmento.

Modelos de propensão

Dados podem ser usados para construir modelos de propensão, que, por sua vez, são usados para prever o comportamento da base de clientes, por exemplo, a probabilidade de que eles respondam a uma oferta, comprem ou cancelem. Os modelos podem ser bem complexos, e inúmeros tipos são usados pelas organizações, para construir perfis de clientes típicos ou para identificar e atrair outros potenciais com perfis similares. Os modelos podem funcionar em conjunto entre si, ou seja, podem ser combinados. Por exemplo, uma empresa de telefonia móvel pode ter um modelo que prevê a probabilidade de os clientes fazerem uma atualização e outro que prevê a probabilidade de cancelamento. Os dois poderiam ser combinados para encontrar segmentos de clientes que podem cancelar e não aceitar uma atualização.

Os modelos de propensão também são usados para prever a "próxima e melhor ação" a ser tomada com um cliente, por exemplo, uma oferta de venda em alta ou uma oferta de venda cruzada. Eles são usados para apoiar os esforços de marketing, por exemplo, ajudando os call centers de saída a alcançar clientes com certa propensão a responder a uma oferta ou ainda a fazer-lhes a oferta certa quando ligam para um call center de entrada (após responder à consulta de serviço). O Capítulo 7 apresentará um estudo de caso da iniciativa "Próxima e melhor ação" da Cisco.

Análise do cliente

De acordo com The Gartner Group, em 2019, 62 por cento dos CMOs planejavam aumentar o orçamento do marketing e da análise de clientes (PEMBERTON, 2019). Os dados alimentam a análise do cliente, usada para responder às seguintes perguntas:

- Quantos clientes temos e quantos são novos?
- Perdemos clientes? Quem são? Quais parceiros perdem clientes?
- A base de clientes cresce com o tempo?
- Qual é o ciclo de compra do cliente? O que afeta esse ciclo?
- O que nossos clientes compram? Há algum padrão perceptível no que compram ao longo do tempo?
- Como nossos clientes se comportam on-line? Quais caminhos percorrem? Como consomem conteúdo?

Uma coisa é certa, os líderes de marketing (em oposição aos seguidores de marketing) estão usando mais fontes de dados do que nunca. De acordo com a pesquisa produzida pela Econsultancy (2018), com base nas respostas de mais de mil profissionais de marketing, "após uma análise, percebeu-se uma correlação entre os números das fontes de dados da própria empresa e aqueles fornecidos por provedores, e em sua contribuição para exceder as metas de marketing". O uso de insights torna melhor o profissional de marketing. As empresas também estão se aprimorando no que diz respeito aos customer insights: "sessenta por cento das empresas pesquisadas em 2018 declararam ser 'excelentes' (11 por cento) ou 'boas' (49 por cento) nessa técnica" (ECONSULTANCY, 2018). Tal fato se compara ao relatório da Econsultancy (2016), que constatou que apenas 46 por cento das empresas declararam ser excelentes ou boas em agir.

A pesquisa da Econsultancy (2018) também destacou o crescente papel da inteligência artificial (IA), afirmando que "a maioria dos líderes (57 por cento) se inclina 'a incluir a IA em sua estratégia de marketing durante os próximos 12-18 meses', quase o dobro da porcentagem equivalente para as principais empresas (29 por cento)". Por essa razão, recorreremos a Katie King, autora de Using Artificial Intelligence in Marketing, para nos ajudar a entender as três áreas em que a IA tem maior impacto: previsão, automação e inovação.

OPINIÃO DE ESPECIALISTA

Katie King, autora

Dentro de cinco a dez anos, os departamentos de marketing provavelmente estarão irreconhecíveis, se baseados no que conhecemos hoje. Há inúmeras maneiras pelas quais a IA já transformou as funções de marketing, ajudando profissionais a inovar e tornando o que fazemos mais preciso e menos trabalhoso. E ainda nem sabemos tudo o que ela pode fazer. Vejamos a previsão e o potencial oferecido pela IA. Há cinco maneiras pelas quais precisamos usar a previsão no marketing:

1. Planejamento de mercado — isso sempre envolve uma certa quantidade de suposições; como um CMO pode dizer com certeza que está seguindo a estratégia correta? Essa incerteza poderia ser reduzida ou eliminada com a IA.
2. Análise da segmentação — até o momento, a segmentação é muito inflexível em torno de clientes comerciais, pessoais e corporativos.

A IA permite que os dados e ferramentas criem versões muito mais dinâmicas de segmentação, reconhecendo que as necessidades e os valores dos clientes estão mudando. O Capítulo 5 se dedicará à segmentação.

3 Próxima melhor ação/personalização tanto do conteúdo quanto dos produtos — por exemplo, oferecendo recomendações de produtos dependentes do tempo para conduzir resgates de cupons on-line e off-line. Exploraremos isso melhor no Capítulo 7.

4 Inbound marketing — a IA é usada para ver as reações das pessoas ao conteúdo, ou seja, pode ser utilizada para oferecer personalização em massa. Essa técnica é transformadora, pois significa que o conteúdo pode ser produzido para um determinado segmento de clientes. Vale dizer que até mesmo o conteúdo em si agora é gerado por um computador.

5 Publicidade — usando IA, você consegue criar estruturas de publicidade que personalizam o conteúdo para o usuário e o redirecionam a anúncios subsequentes, mas sem usá-los duas vezes. A máquina está sempre aprendendo, acumulando informações sobre ao que os usuários reagem melhor. Dessa forma, adapta constantemente sua publicidade, e, por consequência, muda as cores, os fundos ou as linhas de texto. Tudo isso é feito com redes neurais.

A IA também oferece um enorme potencial de automação, que acabará libertando os profissionais de marketing, os quais despenderão mais tempo em estratégia e menos tempo em tarefas rotineiras. Imagine um departamento de marketing que executa funções automatizadas, tais como campanhas de marketing auto-otimizadas, seleção de produtos e merchandising ou fixação de preços, bem como segmentação de mercado. Imagine se a IA conseguisse fornecer informações sobre essas ações automatizadas. Chega de painéis de controle!

Essa é uma parada obrigatória bastante interessante na qual você pode procurar seus dados e como os insights podem ser gerados a partir deles. Ao longo deste livro, lhes mostrarei, entre outras coisas, como usar os insights para se conectar com seus clientes por meio de sua declaração de missão e proposta de valor, como orientar sua estratégia e suprir sua marca, marketing de conteúdo e liderança de pensamento. Mesmo que você já utilize, de certa forma, os customer insights, os capítulos sedimentarão suas atitudes e demonstrarão novas maneiras de aprofundar essas conexões, bem como a desenvolver relacionamentos realmente significativos e duradouros. O Capítulo 3 mostrará como criar uma declaração de missão com propósito e uma proposta de valor importante para seus clientes.

Principais aprendizados

- Diminua a velocidade para acelerar — despenda mais tempo no quadrante "importante, mas sem urgência" da matriz de Eisenhower. Diminuir o ritmo e utilizar o customer insight com eficácia é vital se quisermos nos tornar profissionais de marketing estratégicos e adaptáveis.
- O obstáculo número um para que os profissionais de marketing façam a transição para a nova mentalidade é a medição. No novo mundo, ela é menos definida e familiar.
- As organizações coletam dados em cinco áreas principais: concorrentes, clientes, mercados, funcionários e canais parceiros.
- Os dados dos clientes em geral se enquadram em uma das quatro categorias: interações, transações, satisfação, opiniões, comportamentos e valores. Há um uso crescente da pesquisa biométrica, o que muitas vezes nos diz mais do que as pessoas conseguem articular, pois identifica reações subconscientes.

- Há quatro tipos principais de insights que você deve procurar obter com a coleta de dados, os quais são explorados em profundidade neste e em capítulos posteriores: previsões de mercado (neste capítulo), segmentos de clientes (Capítulo 5), modelos de propensão (Capítulo 7) e análises de clientes (Capítulo 8).
- A inteligência artificial é cada vez mais utilizada em marketing. As três áreas em que a IA tem maior impacto são a previsão, a automação e a inovação. Há cinco formas de aplicar a previsão em marketing: planejamento de mercado, análise de segmentação, próxima e melhor ação/personalização de conteúdo e produtos, marketing de entrada e publicidade.

ALIMENTE SEU CÉREBRO

- Leia o livro de Katie King *Using Artificial Intelligence in* Marketing.
- Diminua a velocidade para acelerar! Reserve tempo para pensar sobre o que é realmente importante e que insights você precisa para guiá-lo.
- Conduza sua própria auditoria e verifique as formas pelas quais sua empresa coleta dados e utiliza diferentes tipos de insights.
- Baixe o guia gratuito da Coast Digital "Biometric Testing for Digital Marketing" em www.coastdigital.co.uk/guides [conteúdo em inglês].

Referências

BAILEY, C. How Companies Use Customer Insight to Drive Customer Acquisition, Development and Retention. 2008. Tese (Doutorado Profissional em Administração). Universidade de Cranfield, Cranfield.

BLOOM, D. Is Fortnite the New Social Media Home for Teens? Forbes, 4 de junho de 2019. Disponível em: https://perma.cc/ZN9K-CDD3.

ECONSULTANCY. The New Marketing Reality. Econsultancy, 2016. Disponível em: https://perma.cc/FZ59-P34Q.

ECONSULTANCY. Marketing in the Dark: Dark Data. Econsultancy, 2018. Disponível em: https://perma.cc/Q94P-FGQE.

ENTERPRISE MANAGEMENT 360 Top 10 Most Influential Tech Analyst Firms in 2018. Enterprise Management 360, 26 de março de 2018. Disponível em: https://perma.cc/3BJ4-NYP2.

FAGAN, P. Big Data Finds The People You Need. Liveminds, 2 de julho de 2019. Disponível em: https://perma.cc/P4RH-AQTY.

FERRACONE, R. Is Net Promoter Score Just a 'Feel Good' Metric? Forbes, 19 de junho de 2019. Disponível em: https://perma.cc/XV96-WMDB.

HELM, M. 29 Best Mystery Shopper Jobs and Companies. Dollarsprout, 27 de junho de 2020. Disponível em: https://perma.cc/Z664-ZQ59.

HEUER, M. Three Myths of the '67 Percent' Statistic. SiriusDecisions, 3 de julho de 2013. Disponível em: https://perma.cc/3KW9-QUSE.

KING, K. Using Artificial Intelligence in Marketing: How to harness AI and maintain the competitive edge. Londres: Kogan Page, 2019.

KOLOWICH, L. 26 Customer Review Sites for Collecting Business and Product Reviews. HubSpot, 10 de maio de 2019. Disponível em: https://perma.cc/XH8V-NSWY.

MARR, B. Big Data: 33 Brilliant and Free Data Sources Anyone Can Use. Forbes, 12 de fevereiro de 2016. Disponível em: https://perma. cc/QLY2-GHZL.

MAYHEW, S. History of Biometrics. BiometricUpdate.com, 2015. Disponível em: https://perma.cc/TZ9P-HZVQ.

MILLER HEIMAN GROUP. Study: Half of B2B Buyers Make Up Their Minds Before Talking to Sales Reps. Miller Heiman Group, 5 de junho de 2018. Disponível em: https://perma.cc/B7W9-U2GB.

PEMBERTON, C. Gartner Predicts 2019: In Search of Balance in Marketing. Gartner, 21 de janeiro de 2019. Disponível em: https:// perma.cc/ U4MQ-UT62.

SCHAEFER, M. Marketing Rebellion: The most human company wins. Knoxville: Schaefer Marketing Solutions, 2019.

TWITCHTRACKER. Twitch Statistics and Charts. TwitchTracker, 2019. Disponível em: https://perma.cc/JC7H-SXA2.

WOLLASTON, S. The Rise and Fall of Nokia Review: Fascinating Insight into the Finnish, and Now Finished, Tech Firm. The Guardian, 10 de julho de 2018. Disponível em: https://perma.cc/8GHF-T98F.

03

Criando uma declaração de missão com propósito e uma proposta de valor relevante para os clientes

Introdução

Há um crescente interesse em descobrir as razões pelas quais as empresas fazem o que fazem. Entretanto, embora as empresas sejam muito boas em comunicar o que fazem, o porquê muitas vezes está ausente ou oculto. Para se destacar da multidão, ela deve dizer a seus clientes, ao público em geral e a seus funcionários o porquê de sua existência, qual é seu propósito e em que acredita. Cada vez mais, o propósito é importante para a retenção dos funcionários, para ganhar confiança e para o crescimento da empresa. Ter um porquê com um propósito social ajuda a construir a fidelidade à marca e incentiva os clientes a agirem como defensores dela.

Nesse contexto, a Virgin Group é uma das marcas mais fortes do mundo, transcendendo uma enorme variedade de produtos e serviços. Como Richard Branson explica esse sucesso? Suas dicas são: "concentre-se no nome de seu negócio, conte grandes histórias que ajudem as pessoas a associarem seus valores aos da marca e faça com que o propósito e seus funcionários participem do seu plano desde o início" (MARTECH ALLIANCE, 2019a).

Este capítulo trata de como usar customer insights para criar uma declaração de missão com propósito e uma proposta de valor relevante para seus clientes, a fim de transformar isso na alma de suas mensagens de marketing. Uma proposta de valor autêntica e bem-posicionada diz aos clientes por que devem comprar de você e o diferencia dos concorrentes.

As razões pelas quais se deve começar com o porquê

Por que você se levanta e faz o que faz todos os dias? Sabe por que sua empresa faz o que faz? Poderia explicar isso em termos claros e simples para as pessoas com quem negocia? Acha que o porquê de sua empresa está claro para seus clientes ou funcionários?

O brilhante TED Talk "Comece pelo porquê" de Simon Sinek é extraordinariamente pertinente a este capítulo. Ele fala sobre sua ideia do "Círculo dourado: porquê, como e o quê", e o utiliza para explicar porque alguns líderes e organizações são inspiradores e outros não. Como diz Sinek, todos sabemos o que fazemos, alguns de nós sabemos como o fazemos, porém poucas pessoas ou organizações estão familiarizadas com seu propósito, causa ou crença. Sinek usa a Apple como exemplo, explicando que, se ela fosse como todas as outras empresas, uma simples mensagem de marketing poderia ser a seguinte: "Fazemos excelentes computadores" (o quê), "São lindamente projetados e simples de usar" (como), "Quer comprar um?" Tanto faz. No entanto, o que a Apple realmente faz é começar com o porquê: "Tudo o que fazemos, fazemos para desafiar o status quo; acreditamos em um pensamento inovador." Em seguida, ela passa ao "como": "A maneira como desafiamos o status quo; criando produtos simples de usar e com um design maravilhoso." E "o quê" vem logo no final: "Acabamos por produzir excelentes computadores. Quer comprar um?" Sim! É completamente diferente, certo? Como diz Sinek (2009): "As pessoas não compram o que você faz, elas compram as razões pelas quais você faz".

Seu porquê é seu propósito e deve estar no centro de sua proposta de valor. Mas, muitas empresas não têm uma proposta de valor clara e orientada para o propósito, porque é uma coisa muito difícil de se descobrir. Em minha pesquisa para este livro, não consegui encontrar muitos exemplos de empresas que realmente o decifraram. Posteriormente, neste capítulo, meu amigo e ex-colega de trabalho Andrew Kane, diretor-geral da Sedgwick Richardson, na Grande China, uma agência de marcas na Ásia. Ele explica como começou com o porquê de uma incorporadora imobiliária que queria dar algo em troca aos funcionários.

Durante minha pesquisa encontrei o excelente blog de Dan Shewan, jornalista e especialista em conteúdo web, que destacava sete empresas com propostas de valor atraentes, mas como ele afirma: "Muitas empresas escondem sua proposta de valor em jargões ou em slogans banais e sem sentido, não se preocupam em destacá-la em seu site e em suas campanhas de marketing, ou ainda não descobriram o que é isso no fim das contas!" Um dos sete exemplos de Shewan (2019) inclui a Uber, cuja proposta de valor é a seguinte: "Com apenas um toque um carro vem imediatamente até você. O motorista sabe exatamente aonde ir e o pagamento é feito totalmente sem dinheiro." Essa mensagem simples e clara "destaca tudo o que não funciona ao contratarmos um táxi tradicional, assim como aponta como o serviço é superior" (SHEWAN, 2019).

Por que o propósito importa

Em Strategic Communications 2019 Prognosis Report, Markus Kramer (autor reconhecido, professor associado e líder de pensamento em gestão de marcas) explica como acrescentar significado (propósito) ao que fazemos é um novo paradigma, oferecendo, assim, uma forma de preencher a lacuna entre uma vantagem competitiva e um trabalho significativo. Eis algumas estatísticas deste relatório que explicam as razões pelas quais ter um propósito é tão importante e não se restringe apenas a ganhar dinheiro. Desse modo, possuir um propósito afeta a retenção dos funcionários, a confiança dos clientes e o crescimento:

- É três vezes mais provável que a equipe permaneça em empresas com propósitos específicos.
- Os funcionários sentem-se 1,4 vezes mais engajados e 1,7 vezes mais satisfeitos em empresas com os propósitos definidos.
- Oitenta e nove por cento dos clientes acreditam que as empresas orientadas por propósitos fornecerão serviços de melhor qualidade.
- Setenta e dois por cento dos clientes recomendariam uma empresa com um propósito.
- As empresas orientadas pelo propósito superam o mercado de ações em vinte por cento ao ano.
- O propósito é visto como um forte motor da inovação (KRAMER, 2019).

Entender seu porquê ajuda-o a entender o porquê por trás das escolhas do cliente. Você tem uma boa compreensão do que motiva as decisões de seus clientes? O que os faria escolher seu produto em vez do de outra pessoa? Leela Srinivasan, CMO da empresa de pesquisa on-line Survey Monkey, acredita que a análise de dados precisa ser combinada com a interação dos clientes para que as organizações obtenham uma compreensão completa da tomada de decisões deles. Ela acredita que os clientes precisam ser ouvidos com mais atenção: "Muitas empresas utilizam os dados operacionais para suprir a inteligência artificial, o aprendizado da máquina e as experiências mais personalizadas dos clientes... Os profissionais de marketing podem enriquecer ainda mais o conjunto de dados ao lançar luz sobre o porquê por trás das escolhas dos consumidores. Isso se dá devido à prática de perguntar aos clientes reais suas opiniões e preferências, as quais mapeiam suas verdadeiras necessidades" (PICKUP, 2019).

Não se trata apenas de ganhar dinheiro: construindo um propósito social

Há uma famosa citação atribuída a Peter Drucker, consultor de negócios americano: "O lucro é para uma empresa o mesmo que o oxigênio é para uma pessoa. Caso não tenha o suficiente, está fora do jogo. Mas se pensa que a vida se resume apenas a respirar, você está de fato perdendo algo." Se um negócio está no jogo apenas para ganhar dinheiro, então, realmente está perdendo algo. A ascensão do consumidor consciente significa que os clientes querem comprar de empresas com um propósito maior do que apenas lucro. Eles esperam que as empresas assumam um posicionamento social e que tenham um impacto positivo em sua comunidade e no mundo em geral. De acordo com o estudo da Edelman (2019b), In brands we trust, sabemos que 81 por cento dos entrevistados "acreditam que as marcas devem fazer o que é certo". No entanto, assustadoramente, os consumidores não estão convencidos do compromisso das marcas com a sociedade — apenas um terço confia na maioria das marcas que compram ou usam.

Se você, como eu, acha que essa estatística é em grande parte atribuída à geração mais jovem, há dados que comprovam isso. Tara Prabhakar, diretora qualitativa global da divisão de insights da Kantar, afirma: "Na era da vida consciente, as empresas estão sob crescente pressão dos consumidores para tratar de questões mais abrangentes da sociedade. Cerca de 84 por cento dos centennials [aqueles entre 19 e 35 anos] esperam que as empresas assumam uma posição sobre questões sociais, de acordo com a pesquisa da Kantar" (CHAKRABARTI, 2019). Entretanto, não se trata apenas da geração mais jovem. De acordo com um relatório da Nielsen (2018), "81 por cento dos entrevistados globais acham que as empresas devem ajudar a melhorar o meio ambiente. Essa paixão pela responsabilidade corporativa é compartilhada entre as linhas de gênero e as gerações. Os millennials, a geração Z e a geração X são os mais solidários, mas seus pares mais velhos não estão muito atrás".

Tal fato se alinha estreitamente com os movimentos sociais que vemos em toda a sociedade, em particular entre as gerações mais jovens que desejam um futuro melhor. Tomemos como exemplo Greta Thunberg, que em 2018, aos 15 anos, entrou em greve na escola a fim de chamar a atenção para a crise climática. Ela disse aos líderes mundiais e a seus governos que eles "não são maduros o suficiente para ditar as regras" quando se trata de enfrentar a mudança climática. Ninguém lhe deu permissão ou a encorajou, ela apenas subiu ao palco, e agora muitos outros países seguiram sua liderança com suas próprias greves escolares. Outra estudante, Amy Bray, de 16 anos, do Reino Unido, fundou uma instituição de caridade chamada Another Way, com o objetivo de estimular as pessoas a abandonarem o plástico. O propósito de Amy, declarado abertamente em seu site, é que "O alarme do mundo está tocando. Não temos tempo para esperar que mais ninguém mude. A hora é agora, e começa com cada um de nós.

Quero dar poder a todos para fazer a diferença" (BRAY, 2019). Os jovens estão se tornando ativistas e nos pedem para nos responsabilizarmos pelo seu futuro.

As marcas precisam seguir o exemplo e ser ativistas também. Há uma pressão crescente sobre as empresas e marcas para que sejam mais verdes, sustentáveis, justas e éticas, e todas estas são práticas nas quais os clientes escolhem colocar sua confiança e seu dinheiro. Hoje, as marcas precisam ser social, cultural e ambientalmente sensíveis, responsáveis e proativas. Para um profissional de marketing, é tudo uma questão de construir campanhas que reflitam e enfatizem a proposta de valor de sua empresa, mas como veremos mais adiante, essa proposta de valor precisa ser autêntica e verdadeira. Citando a lenda do marketing, Seth Godwin, "Não vamos voltar aos velhos tempos [do marketing], os novos dias são pautados em uma empatia que é posta em prática, em entender como as ideias se espalham e em fazer um trabalho relevante para as pessoas que se importam" (MARTECH ALLIANCE, 2019b).

Halla Tómasdóttir, CEO da The B Team, uma organização sem fins lucrativos financiada por VIPs empresariais como Richard Branson e Marc Benioff, cujo objetivo é encorajar as empresas a agirem de maneira diferente, acredita que a resposta está na liderança. Em seu brilhante TED Talk, "A crise da liderança e um novo caminho", ela explica que vivemos em uma crise de conformidade, em que empresas e líderes continuam do jeito que sempre foram, ignorando provas contundentes de que o mundo precisa que mudemos: "Quarenta por cento dos diretores de conselhos administrativos não acham que as questões acerca do clima devem ser discutidas na sala da diretoria... temos uma crise de desigualdade e ainda assim continuamos a ver exemplos de empresas e de líderes insistindo no erro. Isso não é sustentável" (TÓMASDÓTTIR, 2019). E qual seria a razão pela qual é tão difícil resolvermos tais crises, que, vale dizer, estão inter-relacionadas? Tómasdóttir acredita que é uma questão de confiança, que está em baixa, e somente líderes corajosos e humildes com uma bússola moral conseguirão recuperá-la. Ela acrescenta que a única maneira de resolver as crises iminentes e inter-relacionadas de sustentabilidade, igualdade e confiança não se resume apenas a dizer por que existimos, mas definir como faremos negócios e como iremos liderar.

Não tente compensar: a importância de ser autêntico

Todos devemos liderar da maneira que Tómasdóttir descreve, mas pense com cuidado antes de aderir à moda do meio ambiente ou da igualdade. Qualquer afirmação que fizer deve ser autêntica. De acordo com o Edelman (2019a) Trust Barometer, 56 por cento dos entrevistados dizem que muitas marcas usam as questões sociais como um truque de marketing e chamam tal prática de "lavagem de confiança". O público cada vez mais inteligente e socialmente consciente não quer se sentir enganado, e se a sustentabilidade, a igualdade ou qualquer questão com a qual você afirma se preocupar significa muito para eles, os clientes vão querer comprovar que você está realmente fazendo algo genuíno e importante.

Outro termo adotado o suficiente para entrar no Collins English Dictionary é "falso ativismo". Isto ocorre quando uma empresa adota (ou pretende adotar) valores progressistas para promover sua marca ou produto. No Festival Internacional de Criatividade de Cannes de 2019, o CEO da Unilever, Alan Jope advertiu que o falso ativismo "ameaça destruir ainda mais a confiança em nosso setor, considerando que se trata de uma característica já escassa" (CHRISTE, 2019).

Um dos exemplos mais conhecidos de falso ativismo é a campanha da Pepsi de 2017, que foi retirada quase tão logo foi ao ar. Ela apresentou a modelo Kendall Jenner (da família Kardashian) deixando uma sessão de fotos para se juntar a um protesto. No momento em que chega ao protesto, ela entrega uma lata de Pepsi a um policial que se vira e sorri para seu colega, demonstrando que tudo, aparentemente, está bem. O anúncio foi muito criticado por trivializar as manifestações e fazer afirmações ridículas sobre a Pepsi. É impossível ser menos autêntico do que isso!

Há também o perigo de que a campanha "consciente" de hoje se torne normal no futuro (CHAKRABARTI, 2019). Mark Schaefer (2019b) afirma que "ser justo, ser diverso, ter consciência sobre a preservação ambiental é normal". Não é um ponto de diferença. Se você fez algumas mudanças para tentar preencher esses quesitos, isso realmente significa que deveria se preocupar? Será que não está apenas fazendo o que deveria fazer, como todos os outros? Schaefer (2019b) acrescenta: "O que nós realmente queremos ver é você. Venha para nossa cidade... faça uma diferença tangível e crível. Em outras palavras: não esteja em nossa comunidade, mas seja dela". A ideia de pertencer "a uma comunidade" para provar sua autenticidade é maravilhosa, e não consigo pensar em nenhuma maneira melhor de ilustrar isso do que passar o bastão a Andrew Kane, diretor-geral da Sedgwick Richardson, uma agência de gestão de marcas. Em seu artigo e estudo de caso, Andrew ilustra que a tendência atual para a criação de marcas com um objetivo específico é tão viva e bem-sucedida na China quanto nas nações ocidentais.

OPINIÃO DE ESPECIALISTA

Andrew Kane, diretor-geral da Sedgwick Richardson, na Grande China

Ajudar os clientes a encontrarem seu propósito requer uma abordagem dupla, que sempre começa com a definição dos valores e da cultura inerentes à organização. Encorajo os clientes a identificarem as coisas que importam e são significativas para eles. São os valores da empresa e dos proprietários que precisam emanar em seu propósito, em seu produto ou nos serviços que são oferecidos. Se você não começar por esse caminho, estará apenas inventando algo, mas sem autenticidade e verdade. A verdade é necessária para fazer a diferença, e, na hipótese de você tentar identificar um propósito que não seja significativo e real para sua empresa, ele simplesmente não vai funcionar.

Por exemplo, na Sedgwick Richardson, apoiamos uma organização chamada Mekong Club, cujo objetivo é combater a escravidão no mundo moderno. Dessa forma, nós os auxiliamos com seu posicionamento de marca e seu propósito, tudo isso gratuitamente. Nossos funcionários e clientes, por sua vez, aprovam tal atitude, assim como é nossa maneira de aplicar o que fazemos de forma positiva refletindo nossos valores.

Por fim, depois de definir seus valores, você pode começar a procurar oportunidades de mercado que os reflitam. Os clientes, habitualmente, querem começar com a pesquisa, porém é um erro. Primeiro, é preciso formar suas ideias olhando seus valores e depois testá-los com a pesquisa. O estudo de caso demonstra como nosso trabalho com uma incorporadora imobiliária na China iniciou com os valores da empresa e, particularmente, seu desejo de dar algo em troca à cidade. É um exemplo brilhante de como iniciar por meio da definição de seus valores. Posteriormente, usar a pesquisa para apoiá-los, buscar uma oportunidade de mercado, criar algo especial, autêntico e único.

ESTUDO DE CASO

O desejo de uma incorporadora imobiliária chinesa de retribuir à cidade

Uma grande incorporadora imobiliária localizada em Hong Kong e na China, conhecida tanto pelo trabalho residencial quanto pelo desenvolvimento de uso misto, queria construir algo que oferecesse uma contribuição positiva e genuína à vida das pessoas de uma cidade, mas não sabia o que ou por onde começar. O que sabiam, porém, era que queriam que o desenvolvimento fosse significativo e que pensassem em si mesmos menos como uma marca e mais como um membro autêntico da comunidade. Nas palavras de Mark Schaefer — ser "da cidade", não apenas estar "na cidade". O principal desafio era que a incorporadora imobiliária não sabia nada sobre as pessoas da cidade em que queria construir.

O processo

Uma rápida olhada no site da incorporadora nos disse algo sobre seus valores: eles estavam comprometidos com a responsabilidade social e a sustentabilidade, o que sustentou a pesquisa que fizemos.

Utilizamos pesquisas e grupos focais para buscar insights que informassem o que construir, como fazer isso (por meio do projeto de arquitetura) e, o que era importante, como posicionar nosso propósito e engajar a comunidade com nosso marketing.

O insight

Descobrimos que os consumidores da cidade eram bem empreendedores e muito subestimados. Encontramos na cidade uma abundância de criatividade, assim como de artes, design contemporâneo e tradicional. Tais alicerces eram fundamentais para o senso de identidade da cidade, por essa razão uma grande fonte de orgulho atravessava gerações. Grande parte dela, porém, estava oculta e era difícil de resgatar. Essa era a cultura do lugar: humilde, subestimada, realista e orgulhosa.

O insight que descobrimos foi que essas pessoas empreendedoras e talentosas não tinham um local para se promoverem, e estavam saindo da cidade porque tudo estava se tornando muito caro. Outras incorporadoras estavam focadas em trazer marcas ocidentais e propostas de luxo. Isso significava dizer que a cidade estava perdendo sua alma e a maioria de seus moradores regulares (nosso público-alvo) estava descontente com isso.

O propósito da incorporadora imobiliária

- Vamos identificar essas joias escondidas.
- Vamos celebrá-las e incluí-las.
- Vamos nos tornar uma plataforma em que elas possam brilhar.

Dando vida ao propósito

Dar aos heróis locais uma estrutura foi importante para a incorporadora, e a arquitetura foi delineada com isso em mente. Módulos foram projetados em torno do conjunto residencial para que ficassem visíveis. Esses módulos nunca seriam alugados a ninguém, mas dariam uma estrutura à população local, por exemplo, chefs ou estilistas.

A incorporadora também dedicou todo seu marketing e comunicação às pessoas. Nunca falava sobre si mesma, apenas sobre a comunidade. Ela posicionou-se como agente e curadora ao lado de todos os outros agentes locais. Isso ressoava com o sentimento de orgulho na cidade e contrastava fortemente com o que as outras incorporadoras faziam.

Isso exigiu uma abordagem totalmente diferente para a incorporadora imobiliária, que precisava de uma nova equipe para cumpri-la. Por outro lado, também foi uma ótima experiência, pois possibilitou a contratação de pessoas empolgadas com esse tipo de estratégia, aptas a sair e a cumprir sua função, o tipo de gente que jamais consideraria trabalhar para uma incorporadora imobiliária. Em suma: conseguiram atrair talentos excepcionais. A mídia, por sua vez, também adorou porque se tratava de algo genuíno e real, que oferecia uma estrutura aos outros.

Até o governo se envolveu; apreciou muito e queria que o empreendimento tomasse mais ruas. Os concorrentes entraram em pânico e fizeram campanhas falando sobre o "lado real da cidade", mas é claro que falavam sobre o lado artificial e sem alma. Nosso cliente não falava de si mesmo, falava da cidade — a cidade "real".

No início, foi um desafio transmitir essa mentalidade ao cliente, por ser tão diferente. Mas a incorporadora imobiliária foi convincente porque começou com seus próprios valores. Depois, utilizamos a pesquisa para buscar insights que nos ajudaram a conectar e a validar essas ideias. Sendo assim, procurávamos um problema ao qual pudéssemos oferecer uma solução.

Como bem demonstrou esse estudo de caso, você precisa ter uma ideia do que está testando e iniciar a pesquisa a partir do ponto de vista que queira validar. Você não pode simplesmente se aprofundar quando ainda tem uma pergunta em aberto. Se a incorporadora imobiliária tivesse apenas perguntado ao mercado o que era necessário em um shopping center, nunca teria encontrado o insight que levou ao fantástico centro que construiu. Ela sabia que queria fazer algo pela cidade, mas não sabia o quê, e foi isso que a levou a testar; era aí que precisava do insight.

Ao testar desse jeito, é preciso ter coragem suficiente para adotar uma abordagem diferente. Destacar-se pode parecer um pouco desconfortável — mas se não o fizer, você provavelmente não será diferenciado o bastante. Se a pesquisa for bem-feita, fornecerá contexto e nuance, assim como orientará a relevância e a diferenciação. Comece sempre com seus valores e uma forte questão de pesquisa, depois a refine e a valide durante todo o processo. No estudo de caso, a pergunta era: "Como criar algo do zero que contribua à cidade de um jeito que seja ao mesmo tempo significativo e autêntico?" Se você tiver coragem suficiente para ouvir o que o mercado lhe diz, e, a partir disso agir de forma significativa, coisas mágicas podem acontecer.

Agora, vamos nos aprofundar um pouco mais nos aspectos práticos da criação de uma declaração de missão com um propósito.

Como criar uma declaração de missão que transmita um propósito e uma proposta de valor relevante?

A essa altura, já conhecemos a teoria: precisamos começar com o porquê e precisamos de um propósito maior do que simplesmente ganhar dinheiro. Precisamos ser autênticos.

Nesse caso, é mais fácil falar do que fazer! Por onde começar? Primeiro, um ponto sobre como sua proposta de valor deve ser ambiciosa. Eu trabalhava na Cisco, que afirmava "mudar a maneira como o mundo vive, trabalha, atua e aprende". Essa é uma afirmação e tanto! A Cisco afirmava fazer essa mudança por meio da rede, que segundo a empresa "não é apenas uma rede de computadores, é uma rede de pessoas.

Uma rede repleta de potencial; uma porta de entrada para novas experiências de vida. Uma rede de conexões humanas". Essa proposta de valor funcionava, e a empresa dava uma contribuição válida para a afirmação que fazia. Ao ter uma afirmação válida, é preciso apostar alto. Exploraremos como o propósito da Cisco evoluiu no Capítulo 4.

É claro que é preciso descobrir a que você deve aspirar, e é aqui que entra o insight estratégico. Fizemos isso na Valitor, e o processo pelo qual passamos é explicado no estudo de caso no final deste capítulo. Primeiro, porém, ouviremos Paul Nola, da Context Consulting, cuja brilhante metodologia, desenvolvida por meio da utilização de insights estratégicos para desenvolver sua declaração de missão e proposta de valor, guiou o que fizemos na Valitor.

OPINIÃO DE ESPECIALISTA

Paul Nola, sócio da Context Consulting

Quando as pessoas vêm nos pedir ajuda, tendem a vir com uma compreensão do que seus clientes compram e como usam seus produtos, mas muitas vezes não entendem por que eles fazem o que fazem. Com frequência, sequer consideram o que os clientes querem alcançar e que seu produto pode ser incidental a isso.

Portanto, começamos usando a abordagem "cinco porquês" e ajudamos nossos clientes a entender o que seus consumidores fazem, como o fazem e as especificidades das razões pelas quais eles agem assim. Temos mais êxito quando conseguimos sair da realidade cotidiana do cliente e nos aprofundar nesses aspectos.

Nossa pesquisa apresenta um processo de três partes:

1 Explorar.
2 Validar.
3 Difundir.

Passamos muito tempo na fase "explorar" e acreditamos em uma abordagem baseada em hipóteses. A menos que as pessoas venham até nós com uma ideia do que desejam alcançar, a pesquisa não vai ajudá-las, mas apenas criar pilhas de dados. Portanto, passamos muito tempo pesquisando o que o cliente quer mudar. O que eles querem fazer de diferente? Será que notaram uma mudança no comportamento do cliente? As vendas estão em declínio ou eles estão preocupados com a atividade da concorrência? Pode ser qualquer coisa, mas gastamos tempo ajudando-os a colocar suas perguntas em pauta e a articular o que já sabem para formar suas hipóteses. Também analisamos o que seus concorrentes fazem e conversamos com as partes interessadas. Nas palavras de Donald Rumsfeld, deciframos os "saberes conhecidos" e os "saberes desconhecidos", de modo que entramos na fase "validar" com algumas ideias claras.

Metade do valor da fase "explorar" está em colocar as principais partes interessadas em volta da mesa e perguntar o que precisa ser feito. Isso dá às pessoas a oportunidade de sair de seus empregos diários e pensar além das minúcias. Colocar as pessoas em oficinas, ter discussões individuais e depois refletir e juntar todos os fios para apresentar hipóteses no final da fase "explorar" é fundamental, porque nos diz aonde precisamos ir a partir daí. Isso nos permite identificar os métodos certos a serem seguidos e a dimensionar corretamente a pesquisa. Por "dimensionar corretamente" quero dizer identificar os segmentos específicos ou grupos-alvo que precisam ser focados na fase "validar", em vez de fazer o impossível, ou seja, cobrir todos. Tal prática economiza tempo e esforço, além de ajudar os clientes a chegarem a conclusões acionáveis de forma mais rápida.

A fase "validar" é obviamente a fase de pesquisa, e se a fase "explorar" foi executada do jeito certo, você saberá que está fazendo o tipo correto de pesquisa em torno das perguntas e pessoas adequadas.

Chegamos então ao estágio fundamental "difundir". Geralmente, as pessoas são apressadas demais na busca pela obtenção dos resultados, e, em seguida, gastamos tempo difundindo nossas descobertas por toda a organização para que tenham o efeito máximo. Criamos várias versões do resultado e o compartilhamos por completo por toda a empresa para permitir que se espalhe. Essa etapa requer colaboração com o cliente. Como uma agência externa, não podemos girar uma varinha mágica e mudar as coisas, pois tal atitude requer sinergia e esforço combinados. Durante a etapa "difundir" nosso aprendizado precisa ser combinado com a compreensão do cliente. É quando se cria algo extraordinariamente eficaz, e foi o que aconteceu quando trabalhei com Christine na Valitor (veja o estudo de caso da Valitor).

Uma das ideias que fundou a Context Consulting foi redistribuir o tempo gasto no processo de pesquisa. Esse processo é tradicionalmente uma curva em formato de sino com um início e um fim estreitos. O início é a fase de briefing, quando os clientes muitas vezes estão com pressa e só querem que você siga em frente. Uma enorme quantidade de tempo é então gasta fazendo-se todo tipo de captura de dados, durante a qual o cliente tem bem pouco envolvimento. No final, comumente se obtém um tipo de ponto crucial (muitas vezes um prazo de marketing) em que tudo é reunido de forma rápida e os resultados são entregues.

Na Context, achatamos a curva de distribuição normal para que a área a seguir da curva (e a quantidade de tempo e esforço gastos) permaneça a mesma, e, com isso, haja mais tempo para as etapas "explorar" e "difundir". Estas são as duas partes do processo de pesquisa que fornecem mais valor aos clientes, e, como uma fase "explorar" mais longa permite dimensionar corretamente sua pesquisa, esta etapa pode ser mais curta. O trabalho de campo é obviamente valioso, mas não é dele que vem o aprendizado. Também envolvemos os clientes durante todo o processo, de modo que as expectativas em torno dos resultados possíveis sejam estabelecidas durante a fase "explorar" e os resultados da pesquisa não sejam uma grande surpresa. Se optar pela abordagem antiquada da curva em forma de sino, é mais provável que tenha um resultado insosso, pois o cliente não foi envolvido até o fim e as expectativas não foram administradas.

ESTUDO DE CASO

Criando uma proposta de valor importante para os clientes

Uma empresa que produz produtos de marketing para pequenas empresas (principalmente cartões de visita e materiais de marketing) queria expandir para incluir produtos promocionais, vestuário e presentes (PPAG — promotional products, apparel and gifts) — coisas como canecas, pen drives e camisetas. Tais itens têm múltiplos usos, por exemplo, pequenas empresas podem oferecê-los como presentes ou dá-los aos funcionários. A empresa vinha aplicando as regras de seu espaço de cartões comerciais à categoria PPAG e nos procurou para descobrir a melhor maneira de encontrar uma proposta de valor para essa área.

O processo

Utilizamos grupos focais e seguimos a abordagem dos "cinco porquês" para entender as motivações dos donos do negócio. A expectativa era que coisas como prazos de entrega, quantidade de pedidos ou preços estivessem no topo da lista, e quando conversávamos com os donos, eles falavam sobre todos esses fatores racionais. Entretanto, quando nos aprofundamos e usamos o processo dos "cinco porquês", surgiram visões diferentes. Fizemos perguntas como:

- Por que vocês precisam dar um presente a seus clientes?
  - Para que saibam que nos preocupamos com eles.
- E por que vocês querem que pensem que se importam com eles?
  - Para que saibam que pensamos no que eles gostam.

O insight

Quanto mais passamos por esse processo, percebemos que os empresários queriam se destacar da multidão com seus produtos promocionais. Queriam que seus clientes ficassem surpresos e encantados e que, como resultado, sua empresa se destacasse.

A proposta de valor para os produtos PPAG

O insight obtido mostrou que a proposta de valor tinha base muito mais emocional do que se verificaria sem tal insight. Voltando ao exemplo de Simon Sinek, o insight não se concentrava no "o quê", que significa dizer onde o vestuário era produzido, como era distribuído ou o preço, mas sim focava na conexão emocional, em como ajudaria as pequenas empresas a causar uma impressão marcante: "Oferecemos uma ampla coleção de produtos promocionais personalizados, para que você se destaque de uma forma adequada ao seu negócio." Isso de repente transformou uma proposta de valor muito genérica em uma que se destacava. Além disso, surpreendia, encantava genuinamente e enviava uma mensagem emocional muito mais eficaz do que uma meramente comercial.

O estudo de caso de Paul fornece um excelente exemplo de como criar uma proposta de valor relevante para seus clientes. Agora, analisaremos como criamos uma declaração de missão com propósito na Valitor.

ESTUDO DE CASO

Criando uma declaração de missão com propósito na Valitor

Antecedentes

A Valitor começou como Visa Iceland em 1983 e era a única empresa na Islândia a emitir cartões Visa. Isso mudou quando a Islândia abriu o mercado em 2018, permitindo que outras empresas emitissem tanto cartões Visa quanto Mastercard. A empresa mudou de nome naquela época para Valitor e era a líder de mercado tanto na emissão quanto na aquisição. Em 2014, perceberam que os saltos de crescimento só viriam da expansão internacional, então fundaram uma filial no Reino Unido chamada Markadis, para evitar qualquer dano potencial à marca Valitor. Em 2014, a Valitor adquiriu a AltaPay na Dinamarca — um portal de pagamento de comércio eletrônico para clientes nórdicos e europeus. Eles tinham uma linha de "pagamentos menos complicados", que já tinha um propósito, mas com a típica modéstia nórdica! Em 2017, a Valitor comprou a IPS no Reino Unido. A IPS oferecia um ponto de venda exclusivo, permitindo aos clientes aceitar pagamentos com cartão por meio de uma única plataforma em vários países. Também comprou a Chip and PIN Solutions, que oferecia soluções de pagamento para pequenas e médias empresas no Reino Unido.

Quando me juntei à Valitor em 2017, tínhamos cinco empresas com cinco marcas diferentes, todas com propostas de valor distintas. A missão e a visão estavam diluídas em uma declaração sobre querer ser uma empresa de soluções de pagamento internacional, reconhecida por sua abordagem inovadora, mas era uma bagunça do ponto de vista da marca. Precisávamos mudar.

Falamos antes sobre a necessidade de pesquisa para testar uma hipótese ou responder a uma pergunta. As grandes perguntas que eu precisava responder eram:

1. Como poderíamos passar de uma emissora e adquirente islandesa para uma empresa internacional de soluções de pagamento?
2. Como eu poderia desenvolver uma declaração de missão com propósito e encontrar os "tópicos de interesse", fatores de diferenciação comuns na empresa como um todo?

Todos internamente tinham opiniões fortes, e elas eram muito diferentes, por isso embarquei num estudo de insights estratégicos, com a ajuda de Paul e da Context Consulting.

FIGURA 3.1 O processo de coletar insights estratégicos

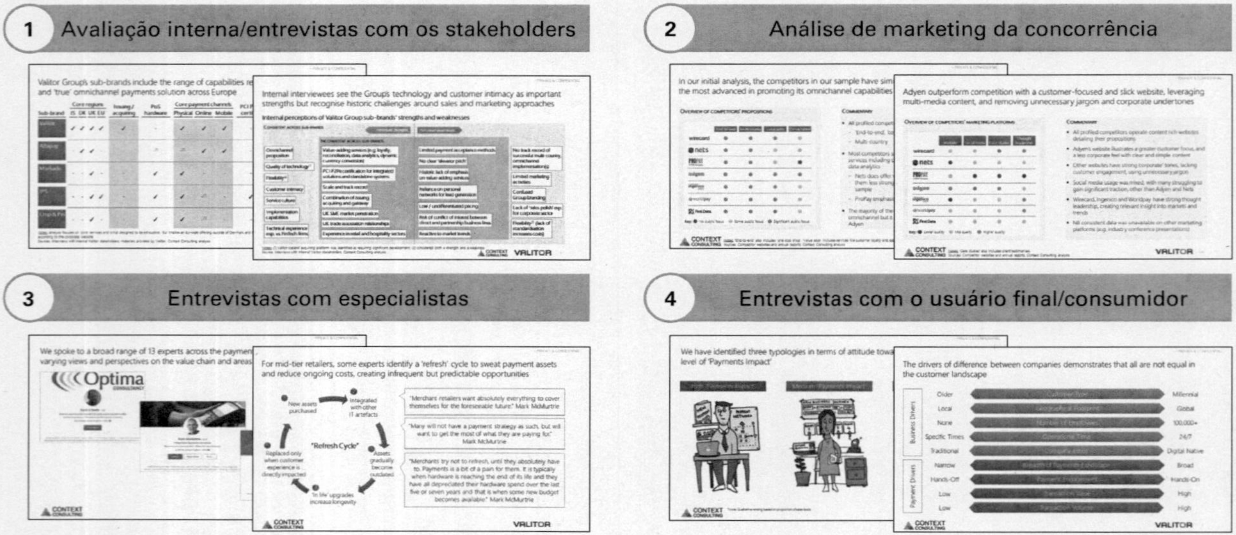

FONTE: CONTEXT Consulting/Valitor [usamos a figura original]

O processo: coleta de insights estratégicos

Passamos por um processo de quatro etapas (Figura 3.1):

1. Entrevistamos 15 partes interessadas, internas, para obter sua visão do negócio e do mercado.
2. Identificamos sete de nossos principais concorrentes e avaliamos suas mensagens de marketing. Não validamos seus pontos fortes e fracos ou acrescentamos nossa própria avaliação, apenas examinamos as mensagens que transmitiam ao mercado.
3. Em seguida, entrevistamos 13 especialistas do setor de pagamentos.
4. Realizamos 55 entrevistas telefônicas aprofundadas com usuários finais na Islândia, Reino Unido e Dinamarca, que eram clientes existentes ou potenciais que correspondiam ao nosso perfil-alvo.

Encontrando um novo propósito para a Valitor

O que fizemos com todos esses insights? Os usamos para criar um novo propósito para a Valitor. Dessas horas e horas de entrevistas, encontramos o seguinte insight: as pessoas não se importam de verdade com os pagamentos, mas sim com a compra e venda, que deve ser o mais fácil, simples, transparente, sem atritos — qualquer termo que você prefira — possível. Assim, essa se tornou nossa missão, nosso propósito — *facilitar a compra e a venda*.

No início, encontrei muita resistência. As pessoas diziam o seguinte: "como podemos dizer que facilitamos a compra e venda quando só cuidamos da parte de pagamento?" Respondi que precisávamos acrescentar a "parte do como". Cuidamos dos pagamentos de nossos clientes para que se concentrem na compra e venda. Usei o exemplo da Cisco, alegando que mudou a maneira como as pessoas viviam, trabalhavam, agiam e aprendiam, tudo isso por meio da venda de produtos de rede. Precisa ser algo inspirador e importante para as pessoas.

FIGURA 3.2 O propósito da Valitor

Quem?

A Valitor é uma empresa **internacional de soluções de pagamento**

O quê?

Ajudamos comerciantes, parceiros e consumidores a efetuarem e a receberem pagamentos. Somos uma das poucas empresas que oferecem soluções de ponta a ponta com emissão, aquisição e serviços de gateway. Oferecemos uma conexão única para pagamentos de todos os tipos, desde o presencial até o on-line e tudo o que estiver relacionado.

Por quê?

A Valitor **facilita a compra e a venda**

Como?

Cuidamos dos pagamentos dos nossos clientes, o que significa dizer que eles podem se concentrar na compra e venda. Nossos valores e comportamentos impulsionam a forma como fazemos negócios.

FONTE: VALITOR

Nosso objetivo não é nos tornarmos uma empresa de soluções de pagamentos internacionais. Isso é o que nós somos. Nosso propósito é facilitar a compra e a venda (Figura 3.2).

Isso se seguiu por meio de mais pesquisas para guiar nossa estratégia de marca principal — retomaremos isso no Capítulo 4 quando analisaremos como os insights podem justificar sua estratégia de marca.

Principais aprendizados

- Descubra seu porquê. Muitas empresas não têm uma proposta de valor clara e orientada para o propósito porque é muito difícil de descobrir. Seu porquê é seu propósito e deve estar no centro de sua proposta de valor; entender o propósito vai ajudá-lo a entender o porquê por trás das escolhas do cliente.
- A ascensão do consumidor consciente significa que os clientes querem comprar de empresas que têm um propósito maior do que apenas lucrar. Hoje, as marcas precisam se mostrar social, cultural e ambientalmente sensíveis, responsáveis e proativas. Isso afeta a retenção de funcionários, a confiança dos clientes e o crescimento.

- Seja autêntico! Não seja acusado de lavagem de confiança ou de falso ativismo.
- Não se aprofunde na pesquisa com uma pergunta em aberto. Você precisa ter uma ideia do que está testando e iniciar a pesquisa com um ponto de vista que deseja validar.
- Andrew Kane aconselha os clientes a começarem pela definição de seus valores, e, posteriormente, a usarem a pesquisa para respaldar esses valores e buscar oportunidades de mercado. Ao fazer isso, você pode criar algo especial, autêntico e único.
- Paul Nola usa a abordagem dos "cinco porquês" para ajudar os clientes a entender o que e como sua clientela faz, até as especificidades do porquê agem assim.

ALIMENTE SEU CÉREBRO

- Veja o brilhante TED Talk "Comece pelo porquê" de Simon Sinek.
- Você consegue explicar seu porquê? Usando a Figura 3.2 como exemplo, veja se consegue escrever suas afirmações sobre quem, porquê, o que e como.

Referências

BRAY, A. Another Way, 2019. Disponível em: https://perma. cc/27D4-TBXH.

CHAKRABARTI, S. Having a "Purpose" Is No Longer Enough, The Future CMO. Raconteur, 10 de junho, 2019. Disponível em: https://perma.cc/MW7V-HLTG.

CHRISTE, D. CEO da Unilever: "Woke-washing" Is Infecting the Ad Industry. Marketing Dive, 19 de junho de 2019. Disponível em: https://perma.cc/B2PF-53LY.

EDELMAN. Edelman Trust Barometer Reveals "My Employer" Is the Most Trusted Institution. Edelman, 2019a. Disponível em: https://perma.cc/PZ6Q-YSE4.

EDELMAN. 2019 Edelman Trust Barometer. Special report: In Brands We Trust. Edelman, 2019b. Disponível em: https://perma.cc/K265-RMUN.

KRAMER, M. Strategic Communications 2019+ Prognosis Report: Beyond the Obvious. LinkedIn, 5 de janeiro de 2019. Disponível em: https://perma.cc/YQF9-ZFTF.

MARTECH ALLIANCE. Interview with Richard Branson. MarTech Alliance, 11 de junho de 2019a. Disponível em: https://perma.cc/YVX3-A3BE.

MARTECH ALLIANCE. Marketing e Tech Book Club: This Is Marketing by Seth Godwin. MarTech Alliance, 18 de janeiro de 2019b. Disponível em: https://perma.cc/J3C7-ANFU.

NIELSEN. The Evolution of the Sustainability Mindset. Nielsen, 11 de setembro de 2018. Disponível em: https://perma.cc/3PU2-MHVZ.

PICKUP, O. Expert Advice on How to Build Brand Transparency. Raconteur, 10 de junho de 2019. Disponível em: https://perma.cc/4RQU-2DAT.

SCHAEFER, M. Being Normal Is Not a Point of Differentiation. Businesses Growes, 2019b. Disponível em: https://perma.cc/V6VM-EMTA.

SHEWAN, D. 7 of the Best Value Proposition Examples We've Ever Seen. WordStream, 25 de fevereiro de 2020. Disponível em: https://perma.cc/SV55-WK5R.

SINEK, S. Simon Sinek: Start with Why: How Great Leaders Inspire Action. YouTube, 2009. Disponível em: https://perma.cc/66Z6-5ZYK.

TÓMASDÓTTIR, H. Halla Tómasdóttir e Bryn Freedman: The Crisis of Leadership and a New Way Forward. YouTube, 2019. Disponível em: https://perma.cc/H76C-X9B9.

04

Usando insights para apoiar uma estratégia de marca

Introdução

O objetivo deste capítulo é trazer ideias sobre como usar customer insights para sustentar sua estratégia de marca. Não é um A a Z sobre gestão de marca — há muitos livros disponíveis sobre isso — mas mostra como algumas organizações encontraram e aplicaram pequenos insights para ajudar a construir sua história de marca.

Mostrarei como utilizamos o insight para construir uma estratégia de marca principal na Valitor, e Andrew Kane demonstrará como trabalhou com a Peak Re, uma empresa de Hong Kong que queria ajudar a proteger comunidades vulneráveis por meio do resseguro. Também veremos a Cisco e a NTT como exemplos da crescente tendência de empresas que revisitam suas raízes para identificar os insights com os quais foram fundadas.

De acordo com a Ogilvy Consulting (2018), os papéis desempenhados pelo marketing e pela gestão de marca passaram por uma série de mudanças evolutivas, desenvolvendo-se ao longo dos anos até o ponto no qual estamos hoje.

A Ogilvy começou a construir marcas em 1948 e, naquela época, a marca tratava de conscientizar e garantir a qualidade, e o marketing dizia respeito à venda. Hoje, estamos na "era inteligente" em que o papel do marketing é descobrir "os mais profundos insights e ações dos clientes" e o desafio da gestão de marca é encontrar "papéis extremamente pessoais e relevantes na vida dos indivíduos".

Como procurar um papel extremamente pessoal e relevante para sua marca? Começaremos este capítulo com a função do storytelling.

A importância do storytelling

No Capítulo 3, vimos que Richard Branson atribui parte do sucesso da Virgin a contar "grandes histórias para ajudar as pessoas a se associarem aos valores de sua marca" (MARTECH ALLIANCE, 2019). Independentemente do setor, o sucesso da marca hoje tem tudo a ver com ter uma posição clara, um propósito "estrela-guia", construir confiança, criar experiências imersivas, inovadoras, pessoalmente envolventes e jornadas de clientes humanizadas. De acordo com a Edelman (2018), 61 por cento dos executivos pagarão um valor elevado por um serviço B2B de uma marca com uma visão clara. O relatório da Interbrand (2018) Best Global Brands 2018 apresenta uma visão semelhante: "Uma década após a crise financeira global, as marcas que crescem mais rápido hoje são aquelas que intuitivamente entendem seus clientes e fazem movimentos corajosos e icônicos que encantam e atendem de novas maneiras".

Os estudos de caso neste capítulo foram cuidadosamente escolhidos para demonstrar como isso ocorre na prática. Hoje, a gestão de marca deve se basear no insight. Sem insight, você não compreenderá e, sem entender, não conseguirá construir o tipo de storytelling convincente e pessoal que se conecta com seu cliente e transmite sua visão. No Capítulo 3, Paul Nola descreveu o processo de pesquisa em três partes da Context Consulting. Esse processo constrói uma história para os clientes da Context, explicada mais adiante em Opinião do Especialista.

OPINIÃO DE ESPECIALISTA

Paul Nola, Context Consulting

Somos chamados de Context Consulting porque acreditamos no poder de contextualizar o que aprendemos, e usar esse contexto para construir uma narrativa forte para ajudar nossos clientes a tomar decisões. Não nos deixamos conduzir por dados individualmente, mas, em vez disso, olhamos o padrão existente neles para construir uma história relevante para os clientes, que os levará a uma conclusão. Às vezes, essa conclusão é uma escolha A), B) ou C), e é preciso ter uma compreensão clara do que seu cliente está tentando fazer e quais são suas hipóteses para levá-lo com você nessa jornada.

O argumento de Paul sobre o uso de um padrão de dados para construir uma história é muito importante. A análise por si só não faz o trabalho. As pessoas simplesmente não se lembram de uma série de dados. Elas não respondem a eles e decerto não são influenciadas por eles. Se, no entanto, pode-se construir uma história marcante em torno deles, é justamente aí que a magia acontece. Nesse contexto, as partes interessadas externas e internas se atentarão e começarão a tomar nota do que você diz.

Por onde começar? Pelo início! Toda boa história precisa de início, meio e fim. No início, você expõe a "situação" ou o estado do "o que". O meio da história descreve a "complicação", em outras palavras, o que precisa ser superado e as questões cruciais envolvidas. Também descreve as possíveis implicações ou consequências de não agir, para enfatizar a urgência das questões em jogo para seu público. Por último, o fim da história estabelece o que precisa ser feito, isto é, a ação que seu público precisa tomar e os benefícios que ele verá com a ação sendo tomada. O final deve retratar a "terra prometida" e um futuro novo e melhor.

Nas marcas, confiamos

A extensa pesquisa realizada pela Edelman ao longo dos anos a tornou a mais confiável fonte de informação sobre a relação das pessoas com as marcas. De acordo com o Trust Barometer da Edelman, a pesquisa realizada pela organização indica que confiar em uma marca nunca foi tão importante. Em um relatório especial, In Brands We Trust, a Edelman explora se certas coisas que ocorrem no mundo hoje estão aumentando a necessidade de as pessoas sentirem que confiam nas marcas que compram e usam. O relatório de 2019 foi baseado em pesquisas com 16 mil entrevistados em oito segmentos de mercado. A partir dele, a Edelman definiu três pontos de confiança:

- experiência do produto (uma preocupação crescente para 62 por cento dos entrevistados);
- experiência do cliente (uma preocupação crescente para 55 por cento dos entrevistados);
- impacto das marcas na sociedade (uma preocupação crescente para 69 por cento dos entrevistados).

As preocupações em torno do produto relacionavam-se ao ritmo da inovação, à crescente dependência das marcas para automatizar a vida das pessoas e à crescente preocupação em desperdiçar dinheiro com uma compra ruim devido a maiores pressões financeiras. As preocupações quanto à experiência do cliente relacionavam-se ao uso de dados pessoais e ao monitoramento e direcionamento das marcas às pessoas com base nesses dados, bem como ao uso de IA, sobretudo para o atendimento ao cliente. As preocupações com o impacto das marcas na sociedade incluíam a disseminação de fake news e a desinformação na internet, o maior envolvimento das marcas em questões sociais e o desejo crescente das pessoas de expressar seus valores e opiniões políticas por meio das marcas que escolheram comprar ou não comprar (EDELMAN, 2019). Como vimos no Capítulo 3, a confiança vai além do que apenas o produto; engloba o que o produto representa e a experiência que o consumidor tem com ele.

O que você procura?

Para enfatizar outra vez o ponto de vista de Paul, ao construir sua história, **você precisa ter uma compreensão clara do que seu cliente está tentando fazer.** Como vimos no Capítulo 3, ao iniciar a pesquisa da marca, a pergunta ou as perguntas às quais está tentando responder devem estar claras em sua mente. Você busca validar algo que acha que já sabe? Procura uma nova oportunidade? Deseja testar uma hipótese?

Caso não tenha certeza, um ótimo ponto de partida é pegar uma folha do livro da Edelman e entender quais atributos são impeditivos ou fatores decisivos quando se trata de comprar os produtos ou serviços de sua empresa. Estes serão diferentes dependendo de quão grande ou pequena é sua organização, mas podem incluir as seguintes características:

- Oferece consistentemente a melhor qualidade dentro da categoria.
- A marca é muito conveniente e fácil de usar.
- Oferece consistentemente a melhor relação custo-benefício dentro da categoria.
- Utiliza apenas ingredientes, componentes ou ferramentas de serviço ao cliente de alta qualidade.
- Confio na marca para fazer o que é certo.
- Comporta-se de forma responsável e justa ao comprar os materiais, produtos ou serviços que utiliza.
- Coloca os interesses dos clientes à frente de seus próprios lucros.
- Recebe boas críticas dos clientes.
- A marca tem uma boa reputação entre as pessoas que conheço.
- Os valores da marca correspondem aos meus.
- Esforça-se para reduzir seu impacto ambiental.
- A marca é inovadora, sempre introduzindo novos produtos, características e serviços.
- Tem características e opções que ninguém mais tem.
- A marca se destaca de seus concorrentes. É única em visual e design.
- A marca apoia ou fala ativamente sobre uma questão importante para mim.
- Proporciona a seus funcionários bons benefícios e boa remuneração.

- É uma boa comunicadora e tem uma forte presença nas mídias sociais.
- Tem um legado com o qual posso me relacionar.
- A marca é deste país.
- Ter ou usar essa marca diz algo positivo a meu respeito.
- A marca tem uma imagem popular, exclusiva ou legal (EDELMAN, 2019).

Na Valitor, realizamos estudos de percepção de marca para descobrir quais eram os impeditivos para nossos clientes, outra vez com a ajuda do Paul da Context Consulting. O estudo de caso "Construindo, na Valitor, uma estratégia de marca principal" explica como fizemos isso.

ESTUDO DE CASO

Construindo, na Valitor, uma estratégia de marca principal

No Capítulo 3, descrevi como usamos insights estratégicos na Valitor para descobrir nosso porquê. No final deste processo, no entanto, ainda tínhamos várias marcas: Chip and PIN Solutions (CPS), AltaPay, IPS, Markadis e Valitor. Eu estava preocupada com as inconsistências entre essas marcas, incluindo:

- linguagem — segunda ou terceira pessoa, inglês ou islandês, inconsistência ortográfica;
- tom de voz — direto ou passivo, formal ou informal;
- relação com a matriz — a Valitor foi completamente omitida ou relegada de anúncios formais em sites da marca;
- logotipos e visuais — diferentes tipografias, paletas e identidades visuais;
- sites e propriedades de mídia social — todos eram construídos para serem navegados de maneira diferente;

- chamadas à ação — não havia um público determinado e oferta clara, os links levavam a outros sites e páginas da marca sem uma jornada consistente do cliente.

Eu sabia que manter tais inconsistências causaria confusão e potencialmente arruinaria a vantagem comercial de reunir um grupo de empresas maior do que a soma de suas partes. Em um setor em que a escala é tudo, precisávamos colocar nossos recursos de marketing atrás de apenas uma marca. Eis a seguir a próxima etapa da história da Valitor: como utilizamos insights para construir uma estratégia de marca principal. Era parte de uma iniciativa chamada "Uma Valitor", que abarcava diversas mudanças, tais como: colocar todos em uma entidade legal, em uma infraestrutura de TI comum e redefinir os valores que todos alinhamos antes.

Marca principal vs casa de marcas

Antes de entrar nos detalhes de como utilizamos os insights, darei alguns antecedentes sobre onde eu tentava chegar. Há duas abordagens principais para organizar um portfólio de marcas. A primeira é o modelo de "casa de marcas", em que uma empresa promove várias marcas separadas. Essa abordagem é comum nos setores de bens de consumo e varejo em rápida movimentação. Por exemplo, a marca de canetas Sharpie é bem conhecida pelos consumidores em todo o mundo, mas a marca corporativa Sanford LP é deliberadamente anônima. A segunda é o modelo conhecido como "marca principal", em que a própria empresa é a marca, e suas subsidiárias, produtos ou serviços tornam-se subconjuntos da marca principal. O HSBC é um bom exemplo; continua a crescer por meio de fusões e aquisições para diversificar e fortalecer seu portfólio, mas o cliente sempre recebe uma experiência única e consistente.

Há um terceiro modelo híbrido que pode ser empregado, muitas vezes quando uma empresa tem ofertas que cobrem tanto clientes consumidores quanto empresas. Por exemplo, a Microsoft fornece um modelo de marca principal para seu software de negócios e produtividade, mas mantém marcas separadas para o Skype e o Xbox, que melhor se adaptam ao gosto do consumidor. Também é possível ter um modelo híbrido em que existem marcas separadas, mas fica claro que cada uma faz parte de uma estrutura de grupo mais ampla. O uso de "uma empresa x" ou "parte do grupo x" como uma linha abaixo de um logotipo é comum nestes casos.

Uma estratégia de marca principal é muito mais eficiente em termos de custo e recursos do que uma casa de marcas ou estratégia híbrida. Ela tem a vantagem de que todos os produtos e serviços são entregues de forma consistente, ajudando a promover um maior cross selling e up selling entre as marcas e uma experiência consistente para os clientes. É uma abordagem mais comum em um ambiente B2B, em que a escala é importante, e não tive dúvidas de que era o caminho a seguir na Valitor. Não foi uma simples mudança a ser feita, no entanto, e eu sabia que encontraria bastante resistência pelo caminho, particularmente porque havia muita ligação emocional com as marcas de forma individual. As principais objeções eram:

- As pequenas e médias empresas (PMEs) não querem comprar diretamente de um banco comercial.
- As PMEs quando procuram um provedor de pagamento com cartão buscam a modalidade "chip e senha".
- Os grandes varejistas não querem tecnologia, tampouco adquirir do mesmo fornecedor.
- Há percepções negativas em relação às instituições financeiras islandesas.

Estudo das percepções da marca: mergulho profundo

Eu sabia que nunca convenceria as pessoas somente com minha persuasão; precisava de apoio! Embarquei, portanto, em grandes estudos de percepção de marca para ter o insight de que precisava. Nós os conduzimos entre médias e grandes varejistas do Reino Unido e da Dinamarca, para descobrir o que era importante para elas quando se tratava de pagamentos por multicanais (*omnichannel*), bem como suas impressões sobre a Valitor e a AltaPay. Também fizemos um estudo com as PMEs do Reino Unido para descobrir o que era importante para elas quando se tratava de pagamentos e o que achavam da CPS e da Valitor. Também realizamos um estudo de reconhecimento da marca na Islândia. Adivinhe qual é o nosso reconhecimento de marca na Islândia? É de cem por cento. Esse é um resultado muito bom para qualquer profissional de marketing.

Objetivo

Tínhamos dois objetivos:

1. Testar as percepções das marcas CPS e Valitor no mercado britânico de PMEs;
2. Testar as percepções das marcas AltaPay e Valitor no setor de varejo do Reino Unido e da Dinamarca.

Nossas perguntas se dividiram em duas áreas principais:

1. Escolha de um provedor de pagamentos;
2. Percepções da marca.

Dentro da questão mais ampla da escolha de um provedor de pagamentos, queríamos detalhar pontos específicos tanto para a CPS quanto para a AltaPay, mas nossas perguntas eram diferentes para as duas marcas. Para escolher um provedor de pagamentos para a CPS, queríamos determinar:

- os fatores que influenciam a seleção dos provedores de pagamento;
- como os clientes buscam soluções de pagamento;
- a importância dos pagamentos para diferentes empresas.

Para escolher um provedor de pagamentos para a AltaPay, queríamos descobrir:

- o impacto do comércio eletrônico e das soluções de pagamento por multicanais sobre os negócios em geral;
- os fatores que influenciam a seleção de provedores de pagamento por multicanais e o comércio eletrônico.

Para a percepção da marca, queríamos investigar:

- o reconhecimento da CPS, AltaPay e Valitor nos mercados-alvo;
- como os dois fornecedores são categorizados;
- quais atributos estão associados a cada marca;
- o nível de satisfação com os fornecedores.

Tamanho e método da amostra

Utilizamos o método de pesquisa, optando pela via on-line para as PMEs e por telefone para a AltaPay.

Para as PMEs, realizamos 517 pesquisas on-line, duzentas de um painel empresarial representativo e mais de trezentos clientes da CPS.

Para a AltaPay, realizamos 91 pesquisas, 65 de uma amostra representativa de grandes varejistas no Reino Unido e na Dinamarca (realizadas por telefone) e 26 clientes da AltaPay na Dinamarca.

O que aprendemos

- Atitudes em relação às soluções de pagamento.
- Como as pessoas selecionam os provedores de soluções de pagamento.
- O cenário competitivo.
- Insights da CPS e concorrentes da AltaPay e da Valitor.

Usei os insights desses estudos para recomendar à diretoria que seguíssemos uma estratégia de marca principal a médio e longo prazo, mas que um modelo híbrido poderia ser empregado no período intermediário, para aproximar as marcas sem afetar de forma negativa os pontos fortes locais de cada uma. Acrescentaríamos "uma empresa Valitor" aos logotipos da CPS e da AltaPay, tudo isso em 2018. Além disso, mudaríamos a marca principal da Valitor em 1º de janeiro de 2019. A diretoria aceitou a proposta que foi posteriormente implementada.

Havia apenas uma área de pesquisa a ser tratada, nossa paleta de cores, e para isso, trabalhei com um psicólogo de cores.

Por que a cor é fundamental para a clareza nas considerações da marca

A cor influencia nosso comportamento e nossa tomada de decisão, por isso é um componente crucial no marketing. Os compradores percebem uma marca de maneiras nem sempre aparentes, dependendo das cores utilizadas. Existem livros dedicados a esse tópico, portanto, abordaremos esse assunto aqui de forma bem breve para explicar como utilizamos insights estratégicos para alinhar nossa paleta de cores. Existem quatro famílias de cores diferentes, e cada uma contém as mesmas características físicas, que enviam certas mensagens. Caso a paleta da sua marca se alinhe a uma família, o cérebro processará apenas associações positivas com uma determinada cor. Para o vermelho, uma associação positiva seria poder, paixão, energia, excitação e vibração, mas se as cores não fossem da mesma família, o vermelho poderia indicar perigo, raiva, dor e agressão. Quando a HubSpot fez um teste de cor de botão, descobriu que o botão vermelho de chamada à ação (CTA) superava o verde em 21 por cento (PORTER, 2017). Não à toa, eu sempre me apresento trajando um vestido vermelho e brinco que essa é a melhor maneira de manter a audiência acordada!

Eis algumas curiosidades sobre cores de vários estudos:

- A cor pode ter um enorme impacto nas decisões de compra. De acordo com uma pesquisa citada pela Small Business Trends: "93 por cento dos compradores disseram que se concentram na aparência visual, e cerca de 85 por cento afirmam que a cor é a razão principal quando fazem uma compra! Oitenta por cento dos clientes acreditam que a cor é responsável pelo reconhecimento da marca" (DASHBURST, 2018).
- Um estudo de cor muitas vezes citado é o *Impact of Color on* Marketing de Satyendra Singh, de 2006. Esse estudo pioneiro, ainda tão relevante hoje, descobriu o seguinte: "As pessoas decidem dentro de noventa segundos sobre suas interações iniciais com pessoas ou produtos. Cerca de 62 a 90 por cento da avaliação se baseia apenas nas cores... Os gestores podem usar as cores para aumentar ou diminuir o apetite, melhorar o humor, acalmar os clientes, reduzir a percepção do tempo de espera, entre outras utilidades" (SINGH, 2006).

- Os anúncios em cores são lidos 42 por cento mais que os mesmos anúncios em preto e branco (KILROY, 2014).
- Um estudo de Bottomley e Doyle, *The Interactive Effects of Colors and Products on Perceptions of Brand Logo Appropriateness*, concluiu que, para que a relação entre marcas e cores funcione, as cores precisam ser adequadas ao produto vendido; em outras palavras, a cor precisa ser percebida como apropriada para a marca (BOTTOMLEY; DOYLE, 2006).
- Segundo Gregory Ciotti (2018), "quase todos os estudos acadêmicos sobre cores e marcas lhe dirão que é muito mais importante que as cores sustentem a personalidade que você quer retratar em vez de tentar alinhar-se com associações de cores estereotipadas".

Meu psicólogo de cores analisou as paletas da Valitor e de nossas empresas-filhas AltaPay e Chip e PIN Solutions. Fiquei aliviada que a maioria das cores em nossas paletas era de uma família (três), mas depois soube que as cores principais no logotipo da Valitor eram de duas famílias diferentes (dois e quatro). Nossas cores diziam "*somos uma empresa de tecnologia inteligente que opera em segundo plano, em vez de liderar ou inovar*". Como líder de mercado na Islândia, essa não era a mensagem que queríamos transmitir! Então, com a ajuda dessas ideias, mudamos as cores do logotipo para as nuances da família três e eliminamos todas as cores em nossa paleta que não eram daquela família.

Ao longo de todos os estudos, usamos os insights da marca para:

- identificar os principais diferenciais da Valitor que funcionavam em todos os nossos negócios;
- escrever o texto para nosso site One Valitor.com, cujo lançamento se deu no evento Money 2020, em junho de 2018, com novas cores e o novo logotipo da Valitor;
- desenvolver um site "One Valitor" completamente novo lançado em 1º de janeiro de 2019;
- criar novas paletas de cores para passar uma imagem, digital e estética — essa última foi utilizada para decidir sobre cores de tintas e móveis para nossos escritórios remodelados;
- produzir um novo documento de diretrizes de marca.

Lições aprendidas

A lição número um que esse processo me ensinou é que o apoio do CEO é crucial. Pense nos conselhos de Richard Tyler no prólogo. Os agentes de mudança não devem tentar fazer isso sozinhos. Eu precisava de apoio e, felizmente, o CEO da Valitor esteve comigo até o fim.

Subestimei o quanto as pessoas estavam emocionalmente apegadas às marcas existentes e às histórias que contavam sobre o porquê de uma estratégia de marca principal não funcionar. Pensei que superaria essas objeções conduzindo estudos de percepção de marca e combatendo a emoção com fatos, mas algumas pessoas continuaram repetindo as antigas suposições, mesmo após eu tê-las desmentido. Mais uma vez, pense nas palavras de Richard Tyler. Se começar a contar uma nova história, você precisará de persistência e tenacidade e terá que repetir essa história várias vezes até que as percepções comecem a mudar. Foi o que aconteceu comigo. Aprendi que a mudança não acontece da noite para o dia, e que o restante da organização precisava me seguir. A marca era apenas parte da imagem da "Valitor", por essa razão não podia ser trabalhada de forma isolada.

E assim conclui-se a fase de gestão de marca da história da Valitor. No Capítulo 5, veremos como o estudo de insights nos ajudou a identificar diferentes personas — a próxima etapa de nossa jornada de marketing.

O restante deste capítulo é dedicado a três estudos de caso com exemplos de como as organizações utilizaram insights com sucesso para construir sua estratégia de marca. Primeiro, voltaremos a Andrew Kane, que nos deu o exemplo no Capítulo 3 da incorporadora imobiliária chinesa, criando uma proposta de valor com propósito. Neste capítulo, Andrew apresenta um estudo de caso da Peak Re, uma resseguradora de Hong Kong que usou insights para se diferenciar e guiar seu processo de ressignificar a marca.

ESTUDO DE CASO

Peak Re, Hong Kong (resseguradora)

A Peak Re é uma startup fundada em 2012 no espaço de resseguro dominado por empresas com mais de cem anos. Seus fundadores eram CEOs de diferentes resseguradoras muito bem-sucedidos. O objetivo original não era ganhar dinheiro, mas criar um tipo diferente de companhia e apoiar comunidades de classe média, em economia emergente, que tinham pouca proteção de seguro. Era uma grande tarefa; na Ásia, não há nenhuma rede de segurança ou segurança social que se possa mencionar. A inserção dos seguros é inferior a cinco por cento, enquanto na Europa e nos Estados Unidos é de cerca de 95 por cento (RISKINFO, 2019). Os fundadores da Peak Re queriam fazer algo para ajudar a situação e aliviar os problemas que as comunidades vulneráveis, em meio à ascensão econômica, enfrentavam.

A resposta do mercado foi extremamente positiva, e a organização cresceu até se tornar uma empresa de um bilhão de dólares em cinco anos (PEAK REINSURANCE, 2019). Nesse ponto, eles não apenas estabeleceram metas ambiciosas para o crescimento futuro, mas também deram um passo atrás e perceberam que, em meio ao seu sucesso, perderam de vista o propósito da fundação. Foi quando nos procuraram para reorientar a marca e sua posição para o crescimento.

O processo

Para facilitar seu ambicioso objetivo de crescimento, a Peak Re precisava de uma marca forte que posicionasse e explicasse claramente seu valor a fim de sustentar as vendas. Ao mesmo tempo, precisava contratar rápido e talvez fazer parcerias ou aquisições, de modo que necessitava de uma marca forte para apoiar e reforçar a cultura corporativa única da Peak Re. A marca empregadora da Peak Re se basearia em seu propósito para atrair e reter os melhores talentos. As pessoas queriam trabalhar para eles porque representavam algo mais.

Descobrimos que as resseguradoras não se diferenciavam no mercado (você poderia trocar os logotipos e ninguém conseguiria distingui-las). Foi por aí que começamos. Reunimos insights para entender quem era a Peak Re e seus principais pontos fortes. Fizemos entrevistas individuais profundas com os fundadores e os principais gestores, buscando insights sobre como poderíamos explicar melhor seu sucesso até o momento e, portanto, posicionar de forma mais eficiente a empresa para o crescimento futuro.

O insight

Muito do seu sucesso devia-se ao trabalho duro, mas quando analisamos mais profundamente, descobrimos as seguintes dicas do sr. Franz Josef Hahn, CEO e vice-presidente:

- "As três qualidades essenciais que nos distinguem de nossa concorrência e que são responsáveis por nosso notável sucesso são as seguintes: nossa cultura, nossa agilidade e nossos insights. Elas sustentam e influenciam bastante os nossos esforços.
- Temos uma abordagem fundamentalmente diferente daquela dos concorrentes. Partimos de uma posição diferente, com insights que outros não tinham... essa é uma fonte-chave de diferenciação.
- Começamos desenvolvendo uma compreensão da cultura, da dinâmica do mercado, como as pessoas interagem, como as sociedades são estruturadas, e as oportunidades e riscos intrínsecos. A liderança do pensamento é a principal fonte de diferenciação, porque isso influencia no modo como entregamos. Nós as ajudamos (seguradoras) a identificar novos produtos porque podemos enxergar as melhores oportunidades. Por fim, as apoiamos fornecendo seguros."

Em resumo, a Peak Re tinha insights profundos dos mercados emergentes e, portanto, criava produtos que outros não viam, compreendiam ou entregavam. Os mercados emergentes são um espaço difícil para se estar, mas eles eram bons nisso e usavam a tecnologia para chegar ao insight que necessitavam. Também se diferenciaram contratando pessoas interessadas, curiosas e de mente aberta e que, portanto, estavam dispostas a buscar os insights que orientariam o modelo de negócio. Tinham uma equipe muito diversificada de todas as nacionalidades e sua cultura era amigável, de mente aberta e impulsionada por um propósito social. Isso os tornava diferentes em um setor que não poderia ser mais uniforme e tradicional.

Uma das citações que realmente ressoou de nosso trabalho de insight foi a seguinte: "Estamos em um setor em que não tocamos o produto de nosso trabalho... Apoiar diretamente as comunidades proporciona um senso de propósito, relevância e orgulho... Se nos conectarmos de forma a criar valor àqueles que atingimos, ambas as partes se beneficiam." Quem disse isso se referia a uma iniciativa chamada "Médicos de pés descalços na China". Com base nisso, a Peak Re foi a uma aldeia com problemas notórios, como educação e saúde. Encontraram o médico da comunidade, que era essencial à saúde e ao bem-estar de todos, e descobriram que ele tinha problemas pessoais com relação a financiamento e plano de saúde. O que a Peak Re fez? Criaram um fundo de apoio para sua família. Deram a todos da família um plano de saúde e financiaram a educação deles. Fizeram isso para que ele estivesse em melhor posição para ajudar os outros. Essa foi uma mensagem incrivelmente marcante. Dizia: "Isso é o que somos. É assim que nos preocupamos e conectamos nossos funcionários com o que acontece no mercado."

Posicionamento da marca

Usando esse insight, nossas recomendações para a Peak Re foram aprimorar seu foco e dominar seu espaço:

1. Dominar o território do mercado emergente. Tais mercados são complexos, incertos e difíceis de operar com sucesso, portanto, o conhecimento sobre eles é mais valioso como resultado. Poucos nomes podem ter sucesso aqui, e esses são os mercados de maior crescimento no setor de seguros em todo o mundo.
2. Posicionar-se como especialista em resseguro para mercados emergentes em Hong Kong, com um portfólio global.
3. Fazer do insight, cultura e agilidade os principais pilares da marca.

Organizamos uma oficina de gestão de marca com a Peak Re para descobrir como eles poderiam fazer algo para cumprir essas promessas na prática. A oficina resultou na ideia de um seguro de catástrofe, que protegeria as pessoas vulneráveis no Himalaia, afetadas pelos terremotos. A Peak Re pode criar produtos como esse, que ajudam comunidades específicas, porque fazem da escuta parte de sua estratégia. Eles compreendem os riscos descobertos nas comunidades que precisam de apoio e têm informações que outras empresas não têm. Outras empresas não têm o hábito de sair e conseguir informações, tampouco possui profissionais que consigam compreendê-las e interpretá-las para criar uma forte mensagem de marca, assim como produtos que satisfaçam uma necessidade.

Sendo assim, por meio de nossas recomendações, a empresa encontrou uma maneira fundamentalmente diferente de falar de si mesma. Eles criaram um novo livro da marca, explicando quem eram e seu propósito fundador, que agora está exposto em todas as paredes da organização para que nunca mais seja perdido de vista.

Voltando ao início

Como Andrew descreve, após cinco anos de um crescimento impressionante, os fundadores da Peak Re deram um passo atrás e reavaliaram onde tinham chegado desde a fundação da empresa. Esse é um indicativo de uma tendência crescente em que as empresas voltam às suas raízes e reavaliam os insights por trás do conceito original de suas marcas para testar se ainda são válidos. No caso da Peak Re, os insights ainda eram válidos, eles tinham acabado de perdê-los de vista e precisavam reposicionar os principais pilares da marca para refleti-los em conjunto com seus valores fundadores. Agora, analisaremos dois estudos de caso, da Cisco e da NTT, em que as ideias fundadoras foram revisitadas para orientar novas campanhas significativas da marca.

ESTUDO DE CASO

A ponte da Cisco para a possível campanha

No Capítulo 3, descrevi a proposta de valor ambiciosa da Cisco na época em que trabalhei lá: "Mudar a maneira como o mundo vive, trabalha, age e aprende." Desde aquela época, a gigante tecnológica reformulou sua declaração de missão e lançou uma nova e significativa campanha de marca, voltando aos insights que orientavam o propósito original de fundação da empresa.

Na Collision Conference de 2019, a CMO da Cisco (na época), Karen Walker, fez um discurso em que descreveu que a empresa atingiu o que ela chamou de uma "tempestade perfeita" em 2014. Naquela época, a Cisco era uma tradicional gigante da rede. Vendia hardware (como roteadores), mas seus clientes queriam software. Além disso, eles começaram a nutrir expectativas semelhantes às dos consumidores e faziam dois terços de suas pesquisas on-line.

O marketing da Cisco é reconhecido por sua capacidade de adaptação às condições do mercado e é admirado por sempre mudar e ultrapassar limites. Nesse caso, a Cisco embarcou em um processo que envolveu, entre outras coisas, consolidar o marketing em uma única equipe e redefinir o papel do departamento, mudando seu modelo operacional e digitalizando seu conteúdo para se envolver melhor com seu público. Walker também garantiu que os profissionais de marketing estivessem "na linha de frente com clientes, parceiros e vendedores".

Em 2018, a empresa estava crescendo outra vez, mas Walker ainda queria "que todos se apaixonassem de novo pela Cisco". Então, voltou ao início para redescobrir o que fizera as pessoas se apaixonarem pela Cisco. A companhia foi fundada em 1984 por uma equipe de marido e mulher, que queriam se conectar um com o outro enquanto estavam no trabalho e se situavam em diferentes edifícios no campus de Stanford. Dessa forma, Walker construiu uma campanha de marca guiada por essa emoção original baseada na fundação, contando a história da Cisco e colocando seu propósito no centro das atenções.

O logotipo original da empresa é baseado na ponte Golden Gate de São Francisco, uma metáfora perfeita, como diz Walker, "porque uma ponte conecta pessoas, lugares, coisas e ideias para criar o que é possível. *Hoje esse propósito é ainda mais importante e relevante. Reformulamos a história da Cisco, em conformidade com nosso futuro que, de fato, baseava-se em nossa herança e em nosso passado*".

Usando esse insight original, a Cisco lançou uma nova campanha de marca em novembro de 2018, posicionando sua tecnologia como uma força do bem, a "ponte", possibilitando soluções para alguns dos maiores problemas do mundo. Os insights da marca voltaram ao pensamento original por trás do logotipo e da fundação da empresa. Assim, nasceu um novo slogan: "Cisco: a ponte para o possível."

A campanha teve tanto impacto que eles reescreveram sua declaração de missão, algo que não era feito há 25 anos: "Cisco: construímos pontes entre a esperança e a possibilidade."

Após a campanha, a Interbrand aumentou o valor da marca Cisco em três por cento em 2019, mantendo sua posição em 15º lugar na classificação mundial (INTERBRAND, 2019). Os três principais fatores de desempenho da marca foram identificados como autenticidade, capacidade de resposta e governança.

Uma história parecida com a da Cisco foi apresentada na NTT, que reuniu 28 de seus negócios e os unificou sob uma marca global em 2019. Eles realizaram essa tarefa gigantesca voltando às raízes da empresa para entender o propósito original da marca NTT e sua relevância no mundo de hoje. Ruth Rowan, CMO Global da NTT, explica o processo pelo qual passaram.

ESTUDO DE CASO

Ruth Rowan — reunindo 28 empresas sob uma marca global na NTT Ltd

Fui líder de marketing na Dimension Data por pouco mais de quatro anos antes de surgir a oportunidade de liderar uma integração, reunindo 28 empresas dentro da família NTT para criar uma nova potência global de serviços tecnológicos. O briefing de Jun Sawada, presidente e CEO do Grupo NTT, foi o de unir as empresas para facilitar aos nossos clientes a realização de negócios com a família de empresas NTT, enquanto construía a marca para ser uma das globais mais reconhecidas do mundo.

Era algo animador, mas também um grande desafio, pois envolveria criar uma nova empresa que se tornaria uma das maiores do mundo no ramo de serviços tecnológicos, enquanto construía uma marca pouco conhecida fora do mercado japonês. Estávamos no processo de unificar 28 empresas em todas as partes do setor de serviços tecnológicos, incluindo segurança, redes, colaboração, serviços gerenciados, nuvem, IoT (internet das coisas) e TI híbrida, em uma nova empresa chamada NTT Ltd. Tomamos a decisão antecipada de adotar uma estratégia de marca principal ou monolítica, migrando todas as marcas para a NTT o mais rápido possível. Entretanto, precisávamos garantir que construiríamos uma marca autêntica, aproveitando toda a história e valor das marcas existentes e criaríamos uma nova que ressoaria em todo o mundo.

Para entender realmente a direção que queríamos tomar na construção de uma nova geração da marca NTT, decidimos voltar às raízes da empresa e descobrir o insight que orientava o conceito original da marca. A NTT tem mais de 120 anos, e a última reafirmação da marca fora estabelecida em 1985, quando a empresa foi privatizada. O icônico logotipo dinâmico da NTT foi criado nesse momento. Voltamos aos arquivos originais, todos em japonês, e encontramos um insight que nos revelou que a marca foi fundada de acordo com três princípios-chave. Tais princípios são ainda hoje muito relevantes para nossa empresa. São estes três:

1 Estar na vanguarda da inovação e da mudança. É por isso que temos um "logotipo de circuito dinâmico", baseado na sequência de Fibonacci, um fenômeno matemático que cria movimento constante.
2 Um circuito interno menor simboliza que nossa empresa sempre ouve seus clientes e baseia sua inovação em seus pensamentos e valores.
3 Nossa empresa também escuta a sociedade e assegura que suas ações e inovações tenham um impacto positivo no mundo, fazendo apenas o bem sem causar danos. Como propósito de uma empresa em 1985, isso era bastante inovador.

Voltar ao insight de 1985 nos deu as bases fundamentais da marca e nos revelou tudo o que precisávamos naquele momento.

Lançamos a NTT Ltd em 1º de julho de 2019 com a introdução de nossa nova equipe de liderança, nosso novo site, presença social, construção de marca e posicionamento corporativo. Três meses depois, lançamos em 73 países e territórios, reunindo mais de quarenta mil pessoas para celebrar uma nova geração para a NTT.

Ao lançarmos em julho, aproveitamos a oportunidade para reformular a parceria tecnológica com o Tour de France e contar a história da nova empresa NTT Ltd. Nos anos anteriores, a Dimension Data fora a marca associada à revolução da experiência visual do Tour de France. Conseguimos mudar a marca da parceria para a NTT, trazer inovações para a corrida em 2019 e, com uma audiência global de mais de dois bilhões de pessoas, informar rapidamente ao mundo sobre o lançamento da NTT Ltd, bem como o que a nova empresa faz.

As tecnologias que apresentamos são também aquelas com as quais os CIOs (Chief Information Officer) mais se preocupam: análise de dados, computação em nuvem, aplicações empresariais e gestão de risco. E qual a melhor maneira de demonstrar esses três princípios-chave sobre os quais o logotipo da NTT foi construído?

Nas histórias de marcas apresentadas neste capítulo, o conjunto específico de circunstâncias de cada organização determinou a forma pela qual o insight foi utilizado. Um ponto em comum, no entanto, é que as organizações se voltaram ao insight (seja antigo ou novo) para obter uma compreensão mais profunda de para onde deviam ir em seguida com sua campanha de marca. Na Valitor, eu precisava de insight de nossos clientes para ajudar a responder às preocupações internas. Em seu trabalho com a Peak Re, Andrew Kane buscou insights internos dos fundadores da empresa para ajudar a reavaliar seus principais pilares de marca e sua posição para o crescimento. Na NTT e na Cisco, a necessidade de entender os princípios fundadores de cada organização levou a um desejo de buscar velhos insights e a construir novos, baseados no passado. Não deixaremos a história da Cisco de lado, pois voltaremos a ela no Capítulo 5, mais especificamente no que tange à segmentação e às personas de compradores.

Principais aprendizados

- De acordo com a Ogilvy Consulting (2018), o desafio para a gestão de marca na "era inteligente" é encontrar "papéis extremamente pessoais e relevantes na vida dos indivíduos.
- Quando você embarca em uma pesquisa de marca, a pergunta ou as perguntas que tenta responder devem estar claras em sua mente. Você procura validar algo que acha que já sabe, busca uma nova oportunidade ou deseja testar uma hipótese?

- Hoje, as marcas devem estar enraizadas no insight. Sem insight, você não terá uma compreensão clara do que seu cliente está tentando fazer, e sem compreensão, não conseguirá construir uma narrativa convincente e pessoal.
- Use um padrão de dados para construir uma história que se conecte com seu cliente e comunique sua visão. Toda boa história precisa de começo, meio e fim evidenciados por meio dos dados.
- A Edelman define três pontos de confiança: experiência do produto, experiência do cliente e impacto das marcas na sociedade. Há uma preocupação crescente com cada uma delas. A confiança tornou-se mais do que apenas o produto; engloba o que o produto representa e a experiência que o consumidor tem com esse produto.
- A cor influencia nosso comportamento e nossa tomada de decisão, por isso é um componente crucial no marketing.
- As organizações se voltaram ao insight (seja antigo ou novo) para obter uma compreensão mais profunda de para onde devem ir em seguida com sua campanha de marca.

ALIMENTE SEU CÉREBRO

- Sua paleta de cores está alinhada a uma família de cores? Ela sustenta os valores de sua marca? Seguem outras leituras sobre psicologia da cor:
  - https://blog.hubspot.com/marketing/psychologyof-color.
  - https://coschedule.com/blog/color-psychologymarketing.
  - www.einsteinmarketer.com/psychology-of-colour.
- Se você realizasse uma pesquisa de marca, que pergunta desejaria responder?
- Leia o relatório da Edelman de 2019, *In Brands We Trust*, https://info.edelman.co.uk/in-brands-we-trust.
- A história de sua marca tem começo, meio e fim sustentados por uma visão?

Referências

BOTTOMLEY, P. A.; DOYLE, J. R. The Interactive Effects of Colors and Products on Perceptions of Brand Logo Appropriateness. Marketing Theory, 2006. Disponível em: https://perma.cc/TW5F-RG2M.

CIOTTI, G. The Psychology of Color in Marketing and Branding. HelpScout, 21 de novembro de 2019. Disponível em: https://perma. cc/BLL7-QG8U.

DASHBURST. How to Use the Psychology of Colors When Marketing. Small Business Trends, 02 de junho de 2020. Disponível em: https://perma.cc/4V3Z-NSZG.

EDELMAN. 2019 B2B Thought Leadership Impact Study. Edelman, 2018. Disponível em: https://perma.cc/BPZ7-TWE7.

EDELMAN. 2019 Edelman Trust Barometer. Special Report: In Brands We Trust. Edelman, 2019. Disponível em: https://perma.cc/X2ZF-WZTQ.

INTERBRAND. Interbrand Best Global Brand: Activating Brave. Interbrand, 2018. Disponível em: https://perma.cc/K989-VVKE.

INTERBRAND. Cisco. Interbrand, 2019. Disponível em: https://perma.cc/X7YA-5R8W.

KILROY, D. The Psychology of Colour: How It Affects Buying Decisions. Shortstack, 2 de janeiro de 2014. Disponível em: https://perma.cc/4BNY-W4BE.

MARTECH ALLIANCE. Interview with Richard Branson. MarTech Alliance, 2019. Disponível em: https://perma.cc/YYK7-U5K4.

OGILVY CONSULTING. The CMO and the Opportunity of an Era: Surviving and Thriving in the Age of Marketing Transformation. Ogilvy Consulting, 2018. Disponível em: https://perma.cc/BT95-P2P6.

PEAK REINSURANCE. Peak Re Annual Report 2018. Peak Reinsurance, 2019. Disponível em: https://perma.cc/CD7N-GUYE.

PORTER, J. The Button Color A/B Test: Red Beats Green. HubSpot, 8 de novembro de 2017. Disponível em: https://perma.cc/A4AT-286M.

RISKINFO. 2020 Industry Outlook: Marriage of Tech and "Human Touch". Riskinfo, 10 de dezembro de 2019. Disponível em: https:// perma.cc/HK72-S4UN.

SINGH, S. Impact of Color on Marketing. Emerald Insight, 2006. Disponível em: https://perma.cc/NR3D-8QP7.

05

Usando insights para criar e aplicar em segmentos de clientes e personas

Introdução

A segmentação é uma das principais aplicações do customer insight. Na verdade, acredito que não há segmentação sem customer insight. Um insight profundo do comportamento, desejos e necessidades de seus clientes é vital para organizá-los em subgrupos distintos, direcionando a eles conteúdo e mensagens personalizados.

Abordamos brevemente a segmentação no Capítulo 2, mas neste trabalharemos mais a fundo sobre como ela evoluiu nos últimos dez anos, sobretudo devido a desenvolvimentos recentes como dados de rastro digital, jornadas e dados de intenção. Exploraremos a jornada de segmentação, desde a pesquisa inicial em seu segmento até a criação de personas para dar-lhes vida e, em seguida, usaremos dados de rastro digital para promover uma publicidade digital totalmente personalizada com o conteúdo certo, feito para um público específico.

Há estudos de caso de Paul Nola e David Cotterill, que explicam suas experiências de segmentação e criação de personas. Mas primeiro veremos como o uso do insight para segmentar públicos mudou a maneira como fazemos marketing.

De "espalhar e rezar" a segmentos específicos

Atribui-se a John Wanamaker (1838-1922), um comerciante bem-sucedido, líder religioso e figura política dos EUA, considerado por muitos como um pioneiro do marketing, a seguinte frase: "Metade do dinheiro que gasto em publicidade é desperdiçado; o problema é que não sei qual metade." Wanamaker referia-se ao marketing baseado em "espalhar e rezar". Espalhar publicidade não direcionada em qualquer lugar e rezar para que alguém a visse. Os dias de "espalhar e rezar" acabaram há muito tempo. Graças ao customer insight, agora usamos técnicas sofisticadas de segmentação para identificar nosso público-alvo, a partir de diversos segmentos até um segmento específico.

A segmentação abriu caminho para o marketing baseado em contas (mais comumente conhecido por sua sigla, ABM — Account-Based Marketing). O ABM cria um melhor alinhamento entre vendas e marketing desde o início, permitindo direcionar e adaptar seu marketing a contas específicas. Isso, naturalmente, significa que os orçamentos de marketing obtêm um alcance maior e minimizam o desperdício. De acordo com a Information Technology Services Marketing Association (ITSMA), o ABM equivale a "tratar as contas individuais como se fossem parte de seu próprio negócio" (BURGESS, 2017).

O ABM era algo que apenas grandes empresas com contas estratégicas podiam fazer, mas graças ao desenvolvimento tecnológico e à capacidade de todas as empresas, independentemente do tamanho, de gerar customer insight, agora ele é utilizado em várias organizações. De acordo com a ITSMA (2019), existem três níveis diferentes de ABM:

1 ABM de um para um — os profissionais de marketing trabalham com equipes de contas individuais para desenvolver e implementar programas extremamente personalizados para contas individuais.
2 ABM de um para poucos — os profissionais de marketing trabalham com equipes de vendas específicas para se concentrar em pequenos grupos ou grupos de contas com imperativos comerciais similares.
3 ABM de um para muitos — os profissionais de marketing trabalham com vendas para definir listas de contas prioritárias, usam tecnologia para engajar e personalizar o marketing para indivíduos dentro dessas contas e monitoram os resultados de acordo com cada uma delas.

O desenvolvimento digital que vimos nos últimos dez anos, particularmente em IA, significa que agora podemos visar a um segmento específico e oferecer-lhe conteúdo digital totalmente personalizado. A IA também nos permite atualizar sempre as informações que temos sobre o segmento, mantendo-o vivo e genuinamente sob o reflexo de nosso público-alvo. Ela nos ajuda a analisar e compreender as necessidades dos clientes no momento, além de prever quais serão as do futuro e nos ajuda a determinar nossa futura estratégia de marketing (KING, 2019). Mas por onde começar? Como dar início à segmentação de público para oferecer uma publicidade direcionada e um conteúdo personalizado? Exploraremos a jornada de segmentação.

A jornada de segmentação

Passo 1: pesquise seu(s) segmento(s)

Primeiro, deve-se compreender qual é seu segmento e quais são suas necessidades para poder descrevê-las. Há muitas maneiras diferentes de fazer pesquisas primárias, por exemplo:

- Conversar com os especialistas da empresa no assunto.
- Conversar com colegas do departamento de vendas, que muitas vezes são os mais próximos do cliente.
- Fazer pesquisa de dados secundários.
- Se puder arcar com os custos, fazer pesquisas primárias externas, como conversas com especialista no assunto fora da empresa ou usuários finais (você se lembrará que no Capítulo 3 analisamos como fazer isso no estudo de insights estratégicos da Valitor).

Dê sequência com alguns dados simples da organização, como localização, setor industrial, estágio de crescimento ou número de funcionários. Quando os tiver, vá mais fundo e considere o que mais pode ser importante para os clientes que você está segmentando. Isso dependerá do seu tipo de negócio. Por exemplo, na Valitor, nossa plataforma de pagamento por multicanais está integrada às plataformas de ponto de venda, como a LS Retail, e às de comércio eletrônico como a Netsuite e a Salesforce Commerce Cloud, logo, consideramos esses fatores ao construir nosso perfil e relacionamento desejados. Eis a seguir uma amostra de alguns dos critérios que usei para segmentar nossos clientes e empregar uma estratégia de ABM na Valitor:

Perfil de cliente desejado:

- No setor de varejo.

- Uma quantia-alvo de gastos potenciais por ano.
- Um valor-alvo de receita anual por ano.
- Tenha problemas identificáveis que nossas plataformas integradas conseguiriam solucionar.
- A existência de um evento convincente, por exemplo, o cliente está mudando sua plataforma de comércio eletrônico ou buscando uma solução para multicanais.

Relação desejada:

- Uma oportunidade identificável de revender ou expandir para multicanais.
- Termos relações com vários tomadores de decisão dentro da conta.
- O cliente estar cem por cento satisfeito.
- Entendermos os negócios dos clientes e o que nossos concorrentes oferecem a eles, e como podemos articular nossa proposta de valor de uma forma que faça sentido para o varejo.

Com todos esses pontos, iríamos mais fundo para ter certeza sobre o que gostaríamos de dizer, por exemplo, um evento convincente ou a satisfação do cliente (o que deixou os clientes satisfeitos? Foi a ausência de tempo de espera, as transações rápidas ou nossa capacidade de resolver problemas de forma rápida?) Apenas quando você continua questionando e aprofundando o assunto, pode construir um segmento completo e coerente.

Esclarecidos o perfil e o relacionamento desejado com o cliente, as próximas considerações se deram quanto à atratividade mútua da conta e a facilidade de acesso. Não adianta construir um perfil maravilhoso do cliente que deseja alcançar se ele não for atraente para os próprios clientes.

Buscamos comerciantes que, por exemplo, ainda não tinham uma solução única de pagamento para todos os seus canais ou que experienciaram um de nossos eventos cativantes. Vale dizer que a facilidade de acesso é igualmente importante. Precisávamos ser realistas e considerar se os pontos principais responsáveis pela decisão do cliente eram prontamente acessíveis a nós, ou se mantinham relações com os concorrentes que poderiam ficar em nosso caminho.

Passo 2: dê vida a seus segmentos com personas

Após fazer o exercício de segmentação técnica e identificar seus grupos de pessoas, como torná-los reais e relevantes ao negócio? Segmentos só têm valor quando ganham vida e são contextualizados de alguma forma, de modo que sejam compreensíveis e relacionáveis a você e ao resto da organização. No marketing de hoje em dia, é preciso atrair as pessoas pela vida diária delas e não pela sua. Ninguém está mais interessado em suas características e benefícios — todos podem ler sobre tudo isso em seu site. Em vez disso, você precisa falar sobre o dia delas e como seus produtos se encaixam nos problemas que elas enfrentam, seu ciclo de tomada de decisões e seu ciclo de compra. É aqui que entra o perfil da persona. Você se lembra da nossa discussão sobre a arte e a ciência do marketing no prólogo e no Capítulo 1? Após a elaboração da parte relacionada à segmentação científica, a arte deve ser introduzida. Personas humanizam seu segmento e lhe permitem ingressar no mundo de seu público-alvo em vez de tentar levá-los ao seu. Trabalhar com personas permite observar o mundo a partir da perspectiva do público-alvo e ajuda a identificar necessidades unificadoras, problemas específicos e comportamentos que podem ser explorados. Ter uma ideia clara de sua persona o ajudará a identificar o tipo de conteúdo a oferecer para seus segmentos, a que hora do dia e por qual canal.

FIGURA 5.1 Metodologia de Adele Revella para alcançar uma persona acionável e baseada em insight.

Consultar as partes interessadas dentro da empresa **1**

Fonte: equipe de vendas, equipe de marketing/produto, equipe de suporte ao cliente, etc.

Prós: rápido e simples; facilita a potencialização do conhecimento existente.

Contras: proporciona uma visão limitada e reciclada do que você já sabe sobre seus compradores; sem novos insights.

Alavancar ferramentas familiares **2**

Fonte: pesquisas on-line, mídias sociais, pesquisa na web, relatórios de analistas, análises na web etc.

Prós: baixo custo, dados estatísticos e valida as opiniões existentes.

Contras: perda da preferência por compras off-line; foca o comportamento histórico e as respostas a perguntas geradas internamente.

Entrevistar compradores reais **3**

Fonte: compradores que recentemente avaliaram sua solução ou a de seus concorrentes etc.

Prós: fornece detalhes profundos e não óbvios sobre como, quando e por que os compradores tomam a decisão que você deseja influenciar.

Contras: requer forte habilidade de escuta e de entrevista.

Se não o fizer, pode ser que esteja se encaminhando à DIREÇÃO ERRADA, situação que acarretará um grande custo para sua organização.

FONTE: BUYER Persona Institute

O trabalho de persona nem sempre é simples; um dos erros mais comuns é o desenvolvimento de personas não acionáveis. Muitas vezes, a segmentação e o trabalho baseado na persona são tão detalhados e descritivos que dificultam encontrar pessoas, e então o segmento (ou persona que você criou a partir desse segmento) não se torna muito útil. A tensão que existe entre segmentos acionáveis e descritivos é mencionada por Paul Nola, na seção Opinião de Especialista a seguir.

Adele Revella, CEO do Buyer Persona Institute, também comenta sobre a importância de criar personas acionáveis, baseadas em insights. Ela acredita que o comportamento do comprador é fundamental para alcançar isso. Adele afirma que, embora muitos perfis pessoais combinem demografia e psicografia (definidos por ela como "a metodologia qualitativa de estudar os consumidores com base em suas características psicológicas e traços, tais como valores, desejos, objetivos, interesses e escolhas de estilo de vida"), isso não é muito útil a menos que também se tente entender por que eles compram, quando compram, e por que estão escolhendo você (REVELLA, 2019). Adele criou uma metodologia de três etapas para desenvolver personas, enfatizando acima de tudo as entrevistas com os compradores, pois eles lhe dirão algo que você ainda não sabe e lhe permitirão reunir insights extremamente acionáveis (Figura 5.1).

OPINIÃO DE ESPECIALISTA

Paul Nola, Context Consulting

Com qualquer segmentação e trabalho de persona, há sempre um debate sobre como as personas e os segmentos devem ser acionáveis e descritivos. Profissionais de marketing e de gestão de marca tendem a valorizar segmentos de caráter descritivo que lhes permitam compreender os desejos, sonhos, necessidades e singularidade de seus públicos individuais. Mas se esses se tornarem muito diferenciados qualitativamente, tornam-se inidentificáveis. O gestor de marketing de banco de dados simplesmente não saberá o que fazer com eles: o que significa dizer "selecionadores exigentes"? Onde podemos encontrá-los?

Qual é a alternativa? Em vez de criar segmentos descritivos baseados em fatores subjetivos, você poderia desenvolvê-los com base apenas nas informações de clientes contidas em seu banco de dados. O problema é que você vai se deparar com informações muito genéricas. Claro, você conseguiria encontrar seu segmento, mas não teria nada muito interessante e único a dizer a eles. Provavelmente, não teria nenhuma característica unificadora, pois teria baseado seu segmento puramente em fatores de alto nível. Em outras palavras, não teria um gancho, por essa razão o truque é tentar misturar coisas suficientes e facilmente identificáveis com uma rica visão comportamental. A menos que tenha esse rico insight, não poderá construir um segmento coeso conectado com o tema essencial. O segmento precisa ser reconhecível mutuamente, mas também deve ter descrição suficiente para que você saiba quem busca alcançar.

Após desenvolver segmentos que atendem a esse teste duplo de ser baseado em insight e identificável, o próximo passo é dar vida a isso por meio de personas detalhadas. O estudo de caso mostra como o trabalho de persona é incrivelmente eficaz se você investigar além da superfície para explorar quais são os ganchos e identificar o que é especial a ponto de fazer os olhos dessa pessoa se iluminarem.

ESTUDO DE CASO

Usando personas para entender a tomada de decisão do comprador

Ajudamos as empresas a entender como as decisões são tomadas no ambiente complicado do B2B. Para nós, personas são uma forma de taquigrafia. Elas ajudam as equipes de vendas e marketing a entenderem como podem alcançar seu público e quais botões pressionar, ajudando-as a ir além do clássico marketing genérico e alcançar o elemento secreto e os ganchos.

Um negócio britânico de catálogo de equipamentos de bufê, que atende restaurantes, bares, hotéis, escolas ou qualquer outro lugar com uma cozinha de grande escala, nos procurou porque queria se reposicionar mais como um fornecedor de qualidade. Nosso ponto de partida foi, portanto, investigar e estabelecer o que significava qualidade, quem se importava com isso e como eles poderiam se alinhar mais estreitamente com as coisas que seus clientes consideravam de excelência.

No passado, eles vendiam principalmente para profissionais de aquisição, motivados por fatores racionais, como prazos de entrega, preços e descontos. Para as empresas menores, eles lidavam, de forma geral, com donos de cafeterias, normalmente muito ocupados para perder tempo se preocupando com detalhes e que precisavam tomar decisões rápidas.

A primeira coisa que fizemos foi descobrir quem eram os principais influenciadores além dos pequenos empresários ou dos profissionais de aquisição e criar personas para que esses indivíduos ajudassem nosso cliente a entender seu mundo. Concentramo-nos em dois tipos principais de persona. Primeiro, havia o garçom e outros atendentes, que tinham um imenso orgulho do ambiente da cozinha e que provavelmente estavam à procura de utensílios de mesa únicos e chamativos que os ajudasse a passar uma certa imagem. Uma mensagem do tipo: "estocar muito e vender barato" não ressoaria com esses indivíduos! Em segundo lugar, tínhamos o chef, cujo orgulho estava relacionado a tudo o que acontecia nos fundos da casa. Os chefs normalmente se preocupam com a procedência dos ingredientes, pois isso os auxilia a provar autenticidade, assim como seu genuíno amor pela comida e o desejo de fazer o que é certo.

Munido dessas informações, nosso cliente poderia adaptar suas mensagens para se concentrar na qualidade e na procedência de seus produtos. Ao construir essas personas, conseguimos primeiro identificar esses fatores-chave e depois ajudar nosso cliente a reposicionar e adaptar suas mensagens para que ressoassem mais profundamente com os principais influenciadores e tomadores de decisão de sua clientela.

Vejamos agora outro estudo de caso de David Cotterill, diretor de marketing da EMEA da Conduent, que compreendeu a importância de socializar suas personas com departamentos internos para aumentar sua relevância dentro da organização.

ESTUDO DE CASO

David Cotterill, Conduent

A Conduent é uma fornecedora de serviços de processos comerciais, que oferece plataformas digitais a empresas e governos. Tínhamos chegado a um ponto em que estava claro que precisávamos levar o conhecimento de nossa marca ao público-alvo e começar a engajar contas para conduzir reuniões. Entretanto, nosso público comprador é complexo, por essa razão, nossas equipes de vendas e marketing precisavam de um melhor entendimento de suas necessidades e responsabilidades. Portanto, embarcamos em um trabalho de persona para dar vida ao nosso público-alvo, o qual compreende três camadas:

1. a parte voltada ao cliente, em que eles interagem com sua clientela;
2. a parte dos funcionários, em que nossos clientes interagem com seus funcionários;
3. a parte do negócio, em que nossos clientes interagem com seus negócios.

Essas camadas impulsionaram o trabalho de persona que realizamos. Criamos dez personas diferentes com base em funções nas áreas de Finanças e Contabilidade, Serviços de RH, Serviços de Aprendizagem, Jurídico e Conformidade e Experiência do Cliente, bem como retratamos esses indivíduos usando os seguintes critérios:

- seu papel nas decisões de compra;
- suas principais responsabilidades;
- as principais questões, desafios e tendências do setor que os impulsiona;
- seu consumo de mídia;
- seus principais critérios de compra ao adquirir serviços;
- as mensagens que funcionaram bem no passado;
- sua atitude em relação à Conduent.

Para cada grupo-alvo, empregamos a seguinte metodologia para criar as personas fundamentais, a fim de entender os diferentes públicos compradores e o conteúdo que deveríamos oferecer a eles.

Metodologia

Utilizamos três métodos diferentes para criar as personas: uma pesquisa com vendedores, entrevistas com PMEs externas e pesquisa de dados secundários.

Pesquisa com vendedores e entrevistas com PMEs

A primeira coisa que fizemos foi entrevistar a equipe de vendas e os especialistas no assunto do setor para compreender plenamente os desafios que as áreas de negócios particulares enfrentavam. Foi enviada uma pesquisa aos principais interessados na Conduent para se obter um insight do que elas achavam ser as principais responsabilidades e desafios para os mais importantes tomadores de decisão e influenciadores. Queríamos saber o que os mantinha acordados à noite e as dificuldades que enfrentavam no dia a dia. Nosso objetivo era identificar os quatro ou cinco principais desafios por grupo.

A pesquisa também visava obter um insight dos papéis de cada pessoa nas decisões de compra, suas atitudes em relação à Conduent, à mídia que consumiam e quais mensagens funcionaram no passado.

Realizamos de quarenta a cinquenta entrevistas com a equipe interna ou mais, quando as PMEs externas foram consideradas.

Pesquisa de dados secundários

Usando uma série de fontes, realizamos pesquisas de dados secundários para obter mais insights para as personas. As fontes incluíram vários relatórios do setor, LinkedIn, publicações do setor, blogs e sites de notícias.

Verificando o trabalho de persona

Depois que nos aprofundamos no trabalho de persona com a equipe de vendas, os especialistas da empresa no assunto e a equipe de análise, o levamos à nossa base de clientes para ver se eles se reconheciam na persona que tínhamos criado. Também usamos o LinkedIn para encontrar indivíduos que mapearam as personas que criamos e procuramos uma correlação entre elas e os indivíduos.

Usando o perfil psicológico

O perfil psicológico foi a última coisa que fizemos. Há uma série de ferramentas de perfil psicológico que vasculham as mídias sociais e que podem ser usadas para entender a persona do indivíduo. Para esse projeto usamos o modelo DISC (Dominância, Influência, Cautela e Estabilidade) para entender a psicologia de cada uma das personas que criamos. Usando essas quatro categorias, é possível entender se, por exemplo, alguém é predominantemente analítico e orientado por resultados ou tem mais competências comportamentais e sociais. Esse conhecimento permite comunicar-se com as pessoas usando as palavras e frases certas e mais atrativas a elas. Usamos a ferramenta DISC em perfis reais de pessoas no LinkedIn que mapearam as personas que criamos. A ferramenta produziu gráficos de personalidade para cada um dos indivíduos, que depois aplicamos às nossas principais personas.

E agora vamos à próxima etapa da jornada da Valitor.

ESTUDO DE CASO

Valitor

Caso se lembre do Capítulo 3, o estudo de insights estratégicos na Valitor foi um processo de quatro partes. Ao fim da terceira etapa, quando entrevistamos os 13 especialistas em pagamentos, identificamos quatro personas com base em funções que muitas vezes desempenhavam um papel na tomada de decisões: o CFO (Chief Financial Officer — Direção financeira), o dono do negócio, o diretor de comércio eletrônico e o diretor de TI. Para cada uma dessas funções, elaboramos suas necessidades, responsabilidades, funções decisórias e como abordá-las. Os CFOs podem ser vistos como os principais responsáveis pela aprovação de novos investimentos ou provedores de pagamento, com um foco acentuado no baixo risco e custo (Figura 5.2).

FIGURA 5.2 Resumo das personas da Valitor

Resumo das Personas	Necessidades	Responsabilidades	Papel na tomada de decisão	Como abordar
CFO/ Financeiro	Maior **previsibilidade, menor custo e risco possível**	Elaborar orçamentos, relatórios, contabilidade, impostos etc.	**Tomador de decisão principal/final** —decisão final e guardião comum	Com casos e exemplos de negócios que mudaram e continuaram no mercado
Apenas PMEs: Dono/CEO	Soluções simples, fáceis de entender e estrutura de preços descomplicada	Garantir a rentabilidade/ crescimento contínuo de uma pequena empresa	**Tomador de decisão principal/final** — decisão final nas PMEs	Com uma estrutura de preços clara e soluções simples e orientadas para o valor
Diretor Digital /de comércio eletrônico	Visão sobre transações que impulsione o valor	Assegurar o crescimento e a confiabilidade nas transações digitais	Principal influenciador, não o principal tomador de decisão, muitas vezes focado na história do crescimento	Destacar oportunidades de crescimento, em vez de serviços "defensivos"
Diretor de TI	**Soluções personalizadas,** fáceis de integrar com a infraestrutura existente	Garantir o tempo de atividade e confiabilidade do cenário de TI	**Influenciador** — parte de comitês de decisão	Com APIs [Application Programming Interface — interface de programação de aplicação] flexíveis e capacidade de integração demonstrada

FONTE: CONTEXT Consulting/Valitor

Embora isso tenha sido útil, depois de termos conduzido as entrevistas com o usuário final (Fase 4 do processo), descobrimos que as atitudes em relação aos pagamentos e o nível de "impacto dos pagamentos" eram mais relevantes para nós. Portanto, identificamos três tipologias, com base no nível de impacto dos pagamentos. Construímos um perfil de cada tipologia, incluindo itens como:

- abordagem da empresa ao cenário de pagamentos;
- adoção de soluções de pagamento;
- prioridade dos pagamentos;
- tamanho possível/setor;
- porcentagem aproximada do mercado (classificação qualitativa baseada na proporção de leads de vendas);
- exemplos de funções;
- o que eles buscam em um fornecedor;
- perfil tecnológico.

A Figura 5.3 mostra as três tipologias diferentes, enquanto a Figura 5.4 mostra o perfil para a média do impacto dos pagamentos.

FIGURA 5.3 As três tipologias identificadas da Valitor

FONTE: CONTEXT Consulting/Valitor

FIGURA 5.4 Perfil tipológico do impacto dos pagamentos médios

Perfil tipológico: impacto dos pagamentos médios.

- Eles **não são especialistas em pagamentos**, mas acham que precisam entender mais, melhorar a implementação e **identificar novas oportunidades, bem como atingir seus objetivos mais amplos**.

Abordagem da empresa em relação ao cenário de pagamentos

- **Ativa quando necessário**, geralmente com base em ciclos contratuais ou novos projetos.
- **Principal influenciadora** quando se trata de pagamentos, mas muitas vezes focada em uma estratégia ou objetivo mais amplo.
- **Os pagamentos são parte de uma estratégia ou objetivo mais amplo**, por exemplo experiência do cliente e integração tecnológica.

Adoção de soluções de pagamento

- Mistura de adoção de soluções por meio de canais com jornadas inconsistentes em alguns casos.
- Alguns canais mais avançados do que outros, com alguns sem recursos mais recentes.
- Devido **à mudança de consciência**, o foco é mais para reas de crescimento, em vez de simplesmente na economia de custos.

Prioridade dos pagamentos

- **Pode ser uma das dez principais questões.**
- Apenas uma pequena parte de seu papel envolve diretamente pagamentos.
- Apenas uma prioridade para avaliações de contratos ou em pontos de grandes questões.

Porcentagem aproximada do mercado*

Exemplos de funções

- Diretor de TI
- Diretor financeiro

Tamanho/setor possível

- Em todos os setores
- Grande-médio

O que eles buscam em um fornecedor

- Solução de problemas
- Grande registro de serviços
- Abordagem personalizada

Perfil tecnológico

MAIORIA INICIAL

* Classificação qualitativa baseada na proporção de leads de vendas

FONTE: CONTEXT Consulting/Valitor

A partir disso, construímos uma matriz das principais necessidades de cada grupo e orientações sobre como abordá-las. Cada tipologia requer uma abordagem de vendas muito diferente.

Passo 3: selecione suas contas

O próximo passo é selecionar suas contas. Há duas maneiras diferentes de fazer isso. Você pode usar seus próprios critérios definidos ou utilizar uma das muitas ferramentas disponíveis (como a Demandbase, que é uma plataforma de segmentação e personalização para empresas B2B), usando dados da empresa para selecionar suas contas-alvo.

É também aqui que entra a IA. Trabalhando a partir de uma lista de contas, de clientes existentes ou de um perfil ideal, você pode usar a IA para gerar contas "semelhantes". David Cotterill dá mais detalhes a seguir sobre como isso pode ser feito.

Passo 4: descubra como suas contas se comportam usando dados de intenção

Em seguida, você deseja descobrir como as pessoas reais se comportam, aplicando dados de intenção. As coisas a serem estabelecidas são:

1. Quem está "no mercado", ou seja, pesquisando contra seus termos de busca definidos ou consumindo conteúdo on-line?
2. Quem está "engajado", em outras palavras, em seu site, consumindo conteúdo, mas sem preencher um formulário de pesquisa?
3. Quem está "em ascensão" ou "em tendência"; há várias pessoas de uma conta mostrando interesse?
4. Procure quaisquer padrões nos dados para estabelecer quem mostra sinais de compra antecipados. Existem certas empresas, setores ou cidades que continuam a se desenvolver?

Antes dos dados digitais, não podíamos substanciar segmentos. Com as ferramentas que temos agora à disposição, conseguimos observar as intenções, os comportamentos e as jornadas dos clientes (em outras palavras, como as pessoas se envolvem e consomem conteúdo). Katie King, autora de Using Artificial Intelligence in Marketing: How to harness AI and maintain the competitive edge, afirma:

> Sempre deixamos algum rastro digital para trás. As empresas que coletam nossos dados podem acompanhar nossos movimentos, compras, conversas em mídias sociais e preferências. Elas podem conectar todos os pontos e dados que se relacionam com a mesma pessoa, portanto, conseguem construir uma história ao nosso redor. Isso nos torna visíveis, assim como nossas preferências e necessidades, de modo que as empresas podem nos alcançar com marketing personalizado para nos vender algo no momento e lugar certos. A conectividade é a imersão do humano e da máquina, com os dados fluindo entre eles para construir uma história sobre uma pessoa com análise de dados e IA (KING, 2019).

Passo 5: direcione anúncios digitais personalizados e ofereça conteúdo relevante

Na etapa final, nossos trabalhos de segmentação, persona e intencionalidade se combinam para nos ajudar a atingir um público-alvo com publicidade digital extremamente específica e personalizada, atrair as pessoas para um programa de venda social e prover conteúdo relevante. Nas palavras de Katie King (2019): "O papel da IA na personalização permite que as promoções sejam direcionadas com tanta precisão, de tal forma que você nunca teria como alvo alguém que não compraria o produto de qualquer maneira". Daremos mais detalhes sobre isso nos capítulos seguintes, mas para oferecer mais uma noção neste ponto, David Cotterill explicará como eles seguiram os passos três a cinco na Conduent.

ESTUDO DE CASO

David Cotterill, diretor de marketing da EMEA da Conduent

Quando definimos nossas personas e identificamos os principais desafios enfrentados por elas, começamos a seleção de contas, utilizando o seguinte processo:

1. Primeiro, pedi à equipe de vendas suas sessenta maiores contas e as inseri em nossa plataforma de intenção de compra. Em seguida, examinamos diferentes periódicos, publicações e outras fontes de informação para ver quais palavras-chave e frases as contas buscavam.
2. Usando essas palavras-chave e frases, identificamos áreas particulares nas quais as contas estavam surgindo. Por exemplo, um grande banco do Reino Unido pode estar crescendo em IA porque há de 25 a 30 pessoas em sua organização pesquisando na *Forbes*, *Computer Weekly*, etc., por palavras-chave e frases relacionadas a IA.
3. Conseguimos criar uma tabela de contas que buscavam palavras-chave e frases relevantes para nós como uma organização. Isso é conhecido como dados de intenção de terceiros.
4. A partir de nossas sessenta contas, procuramos outras similares e encontramos 2,7 mil contas globais muito parecidas com as nossas sessenta. Poderíamos então direcionar publicidade digital relevante a essas contas e alcançá-las por meio de um afunilamento. Começaríamos então a ver um surto de dados de intenção primários em nosso site, à medida que essas contas começassem a se relacionar diretamente conosco. Naquele momento, coletamos os dados individuais.
5. Quando conseguimos os dados individuais, podemos oferecê-los à equipe de vendas como uma liderança qualificada de marketing e, ao mesmo tempo, adaptar as mensagens individualmente em um estilo muito mais personalizado. O objetivo é servir o conteúdo com um alto nível de especificidade para um indivíduo, em vez de usar o marketing de "espalhar e rezar".

6 Em seguida, deixamos essas contas em nosso programa de vendas sociais e publicamos conteúdo relevante em seus feeds do LinkedIn ou do Twitter.

Em resumo, minhas principais recomendações para fazer um trabalho de persona são:

1 Envolva sempre suas PMEs e equipes de vendas. Elas são as especialistas.
2 Envolva o mercado. Encontre suas PMEs também no nível do mercado. Faça-os cruzar referências e substanciar seu trabalho de persona.
3 Examine a fundo as palavras-chave e frases, porque esse é o segredo digital para liberar o consumo de conteúdo.
4 Certifique-se de que suas contas estejam consumindo esse conteúdo e consiga alcançá-las com uma liderança de pensamento relevante e apropriada, publicidade e vendas sociais.

ABM para qualquer orçamento

Neste ponto, você pode estar pensando: "Não tenho orçamento para isso" ou "Isso me parece muito complicado". Mas antes de desistir do ABM, lembre-se de que ele não é mais apenas reservado a grandes empresas; você pode usá-lo independentemente do seu orçamento. Na verdade, você poderia argumentar que quanto menor for seu tamanho, menos pode desperdiçar dinheiro em marketing e mais vital o ABM seria à sua empresa. Ninguém mais pode se dar ao luxo de fazer um marketing baseado em "espalhar e rezar". Para ajudar a ilustrar como o ABM é flexível, Leanne Chescoe, gerente sênior de marketing de campo da Demandbase, uma empresa de software líder em tecnologia de ABM, elaborou planos para utilizá-lo com orçamentos de dez mil, 35 mil e cem mil libras [75 mil, 259 mil e 741 mil reais, conforme cotação em 13/10/21]. Leanne explica esses planos a seguir.

OPINIÃO DE ESPECIALISTA

Leanne Chescoe, gerente sênior de marketing de campo da Demandbase

A introdução do ABM em uma organização suscita muitas perguntas, como as seguintes:

- Como começar a adotar uma abordagem de ABM?
- Como escalamos? Otimizamos? Conseguimos adesão?
- Quanto do nosso orçamento devemos alocar para o ABM?
- Como seria um plano estratégico realista de ABM dentro do meu orçamento?
- O que outras organizações do meu setor fazem?

As respostas a essas perguntas serão diferentes dependendo do seu orçamento, mas o ABM traz resultados tangíveis, mesmo que você tenha apenas dez mil libras [cerca de 75 mil reais, conforme cotação em 13/10/21] para gastar. A seguir, descrevi onde focar de acordo com seu orçamento de marketing.

Orçamento pequeno (£10.000-£34.000) [cerca de 75 a 252 mil reais]

Se você tem apenas um pequeno orçamento para gastar, provavelmente está apenas iniciando sua jornada de ABM, logo deve focar em ganhar adesão e provar o modelo na sua organização. É improvável que tenha um orçamento adicional para qualquer apoio suplementar, e provavelmente você estará (na maioria das vezes) sozinho.

Sua abordagem

Concentre-se em um conjunto modesto de contas e comece a fazer experiências, mas não seja muito ambicioso! Dê os seguintes passos:

1. Comece pequeno.
2. Alinhe uma lista de contas-alvo.
3. Analise e defina métricas de sucesso (incluindo prazos realistas).

Sua campanha

Reutilize e adapte o que puder, impulsionando os ativos genéricos existentes, e personalize com base em um amplo segmento de clientes. Foque na personalização de e-mails, landing pages, formulários e anúncios digitais.

Alocação de orçamento

Seu orçamento inteiro deve ser gasto em publicidade e mídia para garantir que você alcance as contas certas com anúncios significativos.

Orçamento médio (£35.000-£99.000) [cerca de 259 a 734 mil reais, conforme cotação em 13/10/21]

Com um orçamento médio, é improvável que o ABM seja uma iniciativa totalmente nova para sua empresa. Possivelmente, você já terá a adesão da organização, portanto, seu foco deve ser escalar e descobrir a estratégia ideal para adotar o ABM em toda a sua organização.

Sua abordagem

Concentre-se em dar os seguintes passos:

1. forme uma parceria entre as equipes de vendas e marketing;
2. amplie a lista de contas-alvo;
3. execute em uma escala maior com suporte adicional;
4. saiba quando requerer apoio da tecnologia e de recursos externos ou internos.

Sua campanha

Com mais orçamento para gastar, você poderá utilizar uma variedade maior de tecnologia e recursos externos. Por exemplo, sua campanha poderia consistir em:

1. e-mails direcionados com conteúdo personalizado e campanhas de marketing de gotejamento;

2 fluxos de vendas personalizados para as principais contas;
3 anúncios direcionados ao tráfego de sites concorrentes;
4 chatbots personalizados.

Alocação de orçamento

Publicidade e mídia: 35 por cento.

Tecnologia: 25 por cento.

Execução e planejamento da agência: 40 por cento.

Orçamento grande (£100.000) [cerca de 741 mil reais, conforme cotação em 13/10/21]

Com um orçamento grande, é provável que você já tenha implementado uma estratégia de ABM, mas pode estar buscando racionalizar e otimizar o que faz atualmente. Nesse caso, é fundamental ter uma plataforma de ABM de ponta a ponta, como a Demandbase, para gerenciar todos os elementos de um programa de ABM um para um em grande escala.

Sua abordagem

Para alcançar a otimização e a racionalização, concentre-se no seguinte:

1 Afaste-se dos esforços manuais.
2 Faça a otimização completa do conteúdo.
3 Use métricas para identificar áreas a serem melhoradas.
4 Amplie os esforços em táticas de nutrição de leads, marketing de campo ou estratégias de up selling/cross selling.

Sua campanha

Esse nível de orçamento deve permitir que você alcance o máximo em ABM. Concentre sua campanha nos seguintes pontos:

1 personalização do site;

2 recomendações de conteúdo orientado por IA no site;
3 notificações de vendas sobre o engajamento e a atividade da conta-alvo;
4 Eventos VIP para contas-alvo.

Alocação de orçamento

Publicidade e mídia: 25 por cento.

Tecnologia: 35 por cento.

Execução e planejamento da agência: 25 por cento.

Eventos e experiências: 15 por cento.

O que pode dar errado?

Irrelevância

Se as personas forem criadas apenas pela equipe de marketing e não se basearem em insight, correm o risco de ter pouca relevância além das pessoas que as inventaram. Como Tom Fishburne (2019) escreve: "Muitas vezes escritas fora da vista das torres de marfim do marketing, as personas são frequentemente reveladas sem um contexto claro do que significam, como foram formadas ou como o resto da organização deve utilizá-las". Todos deveríamos levar conosco uma página do livro de David Cotterill; ele socializou suas personas em sua organização e envolveu as equipes de vendas e outros departamentos desde o início.

Quando as descrições não são úteis ou acionáveis

Neste capítulo, analisamos como as descrições dos segmentos devem ser acionáveis, e também a descrição de Paul Nola sobre a tensão que existe entre as personas acionáveis e descritivas. As coisas podem dar errado se você contar apenas com uma descrição de seu segmento. Adoro usar o seguinte exemplo para ilustrar esse ponto. Vejamos estes gêmeos com base em dados sociodemográficos:

- Dois cavalheiros
- Nascidos em 1948
- Cresceram no Reino Unido
- Divorciaram-se e se casaram outra vez
- Têm dois filhos adultos
- São muito ricos
- Gostam de passar suas férias nos Alpes
- São mundialmente famosos.

Se dependêssemos apenas da segmentação sociodemográfica, concluiríamos que essas duas pessoas tinham necessidades semelhantes e deveríamos atendê-las com linguagem e proposições semelhantes. Certo? Mas como estaríamos errados! Eles são o príncipe Charles e Ozzy Osbourne! Isso ilustra bem como, às vezes, as descrições não são suficientes.

Não fui eu!

O que acontece se você comprar um presente para outra pessoa e a IA achar que ele é para você? King (2019) destaca que a personalização é uma faca de dois gumes, e se a inteligência artificial se equivoca, na melhor das hipóteses, causa um incômodo, e, na pior das hipóteses, há o potencial de irritar realmente as pessoas. Considere o seguinte: você compra roupas de tamanho extragrande para sua avó, e então seu feed de busca continua a apresentar anúncios de roupas de tamanho extragrande (KING, 2019). E se você comprasse um presente para uma criança, e a próxima coisa que recebesse em seu feed fossem vários brinquedos? A IA não consegue dizer se as coisas que você compra são de fato para si mesmo ou para outra pessoa.

Como este capítulo demonstrou, uma das principais razões pelas quais fazemos segmentação e trabalho de persona é para oferecer publicidade e conteúdo personalizados e digitais. No Capítulo 6, exploraremos mais essa ideia, observando como os customer insights são usados para criar conteúdo e liderança de pensamento.

Principais aprendizados

- Os dias de marketing baseado em "espalhar e rezar" já acabaram há muito tempo. Graças ao customer insight, agora usamos técnicas sofisticadas de segmentação para identificar nosso público-alvo, a partir de diversos segmentos até um segmento específico.
- A partir do uso de dados de rastro digital, jornadas e dados de intenção, agora é possível obter um insight profundo do comportamento, desejos e necessidades de seus clientes. Isso é vital para organizá-los em segmentos distintos e alcançá-los com mensagens personalizadas, publicidade digital e conteúdo.
- A segmentação abriu caminho para o marketing baseado em contas (mais comumente conhecido por sua sigla ABM). Graças ao desenvolvimento tecnológico e à capacidade de todas as empresas, independentemente do tamanho, de gerar customer insight, o ABM agora é usado por várias organizações, em três níveis — um para um, um para poucos e um para muitos. Não se

desespere, há um programa de ABM para qualquer orçamento.

- A jornada de segmentação apresenta uma série de etapas:

1. Pesquise seu segmento — você precisa compreender qual é seu segmento e quais são suas necessidades para poder descrevê-las.
2. Os segmentos só têm valor quando você dá vida a eles com personas e os contextualiza de alguma forma, de modo que sejam compreensíveis e relacionáveis a você e ao resto de sua organização. Atraia pessoas pela vida cotidiana delas e não pela sua.
3. Escolha suas contas. Você pode usar seus próprios critérios definidos ou usar uma das muitas ferramentas disponíveis (como a Demandbase), em que pode aproveitar os dados primários para selecionar suas contas-alvo. Você também pode aplicar a IA para gerar contas "parecidas".
4. Descubra como as pessoas reais em suas contas-alvo se comportam, aplicando dados de intenção. Estabeleça quem está "no mercado", "engajado", "em ascensão" ou "em tendência". Procure quaisquer padrões nos dados para estabelecer quem mostra sinais de compra antecipados.

- Na etapa final, o trabalho de segmentação, persona e intencionalidade se combina para ajudar a atingir um público-alvo com publicidade digital extremamente específica e personalizada, atrair as pessoas para um programa de venda social e oferecer conteúdo relevante.
- As coisas podem dar errado se você confiar apenas na descrição de seu segmento (não confunda Ozzy Osbourne com o príncipe Charles!). As personas

precisam ser acionáveis. Se forem apenas criadas pela equipe de marketing e não se basearem em insight, correm o risco de ter pouca relevância além das pessoas que as inventaram.

- A personalização é uma faca de dois gumes, e se a IA entender errado, na melhor das hipóteses, vai causar um incômodo às pessoas, e, na pior das hipóteses, há a chance de realmente irritá-las.

ALIMENTE SEU CÉREBRO

- Se você é uma "pessoa dos livros", há algumas grandes obras que pode ler:
  - *Using Artificial Intelligence in* Marketing: *How to harness AI and maintain the competitive edge*, de Katie King.
  - *ABM Account-Based* Marketing: *como acelerar o crescimento nas contas estratégicas com planos de* marketing *exclusivos*, de Bev Burgess e Dave Munn.
  - *Account-Based* Marketing: *How to target and engage the companies that will grow your revenue*, de Chris Golec, Peter Isaacson e Jessica Fewless.
- Siga e/ou conecte-se com os especialistas mencionados neste capítulo em suas redes sociais (Adele Revella, Paul Nola, David Cotterill, Bev Burgess, Katie King, Leanne Chescoe). E Gemma Davies — falaremos com ela no Capítulo 11 sobre ABM.
- Pense sobre as cinco etapas da jornada de segmentação. Em que ponto você se encontra nessa jornada? Estabeleça uma meta para avançar uma série de etapas dentro de um determinado período.

Referências

BURGESS, B. The Marketing Strategist: Defining the Three Types of Account-Based Marketing. ITSMA, 15 de fevereiro de 2017. Disponível em: https://perma.cc/2N73-M6L9.

BURGESS, B.; MUNN, D. A Practitioner's Guide to Account-Based Marketing: Accelerating growth in strategic accounts. Londres: Kogan Page, 2017.

FISHBURNE, T. 7 Types of Marketing Personas. Marketoonist, 17 de fevereiro de 2019. Disponível em: https://perma.cc/GUS2-BYHH.

GOLEC, C.; ISAACSON, P.; FEWLESS, J. Account-Based Marketing: How to target and engage the companies that will grow your revenue. Hoboken: Wiley, 2019.

ITSMA. Moving to ABM Maturity: 2019 ABM Benchmark Study. ITSMA, 12 de dezembro de 2019. Disponível em: https://www.itsma.com/event/moving-to-abm-maturity/

KING, K. Using Artificial Intelligence in Marketing: How to harness AI and maintain the competitive edge. Londres: Kogan Page, 2019.

REVELLA, A. Psychographics and Personas: How to Get to the Truth About Why People Buy. Hotjar, 20 de março de 2019. Disponível em: https://perma.cc/84W3-LGQD.

06

Usando insights para liderança de pensamento e marketing de conteúdo

Introdução

O marketing de conteúdo é uma ferramenta surpreendente para construir fidelidade à marca e gerar vendas. Entretanto, deve ser usado da forma adequada para trazer benefícios, e há muitas maneiras pelas quais ele pode dar errado. O Content Marketing Institute (CMI, 2019a) define marketing de conteúdo como "uma abordagem de marketing estratégico focada na criação e distribuição de conteúdo valioso, relevante e consistente para atrair e reter um público claramente definido (grifo nosso) — e, em última instância, para conduzir uma ação lucrativa ao cliente". O marketing de conteúdo começa com o público, e como veremos neste capítulo, se você perder isso de vista, seus esforços serão em vão.

A SiriusDecisions (2017), uma empresa líder mundial em pesquisa e consultoria B2B, afirmou em 2012 (e atualizou em 2017) que 67 por cento da jornada de compra é feita digitalmente. Com a introdução do RGPD da UE e outras políticas de proteção de dados, é cada vez mais difícil alcançar as pessoas.

Estamos nos tornando mais dependentes de nossos clientes, que nos encontram por meio de nosso conteúdo.

Neste capítulo, apresentaremos a jornada de compra e como deve ser gerado o insight para compreender as necessidades do cliente a cada passo, com seu conteúdo reavaliado e adaptado por consequência. Veremos, pelas várias Opiniões de Especialistas, que para fazer marketing de conteúdo, as necessidades do público devem ser postas à frente das suas, vindo em primeiro lugar. Veremos também como a liderança do pensamento se nutre do desenvolvimento de conteúdo e como usá-lo para atrair novos públicos. Primeiro, veremos por que os insights são fundamentais para criar conteúdo.

Por que os insights devem guiar sua criação de conteúdo?

Mark Schaefer falou sobre marketing de conteúdo no Capítulo 1, pontuando que os profissionais da área poucas vezes sabem se seu conteúdo funciona ou não. De acordo com o CMI, apenas 43 por cento dos profissionais de marketing B2B medem o ROI do marketing de conteúdo (STAHL, 2019). Apesar disso, os orçamentos de marketing de conteúdo estão aumentando. É como o marketing baseado em "espalhar e rezar", mas relacionado ao conteúdo.

A única maneira de aumentar a eficácia do marketing de conteúdo é baseá-lo em insight. As empresas distribuem cada vez mais seu orçamento de marketing de conteúdo em dados e análises, à medida que as pessoas começam a aceitar que não se pode apenas publicar qualquer conteúdo e esperar que ele faça o resto. O insight é necessário, primeiro, para orientar sua compreensão de qual é o conteúdo certo e, segundo, para avaliar o seu desempenho após ser publicado. Começaremos com o primeiro motivo pelo qual é tão vital pôr o insight no centro das estratégias de criação de conteúdo, para compreender a jornada de compra.

Motivo 1: para compreender a jornada de compra

Antes de fazer qualquer coisa, é fundamental adotar uma abordagem orientada para a compreensão de suas diferentes personas e das jornadas que elas fazem. Sem fazê-lo, você não pode esperar desenvolver um conteúdo de sucesso passível de não cair nos oitenta por cento de postagens não visualizadas de que Mark Schaefer fala. É muito importante fazer isso do jeito certo. Sua compreensão de personas e jornadas **deve** ocorrer antes do início do desenvolvimento de conteúdo, para oferecer o conteúdo certo nas etapas corretas e atender continuamente às necessidades do público. De acordo com o CMI (2019b), 77 por cento dos profissionais de marketing de conteúdo B2B com melhor desempenho "usam personas para fins de marketing de conteúdo".

Ao promover em conformidade com as "dores e ganhos" do público, você descreve como seus produtos ou serviços ajudam em dores específicas que seu cliente tem ou como o beneficiam de alguma forma. Aly Richards definiu essa ideia de marketing muito usada dentro do contexto de "trabalhos que os clientes querem fazer". Encontrei Aly pela primeira vez quando a entrevistei para meu doutorado, em 2006. Aly, na época, era diretora de CRM na O2 e usava insights de formas sofisticadas para cross selling e up selling durante o contato com o call center. Aly e eu mantivemos contato durante muitos anos, e ela agora é CEO da Odyssiant, uma plataforma de gestão de jornada do cliente. Aly explica a seguir seu conceito de "trabalhos que os clientes querem fazer", além de ir mais fundo na mentalidade deles e usar o conteúdo para ajudá-los ao longo da jornada de compra.

OPINIÃO DE ESPECIALISTA

Aly Richards, CEO da Odyssiant

Na Odyssiant, pensamos nas necessidades das pessoas no sentido de um "trabalho a ser feito". Todos temos listas de tarefas, tanto na vida pessoal quanto profissional, por isso é uma estrutura fácil de entender e aplicar ao nosso trabalho de persona. Ao compreender bem o que seus clientes tentam alcançar, você estará em uma posição melhor para oferecer conteúdo que atenda às expectativas.

O objetivo final é conseguir uma correspondência entre os "trabalhos que as pessoas querem fazer" e seus produtos e serviços, mas é o seu conteúdo que as ajudará na jornada a reconhecerem essa combinação. Antes de analisarmos em detalhes como o conteúdo se relaciona com a jornada de compra, aprofundaremos um pouco mais o que queremos dizer com "trabalho que as pessoas querem fazer". Os trabalhos podem incluir:

- tarefas que elas tentam realizar e concluir;
- problemas que elas tentam resolver;
- experiências que tentam satisfazer.

Todos esses "trabalhos a serem feitos" têm um contexto. Por exemplo, se alguém precisa permanecer em contato com as pessoas, pode querer fazer isso usando um telefone, mas o contexto de usar um telefone no carro é muito diferente de usá-lo em casa (falaremos mais sobre a importância do contexto no Capítulo 7).

Quando esses trabalhos estiverem claros em sua mente, pense neles em termos de dores e ganhos (ou barreiras e aceleradores). Dores são coisas que bloqueiam, impedem ou incomodam os clientes quando tentam fazer um trabalho ou atender a uma necessidade. Podem ser frustrações, riscos ou obstáculos ao sucesso. Por outro lado, os ganhos dos clientes são os resultados positivos que eles esperam alcançar. Relacionam-se com resultados, benefícios ou aspirações. Aprofunde-se nisso e mapeie como acha que seu cliente mede o sucesso de um trabalho bem-feito ou de uma necessidade atendida.

Em seguida, pense em suas ofertas de bálsamos e de ganhos. Os bálsamos descrevem exatamente como seus produtos e serviços aliviam as dores específicas de seus clientes. Resumem como você pretende eliminar ou reduzir algumas das coisas que os incomodam antes, durante ou depois que tentam concluir um trabalho. Os ganhos descrevem como seus produtos e serviços servem para produzir resultados e benefícios que seu cliente espera, deseja ou se surpreenderia, incluindo utilidade funcional, ganhos sociais, emoções positivas e economia de custos.

Ao ter tudo isso claro em sua mente, você pode começar a pensar em como seu conteúdo pode ajudar a conduzir seu público ao longo da jornada de compra.

FIGURA 6.1 Planejando seu conteúdo: o combustível do marketing

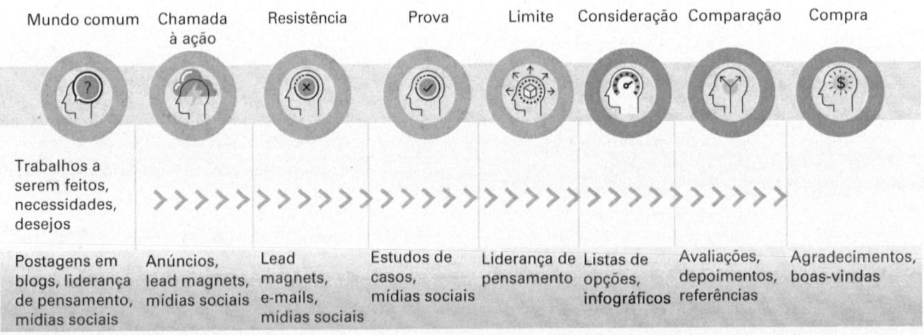

Mapeando a jornada de compra

Há poucas coisas que compramos por impulso. Para a maioria dos produtos e serviços, percorremos a jornada de compra — normalmente formada por várias etapas. Cada etapa deve ser mapeada com conteúdo apropriado para ajudar o comprador na tomada de decisão. Conforme as pessoas progridem ao longo da jornada, sua necessidade de conteúdo muda. A Figura 6.1 mostra o tipo de conteúdo oferecido em cada etapa, bem como os canais pelos quais ele pode ser entregue.

Motivo 2: para compreender o desempenho do conteúdo

Como diz Aly, após compreender os problemas específicos do público e ter uma visão clara da jornada de compra, é preciso criar conteúdo disponibilizado no momento certo e pelo canal correto. No entanto, uma vez que seu conteúdo foi publicado, como saber se ele está obtendo um bom desempenho? Como saber se ele desperta interesse, faz os olhos das pessoas brilharem ou é uma fonte de aborrecimento?

É vital usar dados para orientar seu marketing de conteúdo, para saber se atende às necessidades certas no momento oportuno da jornada para, em última análise, criar fidelidade à marca e minimizar o esvaziamento do funil. Sem insight, você corre o risco de desperdiçar um tempo valioso e investir em um conteúdo que não será visto. Como sempre, há várias maneiras de se obter esse insight. Emma Roffey, vice-presidente de marketing da EMEAR na Cisco, explica como a organização buscou insights no conteúdo de seu site no estudo de caso a seguir.

ESTUDO DE CASO

Emma Roffey, vice-presidente de marketing da EMEAR da Cisco Systems

Coletando insights na Cisco

Estamos sempre interessados na otimização: otimizamos nossas campanhas, resultados e, em última análise, a experiência do cliente. No que diz respeito ao nosso site, estávamos cientes de que historicamente todo o nosso feedback vinha de uma perspectiva interna em vez de uma externa. Precisávamos de mais clareza quanto ao desempenho do conteúdo de nosso site e se ele atendia às necessidades de nossos clientes.

Decidimos reunir esse insight por meio de grupos focais e definimos duas personas dentro de nosso perfil de PMEs. Quando a empresa era grande o suficiente, selecionamos gerentes de TI, caso contrário, o dono da PME. Organizamos grupos com vinte participantes ao longo de dois dias.

Os participantes ficavam atrás de uma tela de vidro, e observamos como interagiam com as páginas de PMEs. Enquanto observávamos, eles foram solicitados a realizar certas tarefas, como encontrar itens específicos nas áreas de conteúdo. Testamos o movimento, o envio de mensagens e as impressões gerais deles. Observamos o que focavam no site, assim como no que não era visto. Surpreendentemente, cada participante foi a uma seção que não tínhamos previsto e fez uma jornada pelo conteúdo muito diferente daquela que a pessoa que montou o site esperava. Isso provou ser um insight inestimável que seria difícil de coletar de qualquer outra forma.

Os profissionais da área dependem cada vez mais de tecnologias como ferramentas analíticas e softwares de automação de marketing para gerenciar seu marketing de conteúdo; de acordo com o CMI (2019b), 77 por cento dos profissionais especializados em B2B usam ferramentas analíticas para gerenciar seus esforços de marketing de conteúdo. O insight obtido de plataformas como a Odyssiant é inestimável para entender se você está atendendo às necessidades certas no momento oportuno, do que pode precisar mais, o que não funciona e o que leva a uma venda. No Capítulo 10, analisaremos algumas das ferramentas e tecnologias úteis aos profissionais de marketing na coleta de insight necessária para produzir conteúdo e entender como ele funciona. Na seção de opinião a seguir, Wendy McAuliffe, a fundadora e diretora da Populate Digital, discute como a intuição humana deve se sobrepor aos dados que temos à disposição. Para evitar a sobrecarga de dados, devemos usar o conteúdo para direcionar nosso foco e ditar o nível e o tipo de análise.

OPINIÃO DE ESPECIALISTA

Wendy McAuliffe, fundadora e diretora da Populate Digital

Dependendo da natureza do briefing ou da ativação, alguns tipos de conteúdo podem se prestar a uma maior profundidade de análise e percepção dos dados do que outros. É importante não ficar muito atolado em dados desnecessários, mas sim começar com o público e focar apenas nos relevantes e úteis.

É crucial que um nível de inteligência humana esteja acima dos dados, para que o processo não se torne muito científico. O profissional de marketing de conteúdo deve adotar uma "mentalidade de imprensa", ou seja, antes de tudo, vai garantir que a história valha a pena ser contada. Se as marcas forem muito influenciadas pelos dados, pode ser às custas da criatividade; mas, se forem orientadas pelos dados, priorizando o interesse humano além do que os dados lhes dizem, isso levará a um conteúdo muito mais envolvente e significativo ao qual o público responderá melhor. Os dados também podem ser usados como uma verificação de sanidade para confirmar que o conteúdo segue o briefing e para evitar que a marca se deixe levar por ideias demais.

Motivo 3: insights do marketing de influência

O marketing de influência pode ser definido como "a ação de promover e vender produtos ou serviços por meio de pessoas (influenciadores) que têm um efeito sobre a reputação de uma marca" (GLOBAL YODEL, 2017). Não é uma ideia nova e, como a Global Yodel aponta, depois que as mídias sociais ofereceram a todos plataformas para compartilharem seus pontos de vista, as marcas buscaram celebridades, atletas e líderes para agir como seus influenciadores.

A popularidade do Instagram e de outras redes sociais tem alimentado o crescimento do marketing de influência entre marcas de consumo, mas isso não se limita de forma alguma ao espaço B2C, e cada vez mais o setor B2B começa a experimentar a mídia social como um canal de distribuição de conteúdo. Segundo a Nielsen (2012), 92 por cento das pessoas confiam nas recomendações de amigos e familiares sobre o conteúdo da marca. Com isso em mente, as empresas estão começando a perceber que trabalhar com influenciadores dentro do espaço B2B representa uma oportunidade significativa para criar um conteúdo no qual as pessoas confiarão. O que difere do B2B, no entanto, é como e onde você adquire os seus influenciadores. É improvável que blogueiros de estilo de vida no Instagram tenham muita influência sobre os principais tomadores de decisão que você deseja atrair, então procure-os em outro lugar, isto é, autores, acadêmicos ou consultores de negócios independentes e influentes no B2B. Como relata a Econsultancy (2019), bons influenciadores no espaço B2B incluem "acadêmicos ou instituições em um conteúdo, como white papers, postagens em blogs, webinários ou guias de 'como fazer'. Não apenas sua contribuição dará credibilidade ao conteúdo, mas a colaboração também proporcionará uma rota adicional para a distribuição social por meio das redes pessoais e de negócios do influenciador".

Se os principais influenciadores relevantes ao seu produto ou serviço não forem facilmente identificáveis, existem muitas plataformas e ferramentas de marketing de influência que podem ser usadas para ajudar a encontrá-los. Uma delas é a Onalytica. Tim Williams, CEO da Onalytica, fala a seguir sobre como os insights podem apoiar um programa de influenciadores. Personas e problemas específicos identificados pelos profissionais de marketing estão muitas vezes desalinhados com os tópicos abordados pelos influenciadores.

OPINIÃO DE ESPECIALISTA

Tim Williams, CEO da Onalytica

Os principais alicerces para nossos programas de influência são:

1. ajudar as marcas a descobrir quem são os influenciadores;
2. descobrir os temas populares da comunidade de influenciadores;
3. entender as motivações dos influenciadores e como engajá-los;
4. ativar as relações com os influenciadores;
5. medir resultados, coordenar os influenciadores e atingir escala.

A comunidade de influenciadores lhe mostra onde está a inovação no setor. O insight que as empresas obtêm de influenciadores, no entanto, não se alinhará necessariamente com os seus e como elas se estruturam para ir ao mercado.

Os influenciadores atuam em um espaço diferente das marcas e podem lhes mostrar como escrever com o público em mente, e não com elas mesmas. Seu objetivo é criar conteúdo para o público-alvo, e eles não se importam com produtos e serviços. Tomemos por exemplo os seguros para carros. Uma companhia de seguros pode fazer a suposição lógica de que o público quer saber sobre seguros, mas, se posicionar suas mensagens dessa maneira, elas não terão ressonância, tendo em vista que tal forma se mostra entediante. A comunidade de influenciadores nesse espaço não fala de seguros. Eles falam de inovação e de carros autônomos. O foco deles é o que está no horizonte, e os grandes desafios que o setor enfrenta. As empresas podem obter credibilidade por associação; o truque é encontrar a comunidade de influenciadores que fala de temas adjacentes aos seus e alinhar-se a eles, facilitando a discussão.

Influenciadores também podem ajudá-lo a descartar coisas desinteressantes. Se uma marca pensa que tem grandes histórias a contar, os influenciadores lhes darão essa validação. Por outro lado, se acham que não vale a pena falar sobre isso, provavelmente, de fato, não vale. Muitas vezes, as marcas focam a perspectiva de dentro para fora; escrevem a si mesmas e não ao público. Seu foco precisa mudar para de fora para dentro, e buscar influenciadores lhes permite fazer isso.

Sugerimos que as marcas escolham de três a cinco temas-chave das áreas de liderança do pensamento. Há duas maneiras de identificar seus temas. No estudo de caso da Cisco, a seguir, a empresa identificou seus temas primeiro, depois os validou com os influenciadores. Ou você pode identificar os influenciadores em sua área e ver de que tópicos eles falam ao determinarem seus temas. Quando tiver determinado de três a cinco temas, poderá relacioná-los à sua proposta.

O foco na criação de conteúdo com base na seleção de três a cinco temas, e o uso de influenciadores como canal de distribuição, também ajuda a simplificar os modelos. Não é preciso se preocupar em criar conteúdo em diferentes segmentos e personas, porque se você investir seu orçamento de criação de conteúdo no pagamento aos influenciadores pelo tempo deles, eles criarão um tipo de conteúdo inspirador, que será visto por múltiplas personas diferentes. Tal fato também corta a necessidade de navegar pelo processo de tomada de decisão nas organizações. Desde que tenha esses três a cinco temas de áreas de liderança do pensamento, você pode obter o tráfego do público-alvo para seu site, e, por meio da jornada do cliente, eles podem ser vinculados à sua proposta de valor. Muitas empresas B2B têm produtos e serviços relativamente desinteressantes, mas sua liderança de pensamento e criação de conteúdo podem ser surpreendentes.

Quando se trata de definir um influenciador, usamos um modelo chamado "os 4 Rs":

- Relevância (*Relevance*) — o número de postagens sobre tópicos relevantes nos quais a pessoa demonstra experiência.
- Ressonância (*Resonance*) — essa é uma métrica de engajamento, e é relativa ao tópico. Algumas pessoas são mais influentes em alguns tópicos do que em outros.
- Referência (*Reference*) — essa é uma métrica de autoridade. A pessoa precisa ser uma autoridade validada por pares e referenciada por publicações da mídia, pela comunidade de influenciadores e por outros especialistas do setor.

- Alcance (*Reach*) — o número de seguidores e assinantes que a pessoa tem. Entretanto, não fique muito obcecado com contas cujo número de seguidores é alto e tenha cuidado com os falsos seguidores!

Após definir os tópicos e identificar seus influenciadores, ainda é preciso ter certeza de que está nas discussões que deseja fazer parte. Você obtém essa validação observando seu público-alvo; monitorando seu conteúdo e acompanhando-o na jornada do cliente para entender se o público-alvo certo está chegando ao seu site. Também poderá verificar a análise detalhada do público de seu influenciador, para ver se ele conduz o engajamento em torno do tópico. É difícil monitorar o conteúdo quando ele é compartilhado para redes secundárias e terciárias, mas se seus influenciadores criam um conteúdo que se espalha e viraliza, então você entende que eles estão falando sobre as coisas certas.

Os capítulos deste livro até agora acompanharam a história de como a Cisco usa insights. Nós daremos continuidade a ela, observando sua estratégia de marketing de influência e como a Onalytica foi usada para ajudar a transformar sua criação de conteúdo. Aqueles que trabalham para a Cisco atribuem muito de seu sucesso de marketing ao "Triângulo de Ouro". Com isso, referem-se ao The Gateway (a comunidade de insights on-line da Cisco descrita por Emma Roffey no Capítulo 1), aos influenciadores e à própria Cisco. Teri Donovan, naquela época em seu cargo de especialista de público da EMEAR para os CIOs da Cisco, trabalhou com a Onalytica para aumentar a relevância da Cisco entre o público de CIOs.

ESTUDO DE CASO

Teri Donovan — o trabalho da Onalytica com a Cisco Systems

Nosso objetivo era aumentar nossa relevância para os CIOs e garantir que fôssemos vistos como um principal parceiro estratégico para resolução dos desafios que eles enfrentavam. O ponto de partida foi construir uma imagem da típica agenda de um CIO e seus assuntos de interesse. Essa verdadeira compreensão do que os mantém acordados à noite formou a espinha dorsal de nosso destino on-line. Sendo assim, criou-se o "Perspectivas Executivas", projetado para fornecer informações e soluções para CIOs no mundo acelerado da TI.

O próximo passo foi avaliar o conteúdo que a Cisco tinha para CIOs e mapeá-lo conforme seus assuntos de interesse. Descobrimos que muito do nosso conteúdo não estava alinhado com os principais deveres de um CIO, por isso o descartamos. Não foi uma decisão fácil (ou popular!) de tomar, mas foi necessário maximizar nossa relevância entre o público de CIOs e garantir que estávamos agregando valor às discussões e desafios enfrentados por eles.

Como os assuntos de interesse não são estáticos e as discussões sobre tópicos progridem, repetimos esse processo de avaliação de conteúdo a cada trimestre para garantir que cada conteúdo que apresentamos aos CIOs em torno da Cisco se alinhasse com o que é importante para eles.

Uma típica estratégia seria usar a mídia paga para levar as pessoas ao site, mas essa abordagem tradicional não nos incorporaria às principais discussões que interessavam ao nosso público. O uso do marketing de influência, em vez disso, nos presenteou com quatro quadrantes de oportunidade:

1 Aprender (entender melhor o CIO... temas populares, tendências e quem influencia).
2 Criar (insights para orientar a estratégia de conteúdo e cocriar uma liderança de pensamento autêntica).
3 Conectar (oportunidades de engajamento para relações de valor com os principais influenciadores).

4 Escalar (estender o alcance e aumentar o reconhecimento da marca por meio de redes influentes).

A análise de influenciadores e discussões mudou o foco de nosso conteúdo, que passou a não ser mais sobre o que as pessoas falavam, mas se direcionou ao que os *influenciadores* diziam. Criamos uma plataforma de escuta em torno dos principais assuntos de interesse e essa análise nos deu informações sobre os temas populares das discussões, por exemplo, mulheres na tecnologia ou na segurança. Esse insight inestimável nos permite ajustar os principais assuntos de interesse ao nosso conteúdo conforme necessário.

Um ponto decisivo se deu quando os próprios executivos da Cisco se juntaram à discussão. Eles conseguiram se identificar com os influenciadores e construir relações. Isso, por sua vez, deu início a uma troca de valores que colocou a Cisco no centro das discussões. Os benefícios foram mútuos. Nossos executivos obtiveram um perfil mais forte, alcance e visibilidade nas discussões certas, o que, por sua vez, os ajudou a se tornarem contribuidores para insights e perspectivas sobre tópicos. Os influenciadores forneceram mais valor a seus seguidores, aumentaram sua rede e se beneficiaram por meio de uma potencial contribuição de longo prazo para o conteúdo e a liderança de pensamento da Cisco.

Os resultados falam por si. Não apenas vimos um crescimento tão importante em nosso engajamento on-line e off-line com um público, mas também tivemos influenciadores buscando ativamente nossa colaboração em tópicos focais.

Motivo 4: para conduzir pesquisa para a liderança do pensamento

Não é preciso ser um líder de mercado para ser um pioneiro de pensamento. Idealmente, todos teríamos vários estudos de caso de clientes para ilustrar as mensagens que queremos transmitir ao nosso público, mas muitas empresas não são grandes o suficiente para tal. Se isso repercute em você, não pense que não pode ser um líder de pensamento — você pode! Quando poucas pessoas conhecem sua marca e não se tem muitas histórias de clientes, você mesmo pode criar uma pesquisa ou gerá-la fazendo uma parceria com alguém que a faça por você. Seguir esse caminho pode amplificar sua marca, gerar leads e criar um conteúdo notável. Retomaremos o estudo de caso da Valitor para exemplificar como isso pode ser feito.

ESTUDO DE CASO

Valitor — como surpreender com a liderança de pensamento

A Valitor não é uma grande empresa. A razão pela qual entrei foi para desenvolver nossa consciência de marca fora da Islândia e transformar o negócio de uma emissora e adquirente islandesa em uma empresa internacional de soluções de pagamento. Uma das formas mais eficazes de conseguir isso é levar a mensagem ao mercado por meio do marketing de conteúdo e liderança de pensamento. Fizemos isso de duas maneiras, criando pesquisas e insights, bem como usando parcerias de conteúdo para adentrar em novos mercados geográficos.

Uma das coisas que resultaram do estudo de insights estratégicos com a Context Consulting (ver Capítulo 3) foi que as pessoas não se importavam com os pagamentos. No entanto, esse insight não me convencia muito, pois de fato eu sentia que existia uma emoção em torno dos pagamentos. Eu achava que, embora possa não ocorrer na primeira interação, as pessoas passam a se importar com os pagamentos mais adiante. Elas podem se sentir muito afetadas se o canal de retorno não for agradável! Portanto, pegamos essa hipótese e fizemos uma pesquisa que culminou em um relatório chamado APEX (After Payment Emotional Experience). O retorno ao relatório foi imenso! Houve uma intensa cobertura da imprensa, e isso serviu como um grande exemplo de como é possível para uma empresa menor surpreender por meio do conteúdo.

Nem todos têm recursos ou experiência para conduzir pesquisas internamente, e na Valitor não tínhamos um grande centro de pesquisa. Portanto, em 2019, firmamos acordos anuais de pesquisa com a Retail Week e a Worldwide Business Research (WBR) para alavancar sua presença de marca e experiência na condução de pesquisas e obter acesso a nosso público-alvo. Colaboramos em cinco relatórios de pesquisa ao longo do ano, publicados como conteúdo fechado para o público britânico e europeu, pois, caso publicado de outra forma, não teríamos acesso. Nosso trabalho com essas organizações comerciais nos deu alguns resultados impressionantes:

- Os relatórios da pesquisa significaram que nosso share of voice (SOV) na mídia britânica sobre o tópico de pagamentos por multicanais passou de quatro por cento para dezessete por cento.
- Nosso SOV era superior ao do nosso principal concorrente sempre que divulgávamos um relatório.
- Cinquenta por cento dos leads qualificados de marketing para nosso negócio em multicanais vieram do conteúdo.
- Conseguimos utilizar os relatórios para oferecer conteúdo para nossos grupos do LinkedIn.
- Nosso engajamento social aumentou em mais de duzentos por cento.

Portanto, se você não é um gigante, ainda pode ter uma opinião, e se acertar a sua liderança de pensamento, pode realmente surpreender e ver o retorno de seus esforços.

O que pode dar errado?

Falta a chamada à ação

Você se lembra do vídeo de Jean-Claude Van Damme em que ele faz um espacate entre dois caminhões? Foi brilhante! Você se lembra sobre o que era a publicidade? Não? Tampouco alguém mais se lembra.

Caso não tenha visto, o vídeo mostra Jean-Claude Van Damme fazendo um espacate entre dois caminhões Volvo em marcha à ré. A proeza foi estudada e testada durante meses. A intenção era demonstrar a estabilidade e a precisão da direção dinâmica da Volvo. É um vídeo realmente inspirador e bastante bonito e até hoje já recebeu mais de 96 milhões de visualizações no YouTube. No entanto, também é comumente considerado como um exemplo perfeito de como não fazer marketing de conteúdo. O problema é que não há espaço para "o que vem depois" ou uma chamada à ação. O vídeo simplesmente termina. Não há links para o site da Volvo. Se você fosse um comprador de frota e acessasse o site da Volvo para encontrar mais informações, não encontraria nada por lá! Então, por que o vídeo foi produzido? Sim, ele recebeu muita tração no YouTube, mas isso em si não é um indicativo de sucesso. As pessoas se lembram do vídeo, mas por causa de Jean-Claude van Damme, não por causa da Volvo. Foi uma grande ideia, mas infelizmente não foi desenvolvida. Para que uma peça de marketing de conteúdo seja realmente bem-sucedida, deve demonstrar que as pessoas fizeram algo mais como resultado de assisti-la (VOLVO TRUCKS, 2013).

Quando você perde de vista o seu público

Outro erro comum é desalinhar seu conteúdo do seu público. Vejamos duas campanhas diferentes de segurança ferroviária para ilustrar isso. A Operation Lifesaver California e o Office of Traffic Safety (2011) lançaram um vídeo sobre segurança de trens, "Be Safe... Always Expect a Train" [Mantenha-se seguro... sempre espere um trem]. Até hoje, ele teve um pouco mais de sessenta mil visualizações no YouTube e recebeu pouco mais de duzentas curtidas. O vídeo tem mais de seis minutos e é muito factual, educativo e, ouso dizer, enfadonho. Se chegar até o final, verá o narrador caminhando em direção a um túmulo com um ramo de flores, numa tentativa de realmente evidenciar o que pode acontecer se você não se concentrar perto dos trilhos do trem.

Em 2012, a Metro Trains em Melbourne, Austrália, lançou uma campanha de anúncio de serviço público chamada "Dumb Ways to Die" [Maneiras idiotas de morrer]. É um vídeo com uma canção cativante que mostra personagens animados morrendo de uma forma idiota, por exemplo, vendendo seus dois rins na internet ou ingerindo um tubo de supercola. O vídeo viralizou e até hoje já foi visto mais de 185 milhões de vezes e recebeu 1,4 milhão de curtidas no YouTube. Somente no final do vídeo de três minutos, correr pelos trilhos entre as plataformas é apresentada como a "maneira mais idiota de morrer". É leve, engraçado e atrativo para o público-alvo de adolescentes para o qual a única coisa pior do que morrer, seria morrer de um jeito idiota e vergonhoso (METRO TRAINS, 2012).

Esse último exemplo abordou um tema bastante chato para os adolescentes — ser sensato perto dos trens — e o tornou divertido e envolvente. Ao criar seu conteúdo, eles colocaram as necessidades e os desejos do público-alvo em primeiro lugar, algo que o primeiro exemplo da Operation Lifesaver California não conseguiu fazer. Os números de visualizações falam por si mesmos.

Principais aprendizados

- O marketing de conteúdo pode ser uma ferramenta surpreendente para construir a fidelidade à marca e gerar vendas. É necessário ter um insight, primeiro, para orientar sua compreensão sobre o conteúdo certo e, segundo, para avaliar o desempenho deste conteúdo após ser publicado.

- Crie um mapa da jornada de compra e use o insight para entender as necessidades do cliente a cada passo. Sua compreensão de personas e jornadas deve vir antes de começar a desenvolver conteúdo, para oferecer o conteúdo certo nas etapas corretas a fim de atender continuamente às necessidades de seu público.
- Para fazer marketing de conteúdo, as necessidades do público devem ser postas à frente das suas, vindo em primeiro lugar. Use o insight para lhe dizer do que precisa mais e do que deve se livrar. As pessoas são notoriamente péssimas no descarte, mas é vital continuar excluindo o conteúdo que não funciona. Saiba onde os influenciadores atuam, pois é provável que não estejam no mesmo espaço que você. Se os principais influenciadores relevantes ao seu produto ou serviço não forem facilmente identificáveis, há muitas plataformas e ferramentas de marketing de influenciadores que podem ser usadas para ajudar a encontrá-los. A Onalytica sugere que as marcas escolham de três a cinco temas-chave de áreas de liderança do pensamento. Quando se trata de definir um influenciador, elas utilizam um modelo chamado de "os 4 Rs" (relevância, ressonância, referência e alcance).
- Você não precisa ser um líder de mercado para ser um pioneiro de pensamento. Se não é um gigante, ainda assim pode ter uma opinião, e se acertar sua liderança de pensamento, pode realmente surpreender e ver o retorno de seus esforços.
- O insight impede que você crie becos sem saída — pense na chamada à ação; em outras palavras, o que deseja que seu público faça em seguida. O vídeo da Volvo Trucks é um excelente exemplo do que não deve ser feito! Nunca perca seu público de vista ao criar conteúdo.

ALIMENTE SEU CÉREBRO

- A Odyssiant tem algumas ótimas postagens sobre marketing de conteúdo (www.odyssiant.com/blog).
- Confira, a seguir, a lista recomendada pela Onalytica dos principais influenciadores de marketing de conteúdo para uma mistura consistente de ideias, táticas, estratégia e execução. Há até mesmo um cartunista!
  - Ann Handley: @marketingprofs, @annhandley
  - Marcus Sheridan: @TheSalesLion
  - Joe Pulizzi: @joepulizzi
  - Robert Rose: @Robert_Rose
  - Steve Rubel: @steverubel
  - Tamsen Webster: @tamadear
  - Joseph Jaffe: @jaffejuice
  - Chris Moody: @cnmoody
  - Tom Fishburne: @tomfishburne
- Baixe o guia de melhores práticas da Econsultancy para marketing de conteúdo.
- Pense na jornada de compra: você tem seu conteúdo mapeado para as diferentes etapas?
- Como você mede o desempenho de seu conteúdo? Lembrese, seu conteúdo mais visto não é necessariamente o que leva ao maior número de vendas.

Referências

CONTENT MARKETING INSTITUTE. What Is Content Marketing? Content Marketing Institute, 2019a. Disponível em: https://perma.cc/84GA-GPN2.

CONTENT MARKETING INSTITUTE. B2B Content Marketing 202019: Benchmarks, Budgets and Trends — North America. Content Marketing Institute, 2019b. Disponível em: https://perma.cc/2NBG-LKHM.

ECONSULTANCY. B2B Content Marketing Best Practice Guide. Econsultancy, 2019. Disponível em: https://perma.cc/T2R3-V6J3.

GLOBAL YODEL. What Is Influencer Marketing? HuffPost, 6 de dezembro de 2017. Disponível em: https://perma.cc/8873-NP5W.

METRO TRAINS. Dumb Ways to Die. YouTube, 2012. Disponível em:https://www.youtube.com/watch?v=EbqbxLWVEW8

NIELSEN. Global Trust in Advertising and Brand Messages. Nielsen, 2012. Disponível em: https://perma.cc/3CR6-P7A2.

OPERATION LIFESAVER CALIFORNIA AND THE OFFICE OF TRAFFIC SAFETY. Be Safe... Always Expect a Train. YouTube, 2011. Disponível em: https://www.youtube.com/watch?v=PVCVqdwj9QI.

SIRIUSDECISIONS. The Marketing Organization in 2017. SiriusDecisions, 2017.

STAHL, S. 2020 B2B Content Marketing: What the Successful Do. Content Marketing Institute, 22 de outubro de 2019. Disponível em: https://perma.cc/4QJX-PFHA.

VOLVO TRUCKS. The Epic Split Feat. Van Damme (Live Test). YouTube, 2013. Disponível em: https://www.youtube.com/watch?v=M7FIvfx5J10.

07

Usando insights para aquisição de clientes

Introdução

Atualmente, quase todas as empresas enfrentam dificuldades na aquisição de clientes por conta do marketing de massa, cujas táticas interruptivas de "espalhar e rezar" não são mais eficazes. De acordo com Steve Russell, diretor executivo da Cyance, a quem entrevistamos mais adiante neste capítulo, apenas dois a cinco por cento de qualquer público B2B em um determinado momento busca ativamente fazer uma compra. O resto não é relevante, não está interessado e por certo não demonstra nenhuma intenção de compra. Encontrar novos clientes e vender mais aos já existentes são desafios que todos enfrentamos.

Tudo que consta neste livro até agora foi desenvolvido para este capítulo. Você usou os customer insights para segmentar seu público-alvo, identificar contas-alvo e aprender o máximo possível sobre seus compradores e tomadores de decisão. Você criou um conteúdo que ressoará no seu público-alvo, seja lá onde ele se encontre na jornada do cliente. A próxima etapa é escolher o canal mais eficaz para atingir seu público-alvo, tanto off-line quanto on-line. Off-line pode ser via mala direta, relações públicas e de influência, eventos e conferências, e discussões de vendas. On-line pode ser por centros de distribuição de conteúdo, marketing de mecanismo de busca (SEM), campanhas de mídia paga e execuções criativas, canais sociais, sites e landing pages vinculadas a campanhas de e-mail personalizadas, conteúdo de terceiros e campanhas de incentivo.

Este capítulo apresenta algumas das técnicas de aquisição de clientes utilizadas pelas empresas mais inovadoras. A maioria das organizações está presa em uma fase de transição entre o velho e o novo mundo. Enquanto muitos de nós usamos insights sofisticados para identificar o público-alvo e criar o conteúdo certo, quando se trata da etapa final, ainda fazemos marketing, em vez de servir os clientes quando eles chegam lá. Em vez de planejar nossa tática e depois encontrar o público mais receptivo, certamente faz mais sentido identificar nosso público-alvo primeiro e oferecer experiências únicas para os indivíduos. Essa não é uma mudança que acontece da noite para o dia, mas há empresas pioneiras abrindo o caminho. Tais empresas têm uma ou duas coisas em comum:

1. Usam um tipo de insight que identificamos no Capítulo 2 — a saber, modelos de propensão ou análises preditivas.
2. Usam insights para identificar como as pessoas se sentem ou se comportam, para compreender mais seu porquê.

Em vez de ser um tutorial sobre como fazer marketing de aquisição de clientes, este capítulo se concentrará nos divisores de águas quando se trata de usar insights para gerar leads:

1. marketing baseado no comportamento ou análise baseada em intenções;
2. próxima melhor ação;
3. biometria;
4. otimização para mecanismos de busca (SEO).

Divisor de águas 1: marketing baseado no comportamento ou análise baseada em intenções

O marketing baseado no comportamento (BBM) permite que os profissionais dessa área aproveitem os dados de rastro digital usando uma combinação de análise da web, aplicações de computador e cookies, navegador e histórico de navegação, e também endereços IP. As pessoas não compram da mesma forma que compravam. Elas passam mais tempo na fase de pesquisa de sua jornada e dois terços dela ocorre on-line (SIRIUSDECISIONS, 2017). Isso deixa um rastro e, com base nas informações coletadas, os indivíduos podem receber conteúdo e anúncios relevantes e ressonantes. Usando as técnicas certas, é possível identificar os usuários prontos para comprar e direcioná-los em tempo real a mensagens relevantes que ressoarão e realizarão a conversão. Pode-se também nutrir, acompanhar e medir cada passo da jornada. Trata-se de levar a mensagem certa às pessoas certas no momento oportuno.

Surgiu todo um novo grupo de empresas de tecnologia e agências de marketing que oferecem serviços baseados em dados de rastro digital, que analisaremos agora. Tais serviços incluem:

- estratégias criativas baseadas em dados;
- dados de intenção;
- plataformas de anúncios direcionados.

Estratégias criativas baseadas em dados

Uma dessas novas empresas que faz uso sofisticado de modelos comportamentais, IA e aprendizado de máquina para conduzir uma estratégia criativa baseada em dados é a DPL. Richard Robinson, diretor comercial da DPL, explicará na sequência como eles usam o perfil de personalidade para produzir um briefing criativo que ajude seus clientes a oferecer uma experiência personalizada a seus consumidores.

OPINIÃO DE ESPECIALISTA

Richard Robinson, diretor comercial da DPL

O maior desafio do marketing baseado em dados é torná-lo humanizado. A maioria das organizações promove seus produtos ou serviços exclusivamente com base no que os dados informam. Eles podem saber:

- quem é a pessoa (é possível conhecer alguém de forma muito profunda usando dados primários [ou seja, seus próprios dados], mas somente dentro dos parâmetros de seu envolvimento com você);
- onde alguém esteve on-line e para o que olhou (usando dados de rastro digital);
- que dispositivo alguém utilizou (seja um tablet, celular ou desktop);
- a localização de alguém (usando o georastreamento).

O que muitas vezes falta, no entanto, é um reconhecimento de quem são as pessoas como indivíduos. Para que as mensagens funcionem, deve-se compreender como os indivíduos ou grupos provavelmente reagirão ao conteúdo e conhecer as coisas que os empolgarão e desanimarão. Se forem usados apenas dados sociodemográficos, pessoas drasticamente diferentes podem parecer iguais (pense nos gêmeos sociodemográficos do Capítulo 5!).

É aqui que entra o perfil de personalidade. Como uma organização, a DPL reúne ciência comportamental, ciência de dados e aprendizado de técnicas para ajudar os profissionais de marketing a realmente entenderem seus clientes, e, assim, conseguirem falar com eles em um nível pessoal. Trabalhamos casando os dados que as empresas possuem com informações personalizadas de seus clientes e potenciais clientes, com base em características comportamentais. Nossa criação de perfis fornece personas baseadas na personalidade, de modo a permitir que as organizações adaptem melhor suas estratégias de marketing e suas mensagens.

Sinais diferentes apontam para certos traços comportamentais. Por exemplo, se alguém sorri muito, é mais provável que seja extrovertido, e se usar sapatos sujos, é provável que seja um pensador liberal (GILLATH *et al.*, 2012). É claro que as pessoas em geral se mostram mais extrovertidas nas mídias sociais do que realmente são, e isso precisa ser levado em conta, como todo viés baseado em dados.

No nível básico, o resultado de nosso trabalho de persona e dos aspectos comportamentais é um briefing criativo, o qual nossos clientes utilizam com suas equipes ou agências criativas como base para a criação de conteúdo, scripts de call center, chatbots e jornadas pelo site. O briefing dá um insight e direção acionável sobre como interagir com segmentos particulares de clientes (por exemplo, o tom de voz utilizado, as imagens que evocarão uma resposta positiva e a paleta de cores), bem como a direção sobre as plataformas nas quais segmentos particulares são suscetíveis de interagir. Isso significa que quando os consumidores interagem com as marcas, recebem uma experiência personalizada.

Chamamos esse processo de "IA com ajuda humana". Com IA, você depende da qualidade dos dados usados. Lembre-se, se "entrar lixo, lixo sairá". Os dados fornecem os trilhos-guia, mas é vital que o briefing criativo seja entregue a alguém que possa interpretá-lo. Nessa fase, trata-se de inteligência aumentada em vez de inteligência artificial.

Este capítulo trata da aquisição de clientes, mas se pode também utilizar a modelagem comportamental de maneiras que serão discutidas no próximo capítulo:

- aumentando o valor do tempo de vida útil do cliente;
- reduzindo a perda de clientes;
- conduzindo as vendas por meio de cross selling/up selling.

Em nossa experiência, o maior desafio que muitas organizações enfrentam hoje em dia é o de agir com base em insights. Geralmente, isso é difícil, pois muitos profissionais de marketing não têm uma ideia clara sobre:

- os dados ou fontes de dados que têm;
- onde os dados são armazenados;
- como unificar as fontes de dados;
- como analisar os dados (e quem deve fazer isso).

A coleta de dados, de forma compatível, é cada vez mais importante, mas as empresas precisam ser mais transparentes sobre a "troca de valores" associada às pessoas que compartilham seus dados com uma marca. A maioria dos consumidores não lê os termos e condições porque são muito longos. As marcas precisam ser abertas, honestas e concisas sobre seu uso de dados e não devem se esconder atrás das letras miúdas.

Dados de intenção

A introdução deste capítulo contém uma citação de Steve Russell da Cyance, o qual afirmou que normalmente, apenas dois a cinco por cento do público-alvo procura ativamente comprar seus produtos ou serviços. Cada vez mais, empresas de tecnologia e serviços financeiros trabalham com empresas especializadas, como a Cyance, que monitoram e armazenam esses sinais de intenção de compra por meio da web e das mídias sociais. Em seguida, elas constroem camadas preditivas a partir de bilhões de sinais comportamentais tirados de dezenas de milhares de locais. Esse insight é uma luz sobre as organizações com maior probabilidade de comprar, converter leads ou sair da página. Como Steve explica em Opinião de Especialista, é crucial que os dados de intenção sejam precisos para direcionar mensagens hiper-relevantes a um público de dois a cinco por cento quase em tempo real.

OPINIÃO DE ESPECIALISTA

Steve Russell, diretor executivo da Cyance

Na Cyance, nossa plataforma de intenção de compra, a Nexus, nos permite identificar organizações dentro do mercado-alvo do cliente que pesquisam ativamente conteúdo relevante on-line, o que sugere que estão na jornada de compra.

Saber que uma empresa pesquisa de forma ativa um problema ou solução relevante é um grande passo em frente, mas é igualmente importante que seu conteúdo de marketing e suas mensagens tenham a maior relevância possível para seus interesses e necessidades, a fim de conseguir converter. Chamamos isso de abordagem de Contexto, Timing e Relevância:

- Contexto — É vital entender a necessidade ou interesse do potencial cliente ou do cliente. Que problema eles estão tentando resolver? Onde se encontram na jornada de compra? Que funções/personas estão envolvidas? Várias camadas de insight contextual são extraídas dos sinais de comportamento on-line para criar uma imagem precisa de quem visar e com que mensagem. Isso é algo que uma busca por palavras-chave tradicionais não pode lhe dar, por causa da falta de contexto.
- Timing —Trata-se de identificar quando uma empresa entrou em uma janela de compra ativa e de priorizar essa conta dentro de sua atividade de marketing e vendas. A pesquisa do relatório da B2B Buyers Survey da Demand Gen (2018) mostra que entre o primeiro e o terceiro mês de uma complexa jornada de compra B2B é quando você deve se envolver com sua organização de prospecção ativa, porque é nesse momento que eles fazem sua pesquisa on-line e estarão mais receptivos a como você pode ajudá-los. Durante essa fase de pesquisa, as empresas estão resolvendo problemas e se educando em torno da melhor solução para suas necessidades. É fundamental oferecer conteúdo/mensagem relevante para essas empresas nessa fase. Se você se envolver tarde em uma jornada de compra, então terá muito mais dificuldade para ter êxito, pois a concorrência provavelmente já terá moldado o pensamento e as exigências de seu potencial cliente. De acordo com a Demand Gen (2018), se tanto as equipes de marketing quanto as equipes de vendas tiverem como

alvo contas que demonstram comportamentos no estágio inicial, é possível aumentar a probabilidade de uma venda em até setenta por cento.

- Relevância — Quer você adote uma abordagem baseada em um para um, um para poucos ou um para muitos, com uma visão suficientemente comportamental, é possível garantir que suas mensagens, (uma linha de assunto ou conteúdo profundo de webinário, uma discussão ou um anúncio digital) sejam hiper-relevantes, informativas, úteis e oportunas para melhorar o engajamento da conta, liderar a qualidade e a conversão em oportunidades qualificadas e fechar negócios.

Fácil, certo? Então por que nem todas as organizações fazem isso? As principais barreiras incluem o medo da mudança do marketing de massa, a abordagem baseada no volume que adotam atualmente e o risco percebido, associado a essa mudança; o alinhamento ruim das vendas e do marketing; a sobrecarga de dados e tecnologia (como falamos no Capítulo 1), e; as jornadas cada vez mais complexas do comprador. Líderes avessos ao risco ainda são obcecados por altos volumes de leads para impulsionar o crescimento do negócio, acreditando mais na ideia de que o topo do funil equivale a mais clientes fora da base, quando, na verdade, uma abordagem baseada em insight e centrada em contas proporciona mais qualidade nas oportunidades certas, taxas de conversão e crescimento muito mais altas para menos esforço e gastos, de uma forma muito mais compatível com o RGPD. Todavia, uma estratégia de negócio centrada em contas precisa ter apoio da alta liderança.

Plataformas de anúncios direcionados

Relembre o Capítulo 5 e o velho axioma de John Wanamaker sobre profissionais de marketing desperdiçando metade do orçamento em publicidade, sem saber qual metade. A situação não é tão diferente hoje, embora, de acordo com uma pesquisa da Rakuten Marketing (2018), os profissionais agora parecem desperdiçar um quarto do orçamento nos canais ou estratégias erradas.

Entretanto, com plataformas de anúncios direcionados, os orçamentos de marketing podem ser mais bem utilizados. O escândalo do Facebook/Cambridge Analytica e o subsequente documentário da Netflix Privacidade hackeada aumentou a conscientização de como é possível veicular anúncios extremamente direcionados e personalizados com base em modelagem comportamental e IA. De acordo com o documentário, a equipe de marketing de Donald Trump veiculou seis milhões de anúncios no Facebook durante a campanha eleitoral de 2016, o que se compara aos 66 mil anúncios promovidos pela equipe de Hilary Clinton (NETFLIX, 2019). Exatamente como foram veiculados e para quem não está claro, mas o que se sabe é que a Cambridge Analytica, o motor analítico que se pensava estar por trás da campanha de Trump, alegou ter cinco mil dados sobre mais de 230 milhões de eleitores americanos.

Ao combinar análise de dados, IA e ciência comportamental, obtém-se um tipo particular de customer insight que permite prever o comportamento de compra dos clientes com um nível bastante alto de certeza. Existem bilhões e bilhões de dados públicos que alimentam as plataformas de anúncios, permitindo que as organizações ofereçam conteúdo e publicidade extremamente relevantes e direcionados. À medida que a tecnologia avança de forma rápida, a "publicidade", como sempre a conhecemos, que consiste na comunicação unidirecional entre profissionais de marketing e consumidores, está se tornando obsoleta. Em seu lugar, surgiu uma espécie de comunicação bidirecional, a qual o consumidor alimenta as organizações com seus dados, e as organizações os analisam e os interpretam com o objetivo de compreender o consumidor e suas necessidades. Tais necessidades são então comunicadas ao consumidor na forma de um anúncio direcionado para um produto ou serviço.

A publicidade direcionada com base em BBM não é uma ideia nova. A maioria dos grandes varejistas on-line e das mídias sociais fazem isso. Muitos dos anúncios veiculados aos usuários do YouTube consideram fatores como histórico de navegação, localização de IP, curtidas e comentários. Todavia, não é uma área reservada a grandes organizações. No Capítulo 5, examinamos como a segmentação e o ABM são agora acessíveis para empresas de todos os tamanhos, e ocorre quase a mesma coisa com os anúncios direcionados. A tecnologia necessária para obter esse tipo de insight comportamental e veicular anúncios direcionados é muito acessível, de modo que as organizações menores também podem fazer um melhor uso de seu orçamento de marketing.

À medida que a extensão e a variedade de dados aumentar, os insights se tornarão cada vez mais profundos, os anúncios se tornarão mais direcionados e os consumidores esperarão ainda mais que suas necessidades sejam atendidas antes mesmo de tomarem conhecimento delas. No momento, a maioria das pessoas ainda está surpreendida com as novas técnicas. Estou no ramo de uso de customer insights, mas ainda posso ser pega desprevenida. Por exemplo, jantei recentemente em um novo restaurante na rua principal local, devido ao aniversário da minha vizinha. Ela não me marcou ou mesmo publicou no Facebook, mas ao acessá-lo, mais tarde naquela noite em casa, fui impactada por um anúncio de refeição para viagem daquele mesmo restaurante. Isso me assustou? Sim, mas percebi que provavelmente o rastreamento da minha localização estava ativado em meu telefone e me admirei com as habilidades de marketing daquele restaurante!

Esse exemplo, naturalmente, levanta a questão da ética, também tão destacada publicamente com o escândalo da Cambridge Analytica/Facebook. Só porque **podemos** fazer algo, não significa que **devemos** fazer. A legislação é necessária para enfrentar os significativos desafios éticos e de privacidade associados a esse tipo de uso de dados, algo a que voltaremos no Capítulo 11. Quando a legislação nos alcançar, poderemos descobrir que estamos ainda mais restritos na forma como usamos os dados e técnicas como a abordagem comportamental. É muito provável que vivamos uma breve "lua de mel", e a forma como fazemos publicidade digital direcionada e baseada em comportamento digital, pode ser restringida pelas leis de privacidade do futuro, uma vez que elas preencham as lacunas nas quais todos estamos tão confiantes atualmente. Consideraremos esse aspecto da legislação com mais detalhes no Capítulo 9.

Divisor de águas 2: próxima melhor ação

Até agora, aprendemos como a análise preditiva (a combinação de abordagem comportamental, IA e aprendizado de máquina) é usada para escrever melhores briefings criativos, coletar intenções de compra e veicular anúncios personalizados. As empresas mais avançadas fazem esse tipo de coisa há algum tempo e agora estão levando a abordagem centrada no cliente ao próximo nível. Elas denominaram tal técnica de "próxima melhor ação" (ou NBA — next best action).

O conceito de entregar a mensagem certa ao cliente certo, no momento oportuno e por meio do canal correto, não é novo — na verdade, o discuti em minha tese de doutorado publicada em 2008. No entanto, agora é possível fazer isso em um nível muito mais sofisticado.

A NBA leva em conta as ações, a história, o comportamento, os interesses, os desafios e as necessidades dos clientes no passado, combina isso com fontes externas de insight e previsões de IA, assim como identifica o próximo passo que uma organização deve tomar, o qual estará alinhado com suas metas de marketing e atenderá às necessidades do cliente naquele momento. Isso está em contraste direto com as abordagens de marketing tradicionais, centradas na organização, em que uma oferta ou ação é criada primeiro, seguida por uma tentativa de identificar o cliente certo para aquela oferta ou ação. Com uma abordagem de marketing de NBA, cada cliente recebe um caminho individualizado para a compra, ajudando as marcas a conquistar clientes fiéis que se sentem valorizados e compreendidos.

Na sequência, recorreremos a Pascal Lendermann, diretor de marketing global, e Halvor Garaas, líder de análise, ambos da Cisco, para ouvir sobre sua premiada iniciativa de NBA. Eles descrevem a iniciativa como "uma plataforma analítica completa que integra várias fontes de dados, ensina automaticamente modelos de aprendizado de máquina e resolve problemas de negócios formados como 'Casos de uso'".

OPINIÃO DE ESPECIALISTA

Pascal Lendermann e Halvor Garaas da Cisco Systems

Após anos de campanhas lineares e programas de automação de marketing baseados em regras na Cisco, sentimos que era hora de realizar uma forma mais eficiente de personificação e experiência individual do cliente. Para atendê-lo individualmente, era vital entender qual seria seu próximo problema a ser resolvido.

Uma abordagem de marketing de um para muitos não reconhece que todos são diferentes e faz com que os clientes se sintam pouco importantes. Com cerca de um milhão de visitantes por dia em nossa página inicial, ficou claro que oferecer um conjunto individual de informações a nossos clientes não poderia ser gerenciado manualmente de forma econômica. Além disso, seria muito difícil de executar do ponto de vista técnico.

Ao introduzir nossa iniciativa da "próxima melhor ação", sentimos que conseguiríamos proporcionar uma grande experiência ao cliente em cada ponto de contato, especificamente para clientes antigos que retornam.

Nossa jornada de três anos de análise preditiva combinou mudança organizacional, gestão de dados e geração de demanda. Sabíamos que, para transformar o desempenho de nossa tecnologia de marketing, precisávamos primeiro mudar a cultura e a gestão de dados da organização. Aqueles que lideraram a iniciativa acreditavam na NBA e nas mudanças que precisávamos fazer na organização para que isso acontecesse. Concentramos a equipe em torno de uma visão clara e única desde o início, com três objetivos principais:

- criar uma cultura de tomada de riscos gerenciável, mensurável e científica;
- entender o contexto de nossos dados e obter uma visão profunda e coesa do que tínhamos e onde estavam armazenados;
- aplicar o aprendizado de máquina e a automação de processos aos objetivos do negócio.

No mundo digital de hoje, a relevância é o novo ROI. As expectativas dos clientes evoluíram: eles anseiam por conexões emocionais mais profundas, querem que as marcas reflitam sua própria identidade e buscam experiências significativas em cada interação em sua jornada de compra. Ao combinar o aprendizado de máquina com a automação de marketing tradicional, conseguimos oferecer experiências personalizadas, centradas no cliente, relevantes, oportunas e contextualizadas.

A NBA é um motor "sempre ligado" com o potencial de servir não apenas às comunicações de marketing, mas também às equipes de vendas e de suporte de comunicação em toda a empresa.

Nossa jornada da NBA teve início por meio da criação de hipóteses, testando-as e ajustando-as conforme necessário. Sabíamos que precisávamos refletir sobre as questões de uma maneira diferente. Por exemplo, ao invés de perguntar: "Quem deve receber um e-mail de convite para um webinário da Meraki amanhã?", gerando uma lista de clientes para inserir no sistema, queríamos considerar as necessidades únicas de um cliente individual (vamos chamá-lo de Adrian) e a próxima melhor ação a lhe ser designada.

Em vez de criar um algoritmo para automatizar uma tarefa de marketing, a NBA é alimentada por um conjunto de algoritmos que competem para fazer a melhor previsão, a qual entra em um mecanismo de decisão, que decide o que enviar para Adrian, por qual canal e quando.

Para uma estrutura de NBA bem-sucedida, é necessário digitalizar a coleta e o armazenamento de *todas* as interações de marketing. Para isso, tomamos as seguintes medidas na Cisco:

1 Consolidamos todos os dados básicos de vendas e marketing da Cisco. Coletamos não apenas endereços postais e de e-mail, registros de eventos e webinários, mas também visitas à web, downloads de demonstrações, testes e downloads de white papers. Em seguida, conectamos as interações com nossos canais sociais, sinalizações em eventos, informações da empresa como carteira ou propensão a compra, histórico de compras ou dados demográficos de contas. Um ponto alto foi aumentar nossa variedade adicionando nossas interações com o call center por meio de conversões de fala para texto. Assim, em resumo, reunimos fontes de dados empresariais, individuais e anônimas de várias plataformas, como MAP (Mapeamento, análise e perspectiva), salesforce.com e outros bancos de dados primários.

2 Melhoramos os dados consolidados na primeira etapa com dados e insights de terceiros, por exemplo da Bombora, 6sense, entre outros.

3 Construímos uma estrutura de aprendizado de máquina que poderia automaticamente configurar, testar e implementar todos os algoritmos necessários, a um ritmo rápido e eficiente em termos de custo.
4 Criamos modelos baseados em casos de uso de negócios e de clientes.
5 Executamos com base na jornada do cliente e nos objetivos do negócio, bem como construímos uma frente de autosserviço para encontrar uma maneira de visualizar esses dados para ver a jornada do cliente.

Tal motor de IA (ou mais precisamente, estrutura de aprendizado de máquina) se aprimora a partir de dados históricos e volumes significativos de resultados positivos que o mecanismo tenta prever. Começamos a juntar as peças do quebra-cabeças canal por canal para redefinir a geração de demanda de marketing. Eis uma breve explicação de nossos casos de uso da geração de demanda construída sobre nossa estrutura NBA — otimização de e-mail, chamadas de saída e conversa em um clique.

Caso de uso 1: otimização de e-mail

Problema do negócio

Na Cisco, coletamos muitos endereços de e-mail ao longo do tempo, mas com poucas informações adicionais aptas a qualificar o cliente com o objetivo de comparar com uma pessoa ou comprador definido pela pesquisa. O resultado foi um desempenho muito baixo em e-mails lidos ou abertos (taxa de cliques).

O que fizemos?

Criamos um caso de uso em que selecionamos nosso público-alvo para enviar nosso próximo e-mail, utilizando a prática atual de marketing humano e o que chamamos de “Grupo de controle A”. Em seguida, comparamos o Grupo A com um público previsto pelo aprendizado de máquina chamado “Grupo B de NBA”.

Analisamos o público comum entre os dois grupos e testamos o desempenho de A/B. Fizemos em todos os tipos de campanha, e o conteúdo não foi alterado.

Resultados

Com o tempo, conseguimos uma taxa de cliques 11 vezes maior ao selecionar o público-alvo com a NBA. O mecanismo de aprendizado de máquina NBA se mostrou mais eficaz na interpretação de dados ausentes, bem como em uma seleção mais precisa de pessoas e clientes.

Caso de uso 2: chamada de saída

Problema do negócio

Devido à flutuação dos volumes recebidos pelo centro de qualificação de pré-venda do cliente/call center, a capacidade dos atendentes é periodicamente subutilizada.

O que fizemos?

Utilizamos dados históricos de interação com o cliente, por exemplo, abertura de e-mail, visitas ao site, etc., e adicionamos nossos algoritmos de aprendizado de máquina de NBA para entender "Quem provavelmente vai se converter em um lead qualificado?". Foram disponibilizados públicos previstos e microdirecionados aos operadores do call center para que iniciassem uma conversa *calorosa* com os clientes.

Resultados

Os resultados são encorajadores. De acordo com a SiriusDecisions, estamos alcançando as melhores taxas de conversão de contato para MQL (Marketing Qualified Leads — Leads qualificados). Por exemplo, atingimos 10,5 por cento na França e 9,3 por cento nos EUA, mas temos algum trabalho a fazer na Índia e na Espanha, onde atingimos 4,5 por cento. Será que precisamos de um modelo de aprendizado de máquina regional?

Caso de uso 3: clique para conversar

Problema do negócio

Recebemos um feedback de nossa equipe de experiência do cliente de que os clientes achavam que a "janela de bate-papo" da nossa página inicial aparecia em momentos inoportunos.

O que fizemos?

Usando dados de históricos de navegação e outras fontes em nosso perfil de clientes para visitantes que retornam, desativamos o pop-up baseado no tempo e o substituímos por um gatilho de NBA.

Em vez de oferecê-lo a todos no site, o atendente do call center conseguiu proporcionar uma melhor experiência ao cliente, convidando o visitante "*familiar*" para uma sessão ao vivo para ajudá-lo a resolver um problema, ou oferecendo-lhe assistência na busca de informações, utilizando o mecanismo NBA. Dessa forma, o atendente só chega ao cliente com a pergunta certa na hora certa.

Resultados

Durante nosso primeiro teste, elevamos a aceitação dos chats iniciados pela Cisco de 2,5 por cento para 5,5 por cento. Em comparação com um benchmark do Live Chat Benchmark Report, de 2018, a média do setor de tecnologia/telecom está em torno de oito por cento (COMM100, 2018).

Como nossos principais KPIs foram aumentar a experiência de nossos clientes e reduzir os custos no call center, mantendo a receita atribuída a essa atividade, ficamos satisfeitos com esse progresso.

Principais aprendizados

- Crie uma cultura em que a tomada de riscos baseada em dados seja encorajada.
- Alinhe as equipes em torno de uma visão comum.

- Saiba mais todos os dias sobre o emocionante mundo da IA e do aprendizado de máquina.
- Comece com a pergunta “O que estamos tentando resolver?” com um problema de negócio em mente.
- Desenvolva uma base de dados sólida — não é um trabalho simples de fazer, mas é essencial.
- Construa primeiro casos de uso relevantes e impactantes para o negócio a fim de apoiar as equipes de marketing ou de vendas.
- Automatize o máximo que puder.

Divisor de águas 3: insights biométricos

Vamos nos afastar dos modelos de propensão agora e explorar outras áreas em que os insights estão mudando drasticamente a forma de fazer aquisição de clientes: insights biométricos e SEO.

A importância do **porquê** tem sido um fio condutor comum em todo este livro. Pense no TED Talk de Simon Sinek “Comece pelo porquê” (Capítulo 3), na estratégia dos “cinco porquês” de Paul Nola para o trabalho de proposta de valor (Capítulo 3) e na necessidade de ir mais fundo para encontrar o porquê em sua segmentação e trabalho de persona (Capítulo 5). Na maioria das vezes, porém, a análise só oferece uma boa ideia do “o quê”, e não do porquê. Ela não dá uma ideia das reações e respostas em tempo real à experiência do usuário. A emoção tem um papel enorme nas decisões de compra, embora não seja algo tão evidente. De acordo com a pesquisa realizada pela Key Lime Interactive (2019), noventa por cento de nossas decisões se resumem a sentimentos ou instintos. É completamente subconsciente e ocorre em menos de um segundo. Os outros dez por cento podem levar entre um segundo e muitas horas e consistem em nosso processamento consciente, incluindo pensamentos racionais e memória, contexto e autoconsciência. Há um ótimo livro relacionado a essa ciência comportamental chamado *Rápido e devagar: duas formas de pensar*, de Daniel Kahneman, 2011. Se queremos uma compreensão profunda de como e por que os consumidores tomam suas decisões de compra, precisamos decifrar o que ocorre naquela fração de segundo em que a reação emocional acontece. O que nos leva a isso pode ser a pesquisa biométrica, introduzida no Capítulo 2.

A tecnologia biométrica é notável e tem o potencial de capturar insights em pensamentos e emoções humanos que não poderíamos obter por meio de dados ou métodos tradicionais de teste UX. Juntos, a análise da expressão facial, o rastreamento ocular e a GSR facilitam uma perspectiva totalmente nova da jornada de compra do cliente e nos apontam as respostas emocionais dos indivíduos que podem sequer conhecer a si. Isso nos permite compreender o que nossos clientes olham e quais emoções sentem ao conferir nosso site, bem como a intensidade dessas emoções. Também pode nos ajudar a identificar:

- como os clientes se sentem quando visualizam nosso site;
- quais áreas de nosso site são as mais populares;
- áreas comuns de interesse entre nosso mercado-alvo;
- quais inovações causam impacto emocional mais forte;
- como melhorar o engajamento do consumidor com nossa marca;
- oportunidades para anúncios hiper direcionados e personalizados (COAST DIGITAL, 2019).

Um grande defensor da biometria e de entender o porquê é David Wharram, CEO da Coast Digital. Ele explica mais em Opinião de Especialista a seguir.

OPINIÃO DE ESPECIALISTA

David Wharram, CEO da Coast Digital

No mundo complexo e em rápida evolução de hoje, o que precisamos ainda mais do que uma visão de futuro ou visão retrospectiva é de insight. Estamos repletos de dados, mas eles nem sempre nos dizem o *porquê*. As pessoas podem se sentir intimidadas pelos dados, tendo em vista serem muito vastos. Cada canal que usamos está cheio deles, e cada plataforma relata insights de uma forma diferente. Unir esses canais para criar uma visão centrada no cliente, independentemente do dispositivo do usuário e das plataformas visitadas, é o desafio do futuro para o setor, tanto em termos de tecnologia quanto de legislação.

Atualmente, muitas organizações usam dados para fins de perfil de audiência, personas ou jornadas de usuários, mas a maioria deixa de compreender os motivadores emocionais por trás de como as pessoas interagem com sites ou marcas. Essa "coisa impressionante" não pode ser fornecida pelos dados. Ela nos ajuda a entender como *as pessoas se sentem* ao fazerem algo, ao contrário de apenas saber que fazem algo. É aqui que entram os dados biométricos. O indicativo certo entre o ponto de vista de alguém, a expressão facial e o ritmo cardíaco oferecem uma consciência única da jornada digital do cliente e uma resposta emocional à marca.

Temos grandes ferramentas em nosso arsenal, mas elas só nos levam até aqui. Tome nota: isso pode ser útil para entender as diferentes combinações de eventos ou ações dos usuários que levam a resultados particulares, mas nem sempre simples. Ao incluir ressonância emocional, a pesquisa biométrica ajuda a desfazer qualquer incerteza e aprofundar a compreensão do desempenho de diferentes tipos de conteúdo. Isso ajuda a completar o quadro. Por exemplo, usando apenas uma abordagem de senso comum e baseada em dados, você conseguiria dizer que um determinado conteúdo (um vídeo, por exemplo) oferece um aumento de cinco por cento nas taxas de conversão. Se adicionasse a parte biométrica, poderia dizer o *porquê* desse aumento, permitindo a replicação em outro lugar.

O que o uso da biometria significa para nosso público? Se você entender as reações emocionais, é possível oferecer a mensagem certa no lugar certo e no momento oportuno. Para proporcionar uma experiência de usuário não apenas boa, mas realmente excepcional, devemos olhar além do que as pessoas dizem e considerar o que *sentem*. Só assim poderemos ter uma visão superior da pessoa que tentamos alcançar e ajustar nossas mensagens por consequência.

Mitos comuns sobre biometria

ERRO 1: "USAMOS O MAPA TÉRMICO E AS FERRAMENTAS DE GRAVAÇÃO DE SESSÕES, PORTANTO NÃO PRECISAMOS DE BIOMETRIA."

Resposta: existem muitas ferramentas no mercado que oferecem um bom insight do comportamento on-line dos usuários, combinando ferramentas de análise e feedback. Elas permitem rastrear os movimentos do mouse para ver como as pessoas interagem com um site. Entretanto, o local que você olha, não é o mesmo no qual seu cursor para. Ao comparar o movimento dos olhos com o movimento do mouse, obtém-se resultados bem diferentes.

ERRO 2: "O GOOGLE ANALYTICS NOS DIZ TUDO O QUE PRECISAMOS SABER SOBRE O TRÁFEGO DE NOSSO SITE."

Resposta: o Google Analytics lhe diz o "o quê", a biometria lhe diz o porquê. Considere as taxas de saída — elas podem ser boas ou ruins. Os dados podem ser distorcidos e dizer o que você quiser. Às vezes, as taxas de saída indicam definitivamente um problema, por exemplo, descobrir que está perdendo cinquenta por cento do público na página do carrinho de compras. Mas uma taxa de saída também pode significar que seu público encontrou o que procurava muito rápido. Nosso trabalho é descobrir o que ocorre em todas essas jornadas de usuários e o que acontece na página.

ERRO 3: "VAMOS ESPIONAR AS PESSOAS EM SUAS CASAS."

Resposta: a realização de pesquisas biométricas dentro do contexto dos ambientes pessoais (seja em casa, na empresa ou no ônibus) nos permite ter uma compreensão mais profunda de como os usuários interagem com seus próprios ambientes e da maneira como se sentem enquanto estão neles. Munidos deste conhecimento, podemos projetar uma jornada do usuário que se encaixa melhor na vida real. Todos os estudos devem seguir rigorosas diretrizes éticas e do RGPD e não devem ser intrusivos.

Eis a seguir um estudo de caso que explica como a Coast Digital integrou a pesquisa biométrica com dados qualitativos e quantitativos obtidos por meio de pesquisas e entrevistas que visavam a estabelecer as bases para o futuro da transformação digital na Universidade de Essex.

ESTUDO DE CASO

David Wharram — Usando o insight biométrico para orientar a transformação digital na Universidade de Essex

Este estudo de caso demonstra como o uso de conhecimentos biométricos permitiu que a Universidade de Essex progredisse em sua transformação digital. Usamos isso para entender o que os estudantes olham, como se sentem e quão intensamente o sentem ao interagir com o patrimônio digital da universidade. Após a coleta de dados por meio de pesquisas e entrevistas com estudantes e principais partes interessadas, utilizamos ferramentas de pesquisa biométrica (tecnologia de rastreamento ocular, sensores GSR e software de reconhecimento de expressão facial) para completar o quadro.

Ao calibrar essas ferramentas, fizemos um teste simples usando a tecnologia de rastreamento ocular — pedimos aos sujeitos que encontrassem informações para novos estudantes. Você esperaria que os usuários clicassem na seção “Novos estudantes” do site, mas nosso insight nos disse o contrário — eles nem sequer perceberam tal seção. Esse tipo de insight é impossível sem essa tecnologia.

Levamos o kit de ferramentas biométricas para o campus de Colchester e testamos os estudantes em várias tarefas durante dois dias — no primeiro dia, no desktop; no segundo dia, no celular.

Os estudantes usaram os principais sites e ferramentas fundamentais à experiência digital estudantil, como a área do portal estudantil (MyEssex for Students) e o portal educacional estudantil (Moodle).

Graças à GSR e à análise de expressão facial, identificamos picos de emoção em nossos usuários de teste. Por exemplo, vimos picos de raiva e desprezo quando os usuários eram confrontados por conta de uma navegação confusa e páginas cheias de conteúdo. A descoberta mais significativa veio de tarefas que estabelecemos aos estudantes, pedindo-lhes que interagissem com múltiplas plataformas em toda a propriedade digital. Embora as informações de acesso do usuário fossem as mesmas em cada plataforma ou ferramenta, não havia uma única solução de acesso no local, o que significava que os usuários precisavam fazer login cada vez que entravam em uma nova ferramenta.

Sabemos que essa é uma experiência de usuário limitada. Entretanto, as ferramentas biométricas nos permitiram medir a natureza e a intensidade da reação. Conseguimos identificar a frustração do usuário, os pontos em que ela ocorreu e como a gravidade dessa frustração aumentou à medida que a jornada prosseguia. Essa constatação foi então confirmada em entrevistas de saída, em que os usuários identificaram que não se tratava apenas de um ponto de frustração, mas que a experiência diminuiu sua confiança nas informações digitais fornecidas. O resultado dessa constatação é que o login único é agora uma prioridade do projeto de transformação digital da universidade, e isso se insere no plano de ação geral de três anos que criamos para o futuro digital da Universidade de Essex.

Divisor de águas 4: SEO

A otimização para mecanismos de busca (mais comumente conhecida como SEO) é a otimização de um site (tanto de forma tecnológica quanto as alterações no próprio site) em termos de classificação e visibilidade em uma página de resultados para mecanismos de busca. Em outras palavras, alterando o conteúdo e a estrutura de seu site, é possível fazer com que ele se classifique melhor no Google e em outros mecanismos de busca, direcionando mais tráfego à sua página e, portanto, aumentando suas oportunidades de converter potenciais clientes em uma verdadeira clientela. O tráfego orgânico equivale a cerca de cinquenta por cento do tráfego da web, portanto, ao focar em SEO, é possível atingir níveis mais altos de engajamento com o público (AGRAWAL, 2020).

É vital que as organizações pensem em SEO como um potencial divisor de águas e lhe deem o tempo e a atenção que merece. O SEO é um campo de batalha caracterizado por uma feroz competição por palavras-chave, frases de busca e classificação de páginas e isso não é de admirar. Aprendemos no início deste capítulo sobre a importância de usar as palavras-chave corretas para capturar dados de intenção. A classificação obtida por meio de uma busca orgânica é resultado direto de múltiplos fatores. Manter-se no topo do SEO é como correr uma maratona interminável. Acertar suas palavras-chave e frases-chave é vital, mas é apenas o começo. Conteúdo relevante e emocionalmente ressonante é importante na mesma medida para manter um SEO eficaz. O conteúdo deve ser direcionado a um público específico e (além de ser rico) se basear em palavras-chave e frases ligadas a coisas que o público busca. Além disso, se o conteúdo tiver uma mistura relevante de informação, entretenimento e inspiração, é mais provável que o público o consuma e compartilhe.

Qualquer postagem de um blog afiliado à sua organização também deve cumprir com as regras de SEO. O blog é um canal extremamente eficaz para a geração de leads. Caso combine tal técnica com a análise de SEO, terá uma poderosa ferramenta de geração de leads. Se precisava se convencer mais ainda, eis algumas estatísticas:

- Profissionais de marketing que priorizam os esforços de blogs têm 13 vezes mais chances de ter um ROI positivo (HUBSPOT, 2018).
- Empresas que publicam mais de 16 postagens em blogs por mês recebem quase 3,5 vezes mais tráfego do que as que publicam entre zero e quatro por mês (CARMICHEAL, 2019).
- Empresas que publicam mais de 16 posts em blogs por mês geraram 4,5 vezes mais leads do que as empresas que publicam entre zero e quatro por mês (CARMICHEAL, 2019).
- Blogs são responsáveis por mais de 434 por cento de páginas indexadas e mais de 97 por cento de links indexados (DEMAND METRIC, 2019).
- 47 por cento dos compradores B2B leram de três a cinco postagens em blogs ou artigos antes de falar com um vendedor (DEMAND GEN, 2016).

Como isso funciona na prática? Jenna Hamlyn, diretora de conteúdo e comunicações da Valitor, explica como isso pode ser feito.

OPINIÃO DE ESPECIALISTA

Jenna Hamlyn, diretora de conteúdo e comunicações da Valitor

Para garantir que seu conteúdo SEO chegue às pessoas certas, é importante identificar seu público, as informações que ele busca e quais palavras-chave, termos e frases-chave usa para encontrá-las.

1. Ferramentas para ajudar a identificar as palavras-chave

O primeiro passo para criar um blog otimizado para mecanismos de busca é certificar-se de que ele seja facilmente pesquisado, assim como tenha compatibilidade com o Google. Para fazer isso, é necessário encontrar as palavras-chave relevantes relacionadas à sua experiência, aos seus produtos ou serviços e à intenção de busca de seu público. Nossa agência digital, a Coast Digital, fornece uma lista de palavras-chave que os clientes usam para encontrar nosso site e nossos serviços. As ferramentas para auxiliar esse processo incluem:

- Google AdWords
  - Procure por palavras ou frases relacionadas a seus produtos ou serviços. A ferramenta de pesquisa de palavras-chave do Google ajuda a encontrar as informações mais relevantes ao seu negócio. Pode-se também usar essa ferramenta para encontrar outras palavras-chave e termos de pesquisa relacionados e o que os consumidores buscam para encontrar seu site.
- Keyword tool (https://keywordtool.io/)
  - Digite uma palavra-chave, e a Keyword tool fornece uma vasta quantidade de opções.
- Ahref
  - Permite ver as palavras-chave exatas para as quais seus concorrentes se classificam na busca orgânica e a quantidade de tráfego impulsionado por cada uma delas.

2. Transforme suas palavras-chave em tópicos de pesquisa

O próximo passo é apresentar os tópicos de conteúdo com base nessas palavras-chave. Usamos algumas ferramentas para fazer isso — Answerthepublic.com e Yoast:

- Answerthepublic.com
  - Answer the Public é uma ferramenta inteligente que combina as pesquisas sugeridas pelo Bing e pelo Google, além de ajudar a visualizá-las em uma nuvem de pesquisa e responder pergun-

tas que auxiliam a sua inserção nos snippets em destaque do Google.

- Yoast
  - Usando essa ferramenta, é possível obter algumas ideias sobre novas palavras-chave: basta digitar uma e a ferramenta fornecerá outras da mesma forma como o Google as mostraria como sugestões.

3. Vá fundo!

Um dos elementos mais importantes para o conteúdo SEO é a pesquisa. É importante ir além da pesquisa de nível superficial. Em vez de uma pesquisa genérica no Google, usamos o Google Scholar, a Statistica e outras publicações do setor para encontrar novos dados e estudos. A pesquisa original é ainda mais amigável em termos de SEO. De acordo com o relatório *State of Original Research for* Marketing de 2018 da Mantis Research e do BuzzSumo, 74 por cento dos profissionais de marketing que usam a pesquisa original relataram ter visto mais tráfego no site por causa dela e 63 por cento disseram ter visto mais ações sociais (LINN, 2018).

4. Invista em visuais

Os algoritmos do Google priorizam cada vez mais sites com conteúdo em vídeo.

De acordo com o Wordstream, usar vídeos em *landing pages* aumenta as conversões em 86 por cento (LISTER, 2019). Uma pesquisa do Google mostra que 55 por cento dos consumidores usam vídeos on-line para pesquisas de compras (KUMAR, 2019). Para garantir que nossos blogs sejam amigáveis em termos de SEO, sempre redirecionamos o conteúdo e o criamos também em vídeo. A Lumen5 e a Biteable são ótimas ferramentas para ajudá-lo a converter seus blogs em vídeos da marca. O Canvas também é uma ótima ferramenta para ajudar a criar visuais, tais como infográficos e postagens em mídias sociais.

5. Foque na legibilidade

Agora que você já tem toda a sua pesquisa de palavras-chave, o próximo passo é escrever no seu blog. Eis algumas dicas das melhores práticas de escrita:

- O tamanho médio das postagens em blogs é de 1.050 palavras (CRESTODINA, 2019).
- A contagem média de palavras no Google é entre 1.140 e 1.285 palavras (SEARCHMETRICS, 2018).
- Postagens mais longas e profundas no blog geram nove vezes mais leads do que as curtas (CURATA, 2015).
- Um blog demora em média três horas e 16 minutos para ser escrito (CRESTODINA, 2019).
- O tempo médio gasto na leitura de um artigo é de 37 segundos (BOXER, 2016).
- Títulos de blogs com 6 a 13 palavras obtêm uma quantidade mais consistente de tráfego (AN, 2016).
- 64 por cento dos profissionais de marketing B2B terceirizam a redação de blogs (ODDEN, 2014).

Como publicamos mais de 16 postagens por mês, usamos um serviço chamado Copify. Oferecemos 16 tópicos de blog personalizados por mês e uma lista de palavras-chave necessárias para serem incluídas em cada blog. O Copify fornece conteúdo de qualidade escrito por redatores qualificados e aprovados.

6. Garanta que seu conteúdo seja único!

O conteúdo exclusivo é um ímã gigante de links ao conteúdo SEO. Pode ser difícil, sobretudo ao usar dados ou conteúdo secundários, para garantir que você não duplique o que já foi escrito. Hoje em dia, o Google valoriza mais do que nunca a autoridade e a autoria especializada de conteúdo. Caso cite informações secundárias em seu conteúdo SEO, a Duplichecker.com é uma ótima ferramenta a ser usada antes de publicá-lo para garantir que ele seja cem por cento único e evitar o plágio.

7. Use as configurações SEO essenciais em sua plataforma de publicação de blog

O passo mais importante é deixar seu blog favorável ao SEO. Usamos o sistema do WordPress, que avalia automaticamente se seu blog é compatível com os termos de SEO, por meio de uma avaliação do tipo semáforo [um relatório que utiliza as cores do semáforo — vermelho, amarelo e verde — para indicar o nível de atenção que cada métrica requer].

Antes de clicar em "publicar", certifique-se de:

- atribuir links permanentes personalizados para cada umas de suas postagens no blog;
- otimizar quaisquer imagens para que também sejam pesquisáveis;
- garantir que o título do blog tenha a palavra-chave desejada;
- usar o editor de snippet para controlar como seu resultado ficará no Google e confirmar que suas palavras-chave estejam proeminentes;
- definir suas categorias e tags para ajudar a organizar o conteúdo em seu blog.

Esses são os divisores de águas na aquisição de clientes e como os vejo. Poderia ser escrito um livro sobre cada um deles, nós apenas alcançamos a superfície do que as empresas fazem em termos de reformular a experiência do cliente. O que cada um desses exemplos mostra, no entanto, é que os canais que muitas pessoas acreditam estar mortos (e-mail, publicidade display, chamadas de saída) estão vivos e passam muito bem. Sendo assim, depreende-se que não são os canais que precisam evoluir, mas nosso pensamento como profissionais de marketing e o tipo de experiência do cliente que entregamos. Um cliente é para a vida toda, não apenas para o Natal, e no Capítulo 8 exploraremos como é possível usar os customer insights para maximizar o valor vitalício de seus clientes.

Principais aprendizados

- É hora de repensar o marketing. Em vez de refletir sobre "qual é a tática e quem é o público-alvo?", pense "quem é o público-alvo e qual é a melhor tática para alcançá-lo?".
- As empresas líderes têm uma ou duas coisas em comum — usam modelos de propensão ou análises preditivas e insights para identificar como as pessoas se sentem ou se comportam, para compreender melhor o porquê.
- Há quatro divisores de águas quando se trata de usar insights para a geração de leads:

1 Marketing baseado no comportamento ou análise baseada na intenção. Uma nova geração de empresas de tecnologia e agências de marketing surgiu oferecendo serviços alicerçados em dados de rastro digital, incluindo estratégias criativas que são fundamentadas neles. Mencione-se também os dados baseados na intenção e nas plataformas de anúncios direcionados.

2 Próxima melhor ação. A NBA leva em conta as ações, a história, o comportamento, os interesses, os desafios e as necessidades dos clientes no passado, combina isso com fontes externas de insight e previsões de IA, e identifica o próximo passo que uma organização deve tomar, o quanto se alinham com suas metas de marketing e o quanto atendem às necessidades do cliente naquele momento.

3 Biometria. A análise da expressão facial, o rastreamento ocular e a GSR facilitam uma perspectiva totalmente nova da jornada de compra do cliente

e apontam as respostas emocionais de indivíduos que, muitas vezes, nem mesmo se conhecem.

4 Otimização para mecanismos de busca. Acertar suas palavras-chave e suas frases é vital, mas é apenas o começo. Além disso, um conteúdo relevante e emocionalmente ressonante é importante na mesma medida para um SEO eficaz.

- Precisamos direcionar nosso pensamento da "quantidade de leads" para os resultados.
- Isso não será fácil e há alguns obstáculos à nossa frente:
  - Como se unir aos canais off-line e on-line?
  - Digitalização de todos os dados coletados em todos esses canais.
  - Encontrar as pessoas certas para o trabalho. Os profissionais de marketing precisarão tanto de habilidades analíticas quanto de gestão de projetos para coordenar um grupo de agências e trabalhar em múltiplas correntes de trabalho. Além disso, os conjuntos de habilidades da maioria das pessoas normalmente se alinham ao off-line ou ao on-line e não a ambos.

ALIMENTE SEU CÉREBRO

- Leia o livro de Daniel Kahneman *Rápido e devagar: duas formas de pensar*, 2011.
- Leia o livro de Thomas M. Siebel *Digital Transformation: Survive and Thrive in an Era of Mass Extinction*, 2019.
- Comece pelo básico: escreva quais dados ou fontes você tem e onde eles são armazenados. Eles são unificados? Como você os analisa? Você é transparente sobre a troca de valores, ou seja, seus clientes têm ciência sobre o valor que terão se compartilharem seus dados?
- Você usa algum dos quatro divisores de águas? Experimente o guia passo a passo de Jenna para criar blogs otimizados para mecanismos de busca. Acesse www.coastdigital.co.uk/ guides para obter guias gratuitos principalmente sobre o uso da biometria. Confira https://cyance.com/category/predictive-analytics para obter todos os recursos necessários para se tornar um herói do marketing preditivo.

Referências

AGRAWAL, S. 51+ SEO Statistics for 2020: Facts, Trends and SEO by the Numbers. DigitalGYD, 15 de janeiro, 2020. Disponível em: https:// perma.cc/LG7S-VFP5.

AN, M. Compounding Blog Posts: What They Are and Why They Matter. HubSpot, 28 de janeiro de 2016. Disponível em: https:// perma. cc/77M7-GJTX.

BOXER, B. Data from 10,000 Articles Prove that Content Marketing Really Does Work. NewsCred Insights, 11 de agosto de 2016. Disponível em: https://perma.cc/WUX9-W8U9.

CARMICHEAL, K. How Often Should You (or Your Company) Blog? (New Data). HubSpot, 18 de novembro de 2019. Disponível em: https://perma.cc/G6GY-Y2FG.

COMM100. Live Chat Benchmark Report. Comm100, 2018. Disponível em: https://perma.cc/3FWQ-CBAB.

COAST DIGITAL. Biometric Testing for Digital Marketing: How Eye Tracking, GSR, and Facial Expression Analysis Can Deliver the Ultimate UX Insight. Coast Digital, 2019. Disponível em: https://perma.cc/K5H4-MKK5.

CRESTODINA, A. How Has Blogging Changed? Five Years of Blogging Statistics, Data and Trends. Orbit Media Studies, 2019. Disponível em: https://perma.cc/28FR-7MSV.

CURATA. 2015 Content Marketing Tactics and Technology Planner. Curata, 2015. Disponível em: https://perma.cc/F478-Y54Y.

DEMAND GEN. 2016 Content Preferences Survey: B2B Buyers Value Content That Offers Data and Analysis. Demand Gen, 2016 Disponível em: https://perma.cc/5U8E-TPH8.

DEMAND GEN. 2018 B2B Buyers Survey Report: Sales Representatives Play Greater Role Within Critical 1–3 Month Active Buyer Timeframe. Demand Gen, 2018. Disponível em: https://perma.cc/YC3J-G72M.

DEMAND METRIC. Content Marketing Infographic. Demand Metric, 2019. Disponível em: https://perma.cc/Y8W6-RCWB.

GILLATH, O. et al. Shoes as a Source of First Impressions. Science Direct, Journal of Research in Personality, Vol. 46, Issue 4, August 2012, pag. 423-430. Disponível em: https://perma.cc/WP8G-9LV5.

HUBSPOT. State of Inbound 2018. HubSpot, 2018.

KAHNEMAN, D. Thinking, Fast and Slow. Londres: Penguin, 2011. KEY LIME INTERACTIVE. Biometrics: An Overview. Key Lime Interactive, 2019. Disponível em: https://perma.cc/QN89-QDFC.

KUMAR, S. Three Unexpected Ways Shoppers Turn to Video in the Store Aisle. Google, agosto de 2019. Disponível em: https://perma. cc/H4MW-RKW2.

LINN, M. State of Original Research for Marketing in 2018. Mantis Research, 2018. Disponível em: https://perma.cc/2RKF-YCPT.

LISTER, M. 33 CRO e Landing Page Optimization Stats to Fuel Your Strategy. WordStream, 19 de agosto de 2019. Disponível em: https://perma.cc/2NHB-37EG.

NETFLIX. The Great Hack. Netflix, 2019. Disponível em: https://perma.cc/9M8B-NZEJ.

ODDEN, L. Over 100 B2B Content Marketing Statistics for 2014. Top Rank Marketing, 2014. Disponível em: https://perma.cc/J5UY-L9ZV.

RAKUTEN MARKETING. What Marketers Want: Five Strategic Opportunities for 2018. Rakuten Marketing, 2018. Disponível em: https://perma.cc/A6PX-V8ZB.

SEARCHMETRICS. Searchmetrics Ranking Factors 101. Searchmetrics, 2018. Disponível em: https://perma.cc/G6BA-LXDJ.

SIEBEL, T. M. Digital Transformation: Survive and thrive in an era of mass extinction. Nova Iorque: Rosetta Books, 2019.

SIRIUSDECISIONS. The Marketing Organization in 2017. SiriusDecisions, 2017.

08

Usando insights para desenvolver e reter clientes

Introdução

As organizações utilizam a análise do cliente para reunir o insight necessário a fim de identificar, atrair e reter os clientes mais rentáveis. Vários processos e tecnologias examinam as informações e o comportamento dos clientes para que ofertas relevantes e oportunas sejam oferecidas à clientela atual ou potencial. Cobrimos a aquisição de clientes no Capítulo 7. Este capítulo concentra-se em como usar a análise de clientes para desenvolver e reter clientes.

Neste capítulo, analisaremos os diferentes tipos de customer insight necessários para o desenvolvimento e a retenção eficaz dos clientes e exploraremos a aplicação da análise do cliente para determinar o valor da vida útil do cliente, o share of wallet (SOW) e a análise do ciclo de vida do cliente. O cross selling e o up selling são componentes vitais do desenvolvimento do cliente; o primeiro convida-os a comprarem produtos ou serviços adicionais, complementares ou relacionados. Por outro lado, o segundo incentiva-os a comprarem produtos mais caros, atualizações ou outros adicionais.

O cross selling e o up selling bem-sucedidos, bem como os programas de fidelidade, muitas vezes levam a uma melhor retenção de clientes.

A segunda metade do capítulo é dedicada a exemplos de análises usadas para o desenvolvimento e a retenção na prática. Mas primeiro, consideraremos o porquê de ser uma boa ideia impulsionar a receita de sua base atual de clientes.

Por que despender tempo com seus clientes atuais?

- É um fato bem conhecido que é mais caro atrair novos clientes do que manter os existentes — na verdade, pode custar entre 5 e 25 vezes mais (GALLO, 2014). Apesar disso, o foco da maioria das equipes de vendas e do marketing está na conquista de novos clientes. Considere o seguinte: você tem de sessenta a setenta por cento de chance de vender a um cliente existente, enquanto tem apenas de cinco a vinte por cento de chance de vender a um novo cliente (CHARLTON, 2016).
- Clientes habituais gastam em média 67 por cento mais do que os novos clientes (BAVEJA et al., 2000).
- As empresas gastam duas vezes mais em marketing para novos clientes do que para os já existentes (PARDOT, 2015).

Essas estatísticas não deixam margem para dúvidas de que é uma boa ideia manter o foco em sua base de clientes que já existem. Entretanto, como os especialistas em experiência com clientes Don Peppers e Martha Rogers dizem, “alguns clientes são mais parecidos que outros” (PEPPERS & ROGERS, 1997), implicando que nem toda a sua base de clientes deve ser tratada igualmente. É vital para as empresas compreenderem o comportamento de compra e o estilo de vida de seus clientes, para classificá-los com precisão, fazer previsões significativas e alcançar clientes com o produto certo no momento e com preços oportunos.

A evolução da análise do cliente

Quando publiquei meu doutorado em 2008, os dados de customer insight eram limitados porque se concentravam em como os clientes interagiam com organizações no passado. O comportamento passado era usado como o melhor previsor do comportamento futuro (em outras palavras, os dados só analisavam o que já aconteceu) e se baseava no feedback do cliente (o problema é que as pessoas muitas vezes só dizem o que você quer ouvir). Hoje, incluímos dados de fora da organização para obter uma visão muito mais completa do comportamento do cliente, assim como previsões mais precisas. Uma fonte externa extremamente significativa é a mídia social, e como veremos no Capítulo 9, o que você acompanha nela prediz muito o que costuma comprar. Mas agora, recorreremos a Clive Humby, um dos pioneiros em dados que cunhou a famosa frase, em 2006, "dados são o novo petróleo" (NAUGHTON, 2016). Clive recebeu uma Ordem do Império Britânico por seus serviços de dados e negócios no Reino Unido em 2019. Em Opinião de Especialista, ele dá sua visão de como a análise do cliente e o direcionamento relevante evoluíram até os dias atuais, quando as paixões e mentalidades que os consumidores revelam on-line são usadas para prever seu comportamento de compra.

OPINIÃO DE ESPECIALISTA

Clive Humby — Um breve histórico da análise do cliente

Os profissionais de marketing sempre sentiram uma necessidade fundamental de compreender seu público e as pessoas que desejam alcançar.

O direcionamento para públicos específicos começou nos anos 1950, e desde então evoluiu passando por quatro fases distintas.

1950: você é seu trabalho (demografia social)

Isso começou nos anos 1950 com os jornais querendo vender seu espaço publicitário, e as pessoas eram alcançadas com base em seu cargo profissional.

1980: você é o local onde mora (geodemografia)

Geodemografia é o estudo das pessoas com base no local onde vivem. Estima-se que as características mais prováveis das pessoas com base no perfil agrupado de todos que vivem em uma pequena área próxima a um determinado endereço. A geodemografia revolucionou o marketing e introduziu toda uma série de novos métodos de segmentação. Até a geodemografia, o método de direcionamento mais popular no marketing direto era a mala direta de vizinhança, em que as organizações visavam aos vizinhos dos clientes, presumindo que as pessoas iriam querer o que eles tinham. A geodemografia era uma versão mais sofisticada disso e ainda está em uso atualmente, embora a demografia pessoal seja mais utilizada.

1990: você é o que compra

Nos anos 1990, começamos a analisar os dados dos clientes. Até aquele ponto, os dados eram tão caros de se manter que as pessoas os descartavam. Com esse novo foco nos dados, veio um novo método de direcionamento: você é o que compra. Em 1995, foi lançado o Tesco Clubcard (ver estudo de caso no final deste capítulo), que ajudou o supermercado a crescer de 16 para trinta por cento de participação no mercado britânico. Essa evolução foi possível a partir da nossa compreensão do cliente por meio do que da compra realizada por ele. Embora isso funcione de forma fantástica para os supermercados, cujos clientes compram regularmente e têm claras preferências em termos das marcas e produtos que consomem, é muito mais difícil para quase todos os outros, cujas transações são muito menos frequentes.

2020: você é o que ama

Felizmente, "você é o que ama" está se tornando rapidamente a nova forma de previsão. As paixões, psicografias, mentalidades e conjuntos de necessidades das pessoas se manifestam de forma muito mais clara em fontes de Big Data. Temos mais canais, mais dados e interações sem atritos que se combinam para nos dar o primeiro passo para entender de fato *o porquê* de os clientes comprarem.

Tipos de análise do cliente

Vários tipos de insights permitem uma melhor compreensão de sua base de clientes, o que gera um desenvolvimento e uma retenção mais eficazes. Nesta seção, consideraremos os seguintes tipos, conforme identificados em minha tese de doutorado:

1. medidas gerais do cliente;
2. valor de tempo de vida do cliente;
3. share of wallet do cliente;
4. análise do ciclo de vida do cliente.

Medidas gerais do cliente

As medidas gerais do cliente se referem ao nível básico de compreensão que as organizações precisam ter de sua base de clientes para fazer cross selling e up selling de forma eficaz. Eis a seguir algumas das perguntas que as organizações fazem para obter essa compreensão:

- Quantos clientes temos e quantos são novos em relação aos existentes? Em que setores eles se encontram? Qual é o tamanho de suas organizações? Em que região estão situados?

- Temos perdido clientes? Qual é a nossa taxa de rotatividade? Quem são eles? Quais parceiros e/ou áreas do negócio estão perdendo a maioria dos clientes?
- A base de clientes está crescendo com o tempo?
- Quem gasta mais? Como eles contribuem para os registros e receitas?
- O que nossos clientes compram? A porcentagem de clientes que compram um determinado produto aumentou ou diminuiu com o tempo?
- Por quanto tempo os clientes permanecem conosco?
- Quanto dinheiro eles gastam?
- Quais canais os trouxeram?
- Que produtos eles compram de nós?
- Quando eles compram de nós? À noite ou na hora do almoço, nos dias de semana ou nos fins de semana?
- Como eles compram nossos produtos? Compram on-
- -line ou off-line?
- Se estiverem off-line, em que loja compram nossos produtos?
- Que canal eles usam para se comunicar conosco?
- Qual é a propensão de aderirem ou responderem a promoções?
- Por que eles compram os produtos? Como utilizam os produtos?

Valor da vida útil do cliente

O valor da vida útil do cliente (CLV — customer lifetime value) é um método de cálculo do valor provável a ser obtido de um relacionamento futuro com um cliente. Trata-se de um conceito importante, pois incentiva as organizações a adotarem uma visão de longo prazo de seu relacionamento com seus clientes, em vez de se concentrar em medidas de curto prazo, como os resultados trimestrais. Representa também um limite superior do que uma organização deve estar preparada para pagar para adquirir um novo cliente ou evitar a perda de um outro.

O CLV é particularmente útil no trabalho de segmentação, pois permite às organizações preverem o grupo de clientes mais lucrativos, compreender suas necessidades e características, além de focar neles em vez de nos grupos menos lucrativos. O CLV deixou sua marca sobretudo nos setores financeiros, tais como serviços bancários e de seguros. Nesse tipo de negócio, baseado em relacionamentos que dependem de contratos de clientes, torna-se vital para as organizações compreenderem o valor da retenção de sua clientela uma vez que seus contratos expirem. Embora não haja dúvida de que o CLV tenha um papel importante a desempenhar na formação de decisões de negócio em torno do desenvolvimento e retenção de clientes, existe um porém. O CLV é notoriamente difícil de calcular, e como todos fazem isso de uma maneira diferente, é quase impossível fazer um benchmark. Poucas organizações encontraram um cálculo matemático infalível que lhes permita a obtenção de uma previsão certeira, mas a maioria concorda que como conceito é importante, e um motivo para investir na análise do cliente. Basta pensar sobre isso de forma conceitual; não é necessária a obtenção da fórmula correta. O mais importante é que as organizações estejam atentas ao valor potencial e futuro dos clientes, em vez de se concentrarem no curto prazo.

FIGURA 8.1 Os benefícios mais significativos do investimento no potencial de inteligência do cliente

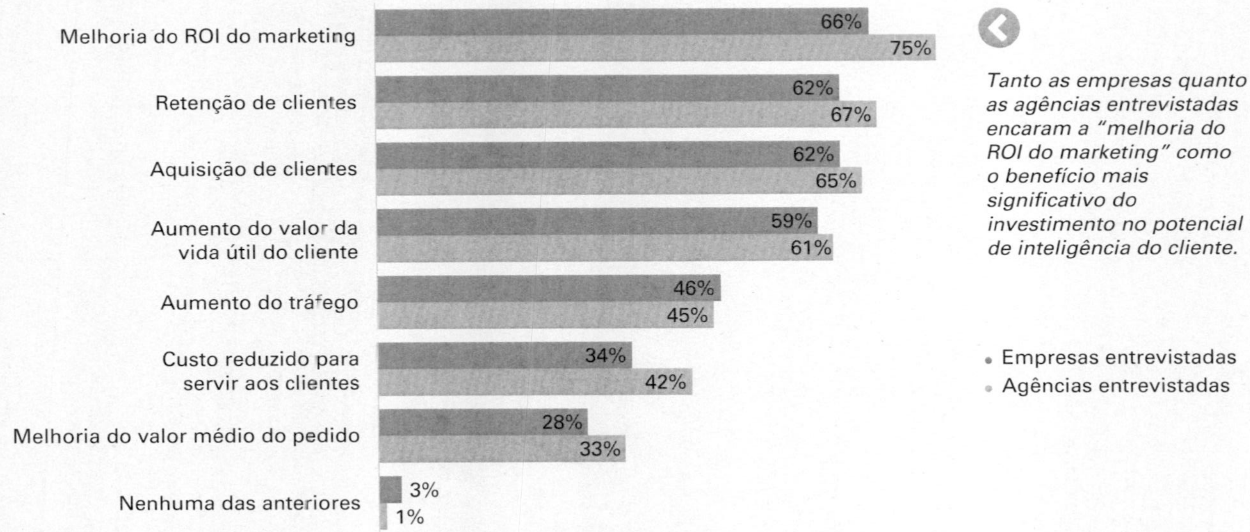

FONTE: LONDON Research, 2018.

FIGURA 8.2 CLV como a oportunidade mais interessante aos negócios

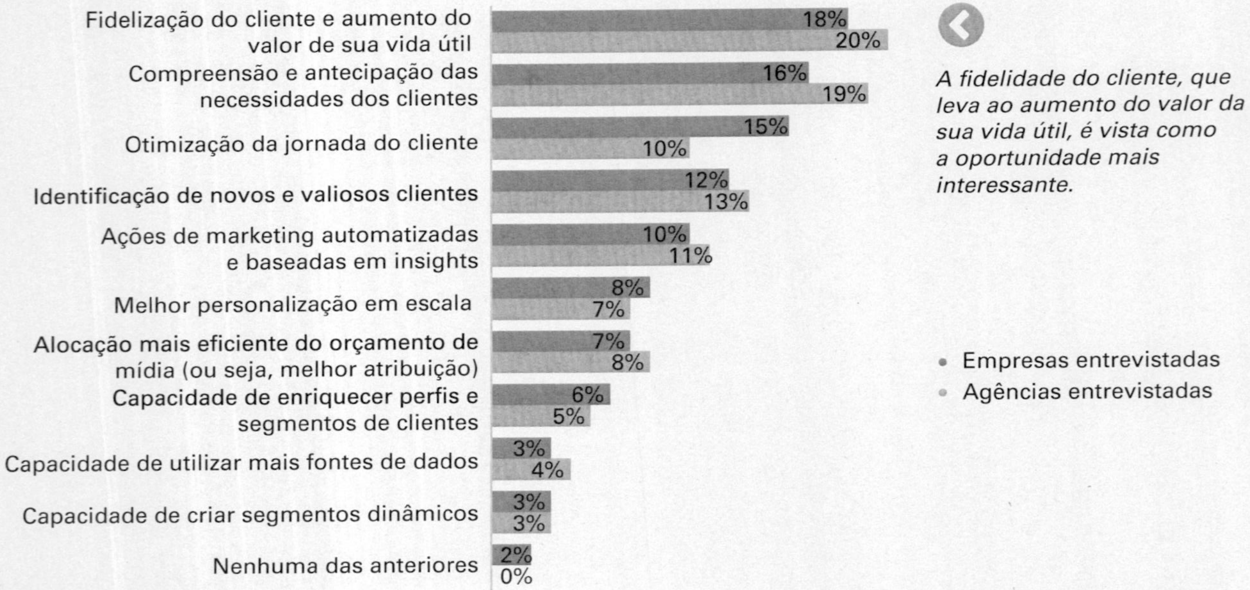

FONTE: LONDON Research, 2018.

Um relatório publicado pela London Research com a Adobe em 2018 apresenta algumas descobertas interessantes em torno do CLV. O relatório baseia-se em uma pesquisa com 1.831 profissionais de negócios globais, sessenta por cento dos quais trabalhavam para organizações e quarenta por cento para agências, consultorias ou empresas de tecnologia. A Figura

8.1 mostra os benefícios mais significativos do investimento em análise do cliente do ponto de vista dos entrevistados. Cinquenta e nove por cento das empresas e 61 por cento das agências concordaram que o aumento do CLV era o principal benefício do investimento em análise do cliente. Da mesma forma, como mostra a Figura 8.2, o CLV foi identificado como a oportunidade mais interessante aos negócios (LONDON RESEARCH, 2018).

Share of wallet

Share of wallet (SOW) é uma forma relativamente simples de entender a fidelidade de seus clientes atuais à sua marca e de como maximizar a receita de sua base. Pode ser definido como "a quantia que um cliente médio dedica regularmente a uma determinada marca em comparação com as concorrentes na mesma categoria de produtos" (PALMER, 2019). As organizações aumentam o share of wallet ao introduzir múltiplos produtos e serviços. O cross selling e o up selling são técnicas de vendas de grande importância, as quais respaldam a estratégia de SOW. À medida que o SOW aumenta, por sua vez, expande-se também a satisfação do cliente e a fidelidade à marca.

Como no caso do CLV, o SOW é uma medida particularmente útil no setor bancário, quando bancos diferentes competem entre si pela participação que têm na carteira de um cliente em termos de hipotecas, seguros e outros produtos. Com o CLV, o SOW é usado para identificar clientes que têm CLV alto, mas SOW baixo. Clientes desse segmento são aqueles que as organizações devem visar para maximizar seus lucros.

Análise do ciclo de vida do cliente

O ciclo de vida do cliente se refere à série de etapas que identificam a dinâmica da relação entre o cliente e a organização ao longo do tempo. A análise do ciclo de vida do cliente visa a entender esse relacionamento e como ele compra de uma organização durante um período. O marketing do ciclo de vida do cliente visa evitar que ele chegue ao final da jornada de compra, em vez disso, incentiva-o a permanecer em um ciclo constante como um cliente ativo.

Surpreendentemente, um relatório da Salesforce de 2015 identificou que poucas empresas de fato utilizam o marketing do ciclo de vida do cliente. Considere as seguintes estatísticas:

- Somente vinte por cento das organizações usam marketing durante todo o ciclo de vida do cliente.
- Uma média de 88 por cento do orçamento para marketing do ciclo de vida do cliente vai para estratégias de conscientização (topo de funil).
- Cinquenta e cinco por cento dos entrevistados gastam o mínimo ou nada nas fases de retenção e defesa (PARDOT, 2015).

Essas estatísticas validam o que já dissemos: muitas organizações priorizam a aquisição de clientes ao longo de toda a jornada dele.

Também é importante entender onde uma empresa se encontra em seu próprio ciclo de vida, não apenas no do cliente. Por exemplo, na Valitor, uma empresa internacional de soluções de pagamento, é mais provável que novas organizações sejam as que mais apareçam em nossa segmentação; em outras palavras, elas querem começar a aceitar pagamentos em cartão e ainda não têm um provedor (em vez de fazerem a troca de um já estabelecido). As organizações com um aumento anual de 150 por cento nos ganhos provavelmente precisarão de tecnologias que ajudem a lidar com o crescimento ou a expansão (por exemplo, tecnologia de call center ou fluxo de trabalho). As empresas mais maduras provavelmente precisarão de tecnologias e produtos que ajudem na diversificação ou na entrada em novos mercados. Essa mesma lógica também se aplica aos ciclos de vida dos indivíduos, por exemplo, mudar de casa, se casar ou ter um filho.

Outra maneira de olhar o ciclo de vida do cliente é pensar em termos de "eventos e gatilhos", usados para identificar quando enviar uma oferta direcionada. Exemplos disso são pessoas com contrato em vigor para renovação, contas corporativas adormecidas por um longo período (por exemplo, que não foram atualizadas ou tiveram sua estrutura de preços revista ou contas que se inscreveram como parceiros, mas ainda não fizeram transações). Outros eventos ou gatilhos incluem:

- um seguro de um cliente a ser renovado;
- uma hipoteca perto do fim de seu prazo ou um período de empréstimo de dois anos;
- um produto em "fim de vida";
- uma mudança do escritório da empresa;
- recessos escolares ou feriados públicos;
- eventos como a Black Friday ou o Dia dos Namorados.

Usando eventos e gatilhos como esses, pode-se promover ofertas personalizadas no momento certo, estendendo assim o ciclo de vida do cliente.

Análise do cliente em ação

O restante deste capítulo é dedicado a exemplos de análises de clientes utilizadas na prática. Aprenderemos como Ben Lyons da The Co-op aproveita o poder das conversas transformando os insights do call center da The Co-op em ações comerciais, e ouviremos outra vez Clive Humby sobre o primeiro esquema de cartão de fidelidade da Tesco. Também consideraremos as táticas que a Amazon e a Netflix utilizam para fazer recomendações semelhantes. Primeiro, porém, ouviremos Cath Puddick falando sobre sua visão da análise do cliente e a ferramenta de capacitação de vendas da Cisco, a Connected Intelligence (CI). Cath Puddick faz parte da equipe Global Insights and Analytics (GIA) da Cisco Systems, liderando os programas de Customer Insight e de CI para a EMEA e Ásia (Pacífico), Japão e China (APJC). No Capítulo 7, analisamos a iniciativa NBA da Cisco como uma forma de determinar a próxima ação que deve ser tomada para clientes individuais. Enquanto os algoritmos que capacitam a NBA mostram a próxima melhor ação a partir de uma perspectiva de processo, a CI é mais baseada no ser humano, reunindo dados, insight e intuição, permitindo, assim, que as equipes de vendas atuem com maior sucesso.

ESTUDO DE CASO

Connected Intelligence, Cisco

A plataforma CI da Cisco é uma ferramenta de capacitação de vendas. Já se foram os dias em que o ciclo de vendas consistia em um vendedor ligar para um cliente e conseguir uma oportunidade de uma venda considerada difícil. Os clientes são cada vez mais proativos em termos de pesquisa on-line, e é vital para os vendedores entenderem o que ocorre fora da Cisco.com em termos de comportamento e interesses. Desse modo, a ferramenta CI permite que os gerentes de conta decidam com quem devem falar, sobre o que e quando.

O lado direito do cérebro é criativo, e o esquerdo é analítico e voltado aos dados. As pessoas serão naturalmente influenciadas por um desses lados do cérebro, isto é, orientadas pelos dados ou pela intuição. Entretanto, esses dois aspectos são igualmente valiosos quando os vendedores se relacionam com os clientes, e se há uma coisa que a inteligência artificial não pode fazer nesse momento, é substituir o lado criativo e intuitivo do cérebro. No passado, os gerentes de contas apenas seguiriam sua intuição, mas ao usar a CI com sua intuição, permite o engajamento dos seus clientes de forma bem-sucedida e a tomada de decisões se dá com mais embasamento.

Criamos a Connected Intelligence pois queríamos melhorar a forma como nutríamos essa intuição e como monetizá-la. Também queríamos entender o que as pessoas procuravam na Cisco.com em oposição ao que surgia nos dados de intenção digital, além de identificar as oportunidades do cliente. Além disso, queríamos mapear os visitantes não registrados nas contas da Cisco.com. Isso mais tarde levou a uma taxa de conversão de vinte por cento de chamadas para oportunidades em pilotos e nos permitiu identificar contas ativamente interessadas que poderiam ser abordadas com confiança em vez da abordagem estilo "páginas amarelas" de antigamente.

O lançamento do piloto original da Connected Intelligence foi a primeira vez que tais insights a nível do cliente foram entregues à equipe de vendas para monetizar de forma direta. Essa combinação de oportunidade, abordagem, interesse ativo e detalhes disponíveis de contato com o cliente repercutiu bastante nas equipes, pois lhes permitiu enxergar exatamente pelo que seus clientes específicos se interessavam e comparar com oportunidades e reservas anteriores. Isso lhes permitiu saber imediatamente que tipo de abordagem se adequaria melhor ao cliente — dependendo se foi uma conversa de atualização, uma venda competitiva ou uma compra por conversão por parte do vendedor. Isso também permitiu que as vendas monetizassem parte do trabalho incrível realizado pelo marketing a partir de uma perspectiva de engajamento e conscientização.

Naturalmente, nem todo interesse e oportunidade resultam em leads oficiais, de modo que a equipe de vendas com acesso a esses insights, junto a outros, traz um conhecimento muito mais profundo do cliente com maior relevância e velocidade de resposta e, em geral, uma melhor experiência do cliente. No início do ano fiscal, quando as contas são novas, tal técnica gera conhecimento às equipes de vendas, que devem, imediatamente, iniciar a construção de relacionamento com o cliente já no primeiro dia. Dessa forma, no meio do ano fiscal, é possível que as vendas combinem tal fator com o conhecimento dos clientes antigos, aprimorando as decisões sobre como usar seu tempo entre os clientes e as oportunidades.

Desse modo, a CI representa uma enorme mudança para a equipe de vendas no que tange a forma de priorizar seus insights e de se preparar para reuniões de vendas. Essa não é uma mudança que ocorre da noite para o dia e é parte de nossa transformação digital na Cisco. Fazemos parcerias com equipes de vendas, equipes de estratégia, planejamento e marketing de campo, tudo isso objetivando impulsionar essa mudança de cultura, assim como o comportamento nas vendas.

Vale ressaltar que a CI conduz a resultados sólidos. Em abril de 2019, os gerentes de conta que usavam a CI tinham em média um crescimento financeiro de 42 por cento maior em relação ao ano anterior no funil de vendas (111 por cento em comparação com o crescimento de 69 por cento). Como a estrutura de vendas está se transformando, desenvolvemos novas capacidades na CI para dar apoio à equipe de vendas à medida que estão conhecendo suas contas. A maioria dos gerentes de contas recebe um novo conjunto de contas a cada ano fiscal, de modo que a CI é fundamental para que eles se mantenham atualizados sobre suas contas-alvo. Eles recebem dados de propensão para compra e dados de intenção da Bombora, o que mostra o interesse on-line fora da Cisco. com, de acordo com o nível da conta. Eles também recebem informações competitivas, sobre os impulsionadores técnicos e sobre o mercado. A plataforma utiliza algoritmos de priorização, assim como regressão e modelagem estatística.

A Connected Intelligence prioriza contas para cada "ação" (abordagem de longo prazo mais estratégica para os clientes) e mede o interesse, o engajamento e a atividade do cliente para cada ação. Além das ações, há também "sprints", iniciativas de curto prazo ou trimestrais. Os clientes são priorizados para cada gerente de conta por um algoritmo de aprendizado aprofundado, feito internamente, que indica a prontidão para conversar e comprar a partir de uma determinada ação. Com isso, a CI é visualizada no Tableau.

Devido ao RGPD e à legislação de privacidade, não podemos dar às equipes de marketing o mesmo acesso aberto ao engajamento e às informações em nível de contato que damos às equipes de vendas, de modo que criamos uma versão independente com insights em nível de conta em vez de em nível de contato.

A introdução da plataforma CI trouxe alguns desafios. O maior foi a mudança cultural em torno de como as equipes de vendas colaboram com o marketing e a disposição em dados de terceiros para que os gerentes de conta saibam o que ocorre fora da Cisco. Apesar dos desafios, não há dúvida de que plataformas como a CI são o *único* caminho a seguir. As organizações que fizerem isso da melhor forma e com mais rapidez, serão aquelas bem-sucedidas. Então, o que ainda o impede de começar a usá-la?

- Perspectiva de vendas — uma mudança cultural é necessária, passando do trabalho exclusivamente intuitivo à consideração do fator analítico.
- Mudança de comportamento — quem não mudar, ficará para trás.
- Isso requer diferentes conjuntos de habilidades — os gerentes de conta precisarão antecipar, fazer e dizer as coisas certas com base no que sabem sobre o cliente.
- Requer que as equipes de vendas se acostumem a uma visão diferente do cliente — dados de terceiros dão uma visão muito mais completa do cliente e do mundo fora da Cisco, os quais deverão ser abraçados pelos gerentes de conta.
- Há uma consideração geracional que determina o nível de conforto com um ambiente digital.

Semelhanças: se você gosta daquilo, também gostará disso

A modelagem de semelhança, usada muitas vezes para encontrar novos clientes que se parecem e se comportam como sua base atual de clientes, também é utilizada para fazer recomendações personalizadas a seus clientes com base nos produtos que já compraram de você. Os dados sobre as preferências dos usuários são coletados, e as ferramentas de aprendizado de máquina e de IA analisam os padrões de interesse do usuário para fazer recomendações personalizadas, que são usadas para nutrir, reter, e fazer cross selling e up selling em sua base de clientes.

A Amazon e a Netflix são mestres incontestáveis em impulsionar sistemas de recomendação. De acordo com um relatório da McKinsey de 2013, 35 por cento do que os consumidores compram na Amazon e 75 por cento do que assistem na Netflix vêm de recomendações de produtos baseadas em algoritmos (MACKENZIE et al., 2013). Há vários métodos algorítmicos usados para fazer recomendações, incluindo a filtragem baseada no conteúdo (quando as recomendações são feitas com base na comparação entre as propriedades dos produtos ou itens e o perfil do usuário), a filtragem colaborativa (semelhante à filtragem baseada no conteúdo, mas adiciona dados em torno do comportamento do usuário) e a fatorização matricial (uma forma de fazer filtragem colaborativa baseada em matrizes).

O controle da Amazon sobre um vasto repositório de dados do consumidor lhe dá vantagens inigualáveis ao fazer recomendações a seus clientes. As recomendações são feitas de várias formas, tanto na plataforma como fora dela, via e-mail. Recursos como "Recomendado para você", "Frequentemente comprados juntos", "Itens relacionados ao seu histórico de visualização", "Clientes que compraram esse item também compraram..." são enviados à sua base de clientes a cada minuto de cada dia. A maioria dos sistemas de filtragem algorítmica não conseguiria alcançar as dezenas de milhões de clientes e produtos da Amazon, então eles desenvolveram sua própria filtragem colaborativa item a item, que produz alcance o suficiente e faz recomendações de alta qualidade em tempo real (REJOINER, 2019).

Da mesma forma, a Netflix sempre coleta dados dos usuários. O que assistem e deixam de assistir, quando e com que frequência apertam o botão de pausa e muito mais. Com 158 milhões de assinantes de streaming pago em todo o mundo, bem como mais de 55,5 milhões de clientes gratuitos, há muitos dados sobre as preferências dos usuários e tudo isso alimenta as recomendações para eles quando procuram algo para assistir (STATISTA, 2019). A Netflix também pede aos usuários que classifiquem os filmes com base em um sistema de cinco estrelas, portanto, uma enorme quantidade de dados está disponível sobre quais filmes apelam a quais audiências. Um algoritmo de filtragem chamado fatorização matricial (que surgiu em 2009 após a Netflix fazer uma competição pelo melhor algoritmo de filtragem para prever a classificação dos filmes pelos usuários) é usado para fazer recomendações precisas a clientes específicos.

Na sequência, ouviremos Ben Lyons, o premiado gerente de operações de atendimento ao cliente da The Co-op, sobre o que ele vê como o futuro no cross selling e no up selling por meio de recomendações. Primeiro, no entanto, ele discute como a The Co-op aproveita as interações com seu call center para construir insights eficazes.

ESTUDO DE CASO

Ben Lyons — Transformando conversas em insights na The Co-op

A maioria das empresas vê seu call center como um custo para a organização; uma conta necessária a pagar para fazer com que os problemas desapareçam. A The Co-op é, por sua natureza, propriedade de seus membros e, portanto, uma empresa controlada de forma democrática. Isso torna vital que escutemos nossos clientes, e que melhor maneira de fazer isso do que por meio do call center?

Na The Co-op, demonstramos o potencial do call center para impulsionar mudanças positivas. Ao aproveitar conversas com clientes, membros, fornecedores e colegas, os comentários e reclamações são transformados em ideias acionáveis que mudam a maneira como a The Co-op opera. Se alcançarmos um pico nas reclamações sobre uma receita, por exemplo, podemos verificar se são de clientes novos ou já existentes e, a partir disso, buscar entender se a receita deu errado para aquele produto em particular. Podemos, por consequência, responder adequadamente aos clientes, caso tenham comprado aquele produto antes ou não.

Atualmente, temos dois milhões de contatos por ano na The Co-op, o que representa um volume significativo de insights, sobretudo quando se considera o custo de uma organização para realizar seus próprios testes e reunir seus próprios insights de usuários. Estamos posicionados de forma única no call center para fazer perguntas específicas, testar certas coisas ou compreender a resposta dos membros a uma notícia.

Além de utilizar reclamações para conduzir ações comerciais positivas, o call center está bem-posicionado para *cross selling* e *up selling*. A The Co-op é uma marca confiável, portanto, podemos impulsionar essa posição para fazer recomendações para propostas internas ou externas. Para fazê-las, é preciso primeiro entender o valor do relacionamento dos clientes com os quais se está lidando e aproveitar os conjuntos de dados para entender por completo o cliente. Isso é vital para saber o momento e o contexto certos para a recomendação. A compreensão do cliente precisa ir além da velha segmentação de idade, endereço ou comportamento comercial típico. No mundo de hoje, há muito mais informações a trazer, sobretudo analisando o que é oferecido a você pelas mídias sociais.

Quando alguém entra em contato conosco, nosso sistema de CRM identifica o seguinte ao atendente:

- se eles são membros;
- o quanto gastam em nossas lojas;
- como se envolvem com outras unidades de negócios, incluindo nosso banco de dados de seguros, jurídico e funerário (e se há alguma apólice ou produto funerário ativo);
- quais canais utilizam, por exemplo, se nos acompanham nas mídias sociais;
- se há alguma reclamação em andamento.

Embora tudo isso seja informação válida para que nossos atendentes possam fazer cross selling e up selling, também é uma forma ultrapassada, e os consumidores têm ciência de que um roteiro surge com base nas informações que uma organização detém sobre eles. Na The Co-op, portanto, tentamos fazer as coisas de um jeito um pouco diferente. Nosso objetivo é usar nossos dados para entender as conversas que poderíamos ter com um cliente e obter informações valiosas que não são necessariamente apenas dados. Isso é o que motiva um cliente a nos contatar ou indica se é provável que ele aceite uma recomendação baseada em sua linguagem e na forma como interage conosco.

Seguindo em frente, a importância dos dados no cross selling e no up selling diminuirá, e os sentimentos instintivos dos bons profissionais de atendimento ao cliente virão à tona. Os atendentes precisarão aprimorar suas habilidades para se conectarem com as pessoas. Deverão ver um cliente e usar o poder da conversa para entender a psique do consumidor, ou seja, da pessoa com quem falam. A combinação dessa intuição com a fala, com a voz e com a análise de texto, dará aos atendentes a habilidade de ter conversas mais afetivas relacionadas ao que é certo para o cliente. Em última análise, se quisermos agregar mais valor por meio dos call centers, precisamos melhorar o uso do poder da conversa para conhecer nossos clientes.

Programas de fidelidade

Uma excelente maneira de desenvolver e reter os clientes é colocar em prática um programa de fidelidade. De acordo com a pesquisa da Retail Touchpoints (2019), 52 por cento dos varejistas oferecem um programa de fidelidade, e 12 por cento planejam implementá-lo. Além disso, 44 por cento dos varejistas dizem que pelo menos quarenta por cento da receita total vem dos membros do programa de fidelidade.

Os esquemas de fidelidade são um fenômeno global e intersetorial, impulsionando resultados para marcas por meio de bancos, entretenimento, hospitalidade, viagens e varejo. Em média, as pessoas pertencem a 14,8 programas de fidelidade, mas só estão ativas em 6,7 deles (BOND, 2019). Para ser um dos 6,7, os operadores do programa de fidelidade precisam proporcionar uma experiência excepcional ao cliente e priorizar a construção de relações significativas com seus membros. Se os clientes desfrutarem dos benefícios de seu programa de fidelidade, eles não só permanecerão com você, como também contarão aos amigos e familiares sobre isso, agindo, portanto, como promotores da marca e ajudando a sua taxa de indicação.

Clive Humby acredita que a construção de conexões humanizadas com o público é o segredo para transformá-lo em promotor da marca. O envolvimento com esses promotores permite aos varejistas expandir seu alcance e obter maior percepção sobre como a marca é desenvolvida e melhorada (STARCOUNT, 2019). No Capítulo 3, analisamos como ter um propósito social incentiva os consumidores a agirem como promotores da marca, e a construção de conexões humanas por meio de programas de fidelidade relevantes pode ter o mesmo efeito. A Retail Touchpoints Survey, mencionada antes, também mostrou que por meio do engajamento com os promotores da marca, as indicações aumentaram, a retenção de clientes aumentou em setenta por cento, e as vendas e receitas aumentaram em 48 por cento (BOND, 2019).

O Reino Unido tem um dos mais significativos mercados de cartões de fidelidade, particularmente no setor de supermercados, os quatro maiores: Sainsbury's, Tesco, Asda e Morrisons, oferecem programas de fidelidade (WIKIPEDIA, 2019). Dos quatro, a Tesco foi a primeira a lançar seu esquema Clubcard em 1995, e a Sainsbury's seguiu a tendência por meio de seu Reward Card em 1996. Clive Humby e Edwina Dunn da Dunnhumby ajudaram a estabelecer o Tesco Clubcard nos anos 1990, quando o mundo do customer insight mudou de "você é o local onde mora" para "você é o que compra". O estudo de caso da Tesco Clubcard mostra como fizeram isso.

ESTUDO DE CASO

Dunnhumby e Tesco Clubcard

Quando a Dunnhumby foi procurada pela Tesco para lançar um cartão de fidelidade em 1994, ninguém percebeu que seria o início de um relacionamento de 16 anos que mudaria para sempre o cenário do marketing. A primeira coisa que eles fizeram foi comprimir os dados para entender o potencial do Clubcard. Após apresentar suas descobertas à diretoria, o presidente da Tesco, Ian MacLaurin, disse: "Vocês parecem saber mais sobre o meu negócio em três meses do que eu aprendi em trinta anos".

Após o lançamento do pioneiro Clubcard, em 1995, a Dunnhumby cresceu quinhentos por cento em cinco anos (com o crescimento sendo contabilizado pela Tesco), enquanto a rede varejista dobrou sua participação de mercado em menos de três anos. Eis a seguir uma linha do tempo do sucesso sem precedentes do Clubcard:

1994: Clive Humby e Edwina Dunn apresentam à diretoria da Tesco o potencial do Clubcard.

1995: lançamento do Clubcard, e a Tesco ultrapassa a Sainsbury's, tornando-se o maior supermercado britânico.

1996: a linha Tesco Finest é lançada como resultado de insights colhidos do Clubcard.

2000: lançamento do Tesco.com.

2001: lançamento da linha de roupas e a Tesco torna-se acionista majoritária da Dunnhumby.

2002: compra da segunda maior cadeia de lojas de conveniência. 2004: lançamento da campanha "Every Little Helps".

2005: os lucros da Tesco superam dois bilhões de libras.

2006: lançamento do negócio de catálogo, abertura da primeira loja exclusivamente on-line.

2009: relançamento do Clubcard e criação do Tesco Bank.

2010: lançamento do novo aplicativo Clubcard, e a Tesco compra os últimos dez por cento de ações da Dunnhumby.

2012: lançamento da nova faixa de valores diários.

2014: lançamento da nova marca Healthy Living e relançamento da Tesco Finest.

FONTE: FLEMING (2019).

Líder ou atrasado?

A inteligência do cliente está se tornando um diferencial fundamental para as organizações que desejam competir na era digital. O relatório da London Research referido neste capítulo extraiu algumas conclusões interessantes sobre o que significa ser um líder ou alguém atrasado no contexto da análise da inteligência do cliente. Dos entrevistados que trabalham nas organizações (em oposição às agências), 22 por cento foram classificados como "líderes" analíticos, com habilidades analíticas digitais avançadas ou estabelecidas. Os 78 por cento restantes foram classificados como "atrasados", com habilidades analíticas digitais em desenvolvimento ou básicas.

O que faz a diferença entre ser um líder ou um atrasado? O relatório identificou os seguintes atributos mais estreitamente associados à liderança na análise do cliente:

- uso da tecnologia analítica em todo o seu potencial;
- capacidade de realizar análises preditivas e prescritivas;
- ter analistas e cientistas de dados para tirar o máximo proveito dos dados;
- investimento em habilidades para obter o máximo do investimento em tecnologia digital;
- capacidade de obter insights acionáveis a partir da análise;
- tecnologia que permite uma atribuição multicanal eficaz;
- uma cultura baseada em dados que ajuda a impulsionar as atividades de inteligência do cliente.

FIGURA 8.3 Modelo de maturidade de análise do cliente

Maturidade da análise do cliente →

	1. Básico (Atrasados)	2. Em desenvolvimento (Atrasados)	3. Estabelecido (líderes)	4. Avançado (líderes)
Resumo da abordagem analítica	Relato de eventos históricos ("espelho retrovisor").	Transição dos relatórios para uma análise focada em insights e ação baseada no analítico.	Operacionalização de insights (por meio da automatização das ações de marketing). Análise preditiva e prescritiva Personalização e automação.	Visão completa de todas as interações com os clientes. Análises e insights com base na IA proporcionando um ROI significativo e uma melhoria na experiência do cliente (CX).
Pessoas e cultura	Sem recursos dedicados. Decisões não motivadas cientificamente pelo instinto e pela opinião da pessoa mais bem remunerada.	Alguns recursos dedicados. Aprender a transformar dados e insights em ações. Certa "democratização" da análise no local de trabalho	Equipe analítica dedicada/ cientistas de dados Cultura e tomada de decisões baseadas em dados (a análise como a "sala das máquinas dos insights" para proporcionar uma melhor CX).	Equipe de cientistas de dados (atualmente fazendo ciência de dados). Compromisso organizacional com a CX.
Dados e insights	Dados em silos que não devem, sequer, se unir. Ausência de uma visão única do cliente.	Algumas fontes de dados reunidos. Trabalhando para uma visão única do cliente.	Capacidade de "acionar" os dados (por exemplo, ações baseadas em insights). Dados de diferentes fontes reunidos com sucesso. Se aproximar da visão única do cliente. Forte capacidade de associação (embora ainda não reconheça totalmente ao mesmo tempo, as fontes de dados on-line e off-line).	Aprendizado de máquina com a IA para melhorar as capacidades de análise Integração de dados entre a análise digital e outras plataformas de *martech* e *business-tech*. Capacidade para lidar com dados não estruturados.
Tecnologia	Soluções pontuais. Apenas análises gratuitas.	Plataformas *martech* parcialmente integradas.	Soluções pontuais integradas ou nuvem de marketing unificada a partir de um único fornecedor.	Plataforma de experiência totalmente integrada, incluindo a nuvem de marketing.

Nível de investimento →

FONTE: LONDON Research, 2018

O que realmente fará a diferença está resumido em três categorias: pessoas e cultura, dados e insights, e tecnologia. A Figura 8.3 mostra um modelo que resume os diferentes estágios da maturidade da análise do cliente.

Todo profissional de marketing deve procurar aprender com as principais organizações identificadas pela London Research e trabalhar para aproveitar os dados e insights disponíveis a fim de reter e desenvolver sua base de clientes. Este capítulo esclareceu a importância de utilizar a análise de clientes por esse motivo, em vez de mostrar todos os recursos para a aquisição de clientes. Nesse sentido, a tecnologia tem um papel vital a desempenhar na maturidade da análise do cliente. Falaremos mais sobre isso no Capítulo 10.

Principais aprendizados

- É mais caro atrair novos clientes do que manter os já existentes, ainda que o foco da maioria das equipes de vendas e marketing esteja em conquistar novos.
- A análise do cliente evoluiu por meio de quatro etapas:
  - Você é seu trabalho (anos 1950).
  - Você é o local onde mora (anos 1980).
  - Você é o que compra (anos 1990).
  - Você é o que ama (anos 2020).
- Há quatro tipos principais de insights que permitem uma melhor compreensão de sua base de clientes, o que leva a um desenvolvimento e retenção mais eficazes: medidas gerais, valor de vida útil, share of wallet e análise do ciclo de vida do cliente.

- Os eventos e gatilhos são uma ótima maneira de identificar quando enviar uma oferta direcionada.
- A modelagem de semelhanças, muitas vezes usada para encontrar novos clientes que se parecem e se comportam com os de sua base atual, é usada para fazer recomendações personalizadas à sua clientela com base nos produtos que já compraram de você. A Amazon e a Netflix são mestres indiscutíveis de impulsionar sistemas de recomendação.
- Uma excelente maneira de desenvolver e reter os clientes é colocar em prática um programa de fidelidade.
- A inteligência do cliente está se tornando um grande diferencial para as organizações que desejam competir na era digital. O que fará a diferença está resumido em três categorias: pessoas e cultura, dados e insights, e tecnologia.

ALIMENTE SEU CÉREBRO

- Tente responder as perguntas feitas em "medidas gerais do cliente" para sua organização.
- Leia o livro de Thomas Barta, *The 12 Powers of a* Marketing *Leader*, www.thomasbarta.com/the-12-powers-of-a-marketing-leader.
- Explore os recursos e blogs disponíveis da Starcount (Clive Humby) e sites da London Research (www.starcount.com, www.londonresearch.com).

Referências

BAVEJA, S. S. et al. The Value of On-line Customer Loyalty and How You Can Capture It. Bain & Company, 1º de abril de 2000. Disponível em: https://perma.cc/H6MD-MJJ8.

BOND. The Loyalty Report 2019. Bond, 2019. Disponível em: https://perma.cc/FN4F-ZR7R.

CHARLTON, G. Are Ecommerce Customer Retention Strategies Improving? ClickZ, 1 de setembro de 2016. Disponível em: https:// perma.cc/BL3L-VSPW.

FLEMING, M. 'We Had to Make Sure It Didn't Fall on Its Arse': How Tesco Revolutionized Loyalty with Clubcard. Marketing Week, 13 de março de 2019. Disponível em: https://perma.cc/C2N8-KDUE.

GALLO, A. The Value of Keeping the Right Customers. Harvard Business Review, 29 de outubro de 2014. Disponível em: https://perma.cc/EYS3-XCN8.

LONDON RESEARCH. Customer Analytics: The 20 Company Attributes That Lead to Business Success. London Research, 2018. Disponível em: https://perma.cc/GA2W-CYCD.

MACKENZIE, I.; MEYER, C.; NOBLE, S. How Retailers Can Keep Up with Consumers. McKinsey & Company, 2013. Disponível em: https://perma.cc/X2RZ-LEFN.

NAUGHTON, J. The Profits and Perils of Drilling for Crude Data. The Guardian, 1º de maio de 2016. Disponível em: https://perma.cc/RP6F-B8A7.

PALMER, B. Share of Wallet (SOW). Investopedia, 11 de setembro de 2019. Disponível em: https://perma.cc/NH6M-GVF4.

PARDOT. New Benchmark Report: The State of Customer Lifecycle Marketing. Pardot, 2015. Disponível em: https://perma.cc/H5T4-65QL.

PEPPERS, D.; ROGERS, M. Enterprise One to One: Tools for competing in the interactive age. Nova Iorque: Currency Doubleday, 1997.

REJOINER. The Amazon Recommendations Secret to Selling More Online. Rejoiner, 2019. Disponível em: https://perma.cc/6M72-BVD2.

RETAIL TOUCHPOINTS. Customer Acquisition and Retention Benchmark Report: Retailers Shift Strategies to Catch Up with Changing Shoppers. Retail Touchpoints, 2019. Disponível em: https:// perma.cc/G6SB-3GYK.

STARCOUNT. The Emotional Side to Customer Loyalty. **Starcount**, 29 de agosto de 2019. Disponível em: https://perma.cc/8RSH-GE7G.

STATISTA. Number of Netflix Paying Streaming Subscribers Worldwide from 3rd Quarter 2011 to 3rd Quarter 2019. **Statista**, 2019. Disponível em:

WIKIPEDIA. Loyalty program. **Wikipedia**, 2019. Disponível em: https://perma.cc/F8MW-M3Q3.

09

Mídias sociais com mais insights

Introdução

As mídias sociais transformaram a maneira como vivemos. Nós a utilizamos para socializar, fazer compras, preencher nosso tempo livre, dar e compartilhar notícias e informações. Nós as utilizamos para compartilhar nosso conteúdo, bem como para visualizar e comentar o de outras pessoas. Em janeiro de 2020, havia 3,8 bilhões de usuários ativos de mídias sociais no mundo todo, o que equivale a cerca de 49 por cento da população mundial (KEMP, 2020b). O número de usuários das mídias sociais aumenta a cada ano; em janeiro de 2019, era de cerca de 3,5 bilhões (KEMP, 2019) e dentro dessa tendência geral, as estatísticas de uso para plataformas individuais tendem a oscilar. Plataformas se estabilizam enquanto outras surgem, e cada uma tem seu público único com suas próprias necessidades. Um relatório da GlobalWebIndex (2018) constatou que os usuários gastam em média duas horas e 22 minutos por dia com redes sociais e mensagens.

Seus clientes e sua potencial clientela estão, sem dúvida, nas mídias sociais, mas você sabe como eles as utilizam, em que plataformas estão ou como é possível se engajar melhor com eles a partir delas? Para que elas funcionem, você deve usá-las para obter customer insights e incluí-los em sua estratégia para se engajar com clientes e potencial clientela da maneira correta e nas plataformas certas. Muitas organizações estão se direcionando a isso. Nesse contexto, a Adobe relata que os dados sociais são agora a fonte número um do que é coletado pelas organizações como parte de suas atividades de inteligência de clientes (LONDON RESEARCH, 2018).

No Capítulo 8, ouvimos Clive Humby, um dos pioneiros mundiais em dados, salientar como as mídias sociais se tornaram uma fonte externa de dados extremamente significativa para as organizações, pois o que as pessoas seguem nesse ambiente é bastante preditivo do que compram. As mídias sociais não representam apenas um canal, mas pessoas nos dizendo o que amam, onde compram, que outras marcas admiram e os influenciadores que seguem. Para os profissionais de marketing é um divisor de águas, e as organizações a ignoram por sua conta e risco. Começaremos observando as oportunidades que nos são oferecidas pela escuta social.

Escuta social: onde tudo começou

A escuta social permite que as organizações obtenham informações sobre o que as pessoas sentem com relação à marca, à concorrência e ao setor como um todo. Ela envolve o monitoramento de menções, mensagens e discussões relevantes às marcas nas mídias sociais, que são analisadas e convertidas em insights acionáveis. A escuta social difere-se do monitoramento social, que apenas se refere à primeira parte do processo, isto é, a coleta de dados, permitindo que as organizações acompanhem as mensagens e discussões e vejam quantas marcas foram mencionadas.

Tal técnica coloca a análise e a compreensão acima dos números, fornecendo uma noção do panorama e do sentimento por trás das menções da marca. Mais que isso, ela leva em conta toda a variedade de discussões sociais em torno de temas relevantes para você e seus concorrentes. Com isso, ao dispormos de uma visão do porquê de certas discussões ocorrerem nas mídias sociais, é possível criar respostas acionáveis e agir conforme as oportunidades descobertas. Sendo assim, o monitoramento social olha o passado, enquanto a escuta social visa ao futuro.

Que tipo de insight acionável você deve esperar obter da escuta social?

Há inúmeros benefícios para a escuta social, e para muitas organizações faz sentido usá-la para entender o que os clientes dizem on-line, sobre elas e seus concorrentes. Ela também ajuda a identificar os conteúdos que chamam atenção, e aqueles que são compartilhados e comentados, facilitando a criação de conteúdos que seus seguidores de fato desejam. Mark Schaefer, o aclamado especialista em marketing e autor de Marketing Rebellion (2019), fala sobre ignição de conteúdo e argumenta que o conteúdo não tem valor a menos que seja compartilhado (SCHAEFER, 2015). Todos precisamos encontrar maneiras de destacar nosso conteúdo, e a escuta social pode nos mostrar como. A Hootsuite identifica seis maneiras por meio das quais a escuta social beneficia as organizações:

1. Promover o engajamento do cliente — se você identificar com a escuta social que alguém está falando sobre sua marca, é possível retomar essa conversa e responder à pessoa que o mencionou.
2. Ajustar sua estratégia em tempo real — o engajamento é ótimo, mas somente se houver um sentimento positivo

ligado a ele. Com a escuta social, detecta-se mudanças de sentimento em tempo real e identifica-se o motivo da mudança. Mesmo que você receba muito engajamento positivo, procure as razões por trás disso a fim de emular o que funcionou futuramente.

3 Entender como as pessoas o enxergam em relação à concorrência — a escuta social é uma forma de observar seus concorrentes, além de identificar e responder às oportunidades e ameaças à medida que acontecem.

4 Descobrir e abordar problemas específicos — o monitoramento de palavras-chave do setor evidenciará discussões sobre produtos, serviços e características com as quais os clientes se sentem frustrados e que não funcionam para eles. Torna-se possível, então, usar esse insight para ajustar seus produtos, serviços ou recursos de modo que se ajustem melhor às necessidades dos clientes.

5 Desenvolver novas oportunidades de vendas — a escuta social permite encontrar leads para nutri-los e desenvolvê-los em candidatos, o que direciona seu programa de venda social.

6 Identificar influenciadores e defensores — ouvir discussões também permitirá identificar quem poderia atuar como influenciador ou promotor da sua marca, como discutimos no Capítulo 6 (NEWBERRY, 2018).

Há uma ressalva. Embora a escuta social seja fantástica para as grandes empresas, não é adequada para todas, sobretudo às pequenas, para as quais, é contraproducente. Como escreve Schaefer (2019), as marcas podem "ocupar um nicho de mercado em uma pequena cidade onde a escuta de conversas com os clientes será recebida com semanas de silêncio". Atrasar sua estratégia de mídias sociais enquanto está na fase de escuta social só vale a pena se tiver certeza de que há discussões suficientes ocorrendo em torno de sua marca e de seus concorrentes para fazer a diferença.

Dito isso, há maneiras pelas quais as PMEs podem fazer com que a escuta social funcione para elas. Como as PMEs muitas vezes têm menos seguidores, elas podem identificar mais facilmente os promotores ou potenciais influenciadores para sua marca em comparação às grandes empresas. Além disso, podem ver ao que as pessoas reagem a um nível individual, em vez do nível de Big Data.

Entenda seu público: cuidado com a lacuna

Sua estratégia de mídias sociais precisa começar com uma compreensão de seu público-alvo e de como ele as utiliza. Até que descubra isso, não pode esperar saber em quais plataformas se engajar, tampouco como. Então, você deve mapear seu perfil de público em relação ao das plataformas individuais e começar a entender onde seus clientes e potencial clientela se encontram.

As mídias sociais são usadas por várias gerações, mas os millennials e a geração Z têm expectativas diferentes daquelas dos baby boomers. De acordo com a eMarketer (2019), nos Estados Unidos, noventa por cento dos millennials usam as mídias sociais, em comparação com 77,5 por cento da geração X e 48,2 por cento dos baby boomers. Tal fato se prova por pesquisas que mostram que de todos os usuários de mídias sociais, 27 por cento têm entre 18 e 24 anos, assim como 32 por cento estão na faixa dos 25 aos 34 anos (KEMP, 2019). Os millennials e a geração Z exigem mais das marcas nas mídias sociais. Em outras palavras, eles desejam ver o que consideram importante: personalização, criatividade, inovação e transparência, além do propósito da marca (discutido no Capítulo 3).

Se seu público-alvo inclui as gerações mais jovens, tais fatos precisam ser visíveis em seu alcance nas mídias sociais ou há grandes chances de fracasso em sua tentativa de engajá-los.

Um relatório da RWRC e da Valitor Report analisando o que os consumidores querem em um mundo imediatista, apontou que 42 por cento das compras de jovens de 18 a 24 anos são influenciadas pelas mídias sociais (RWRC CONNECT, 2019). A Valitor também realizou pesquisas sobre a experiência dos consumidores britânicos dentro do setor de hospitalidade (bares e restaurantes) e revelou algumas descobertas interessantes relacionadas às mídias sociais. O estudo de caso a seguir resume as principais descobertas.

ESTUDO DE CASO

Pesquisa da Valitor sobre o setor de hospitalidade

Em 2019, a Valitor realizou uma pesquisa (conduzida pela Context Consulting) sobre a experiência dos consumidores britânicos no setor de hospitalidade em 2006 (bares e restaurantes), com o intuito de descobrir, entre outras coisas, o quão importante são as mídias sociais para o setor. Foram feitas algumas descobertas particularmente interessantes referentes às diferenças geracionais:

- Os consumidores mais jovens (entre 16 e 39 anos) acham que é importante que os locais sejam presentes nas mídias sociais e têm mais probabilidade de seguir restaurantes, bares e pubs nas mídias sociais do que os baby boomers.
- A geração mais jovem tem mais chances de descobrir lugares on-line e usar os sites de avaliação para descobrir lugares antes de visitá-los presencialmente.
- Nove em cada dez clientes mais jovens leem avaliações on-line de restaurantes em sites de avaliação e plataformas de mídias sociais.

- Mais de 25 por cento dos clientes mais jovens deixam avaliações on-line negativas para avisar aos outros sobre uma experiência ruim, enquanto os mais velhos preferem reclamar pessoalmente. As críticas negativas dos jovens provavelmente têm maior alcance e perduram mais, com o potencial de afastar novos clientes por muito tempo.
- As gerações mais jovens encontram novos locais para comer ou beber por meio das menções nas mídias sociais, muito mais do que os baby boomers.
- Para os clientes mais jovens, as menções nas mídias sociais e nos mecanismos de busca são quase tão importantes quanto o boca a boca para se descobrir novos lugares.
- Facebook, Snapchat e Instagram são as principais plataformas para o engajamento social com as gerações mais jovens. Vale mencionar que o Snapchat atinge particularmente a geração Z.

Como resultado da pesquisa, a Valitor fez duas recomendações sobre as ações que bares, restaurantes e pubs devem tomar após um cliente experimentar seu serviço:

1. Incentive seus clientes a compartilhar informações e imagens sobre suas visitas nas mídias sociais.
2. Assegure-se de se manter a par de quaisquer críticas ruins e as responda adequadamente.

Onde ouvir?

Com tantas plataformas à escolha, por onde começar? Como já dissemos, você começa com sua audiência demográfica, mas precisa ir mais além do que apenas a faixa etária. As plataformas oscilam em popularidade, e deve-se estar preparado para se adaptar e mudar com as necessidades do público. Seja inteligente e aberto para investigar as plataformas emergentes e para considerar se poderiam ser uma boa opção para sua estratégia de marketing. Além disso, confira quais plataformas crescem e quais estão estabilizadas. Todavia, o tamanho não deve necessariamente estar no topo de sua consideração; deve-se buscar comunidades relevantes, talvez de nicho, que provavelmente se comprometam com sua marca. Um bom exemplo disso é o TikTok, uma plataforma usada em maior parte pela geração Z e (na época em que escrevo) uma das redes sociais que mais cresce no mundo. Em junho de 2018, atingiu quinhentos milhões de usuários ativos mensais, um número que, em dezembro de 2019, aproximou-se de 750 milhões (TALKWALKER; HUBSPOT, 2019). Enquanto o TikTok é ultrapassado por vários canais sociais em termos do tamanho da base de usuários, o Facebook é a plataforma mais usada desde seu lançamento em 2004, e, na época em que escrevo, tem cerca de 2,5 bilhões de usuários ativos mensais (KEMP, 2020b). Sendo assim, os especialistas em marketing olharão o gráfico de crescimento do TikTok e considerarão se o canal lhes oferece um público adequado, adaptando sua estratégia de mídias sociais conforme necessário.

Embora não seja um nicho, o Facebook continua sendo uma boa plataforma para fazer suas apostas, e os insights que oferece dão uma série de informações relacionadas ao público, seguidores, alcance e quão bem suas postagens individuais são recebidas (veja a Opinião de Especialista de Julia Bramble, a seguir). De acordo com o Pew Research Center, cerca de dois terços dos adultos americanos (68 por cento) são usuários do Facebook (SMITH; ANDERSON, 2018).

O Instagram também merece atenção; em janeiro de 2019, apresentava um bilhão de usuários ativos mensais (KEMP, 2020b). Já os usuários do Instagram Stories aumentaram de 150 milhões em janeiro de 2017 para quinhentos milhões em janeiro de 2019 (STATISTA, 2019). Ressalte-se que o Instagram Stories é uma forma incrivelmente eficaz para as empresas aumentarem seu engajamento e seu público. Ele permite a publicação de vídeos de até 15 segundos que desaparecem após 24 horas, para que você não precise se preocupar muito sobre como o conteúdo se encaixa no tema geral do seu feed do Instagram. Por exemplo, é possível dar uma prévia rápida de um novo produto e serviço ou uma espiada em seu escritório ou em algum evento. As fotos instantâneas que ele possibilita se encaixam perfeitamente com a atenção cada vez menor do público (ver Capítulo 1), e os insights que a plataforma transmite são inestimáveis para entender como seu conteúdo é recebido.

Agora, vejamos a opinião de dois especialistas em colher insights das mídias sociais. Primeiro, Julia Bramble, estrategista e instrutora de marketing e anúncios de mídias sociais, oferece algumas dicas para as PMEs sobre como usar o Facebook e o Instagram para obter insights valiosos. Em seguida, é a vez de Laura Hannan, cofundadora e diretora da Pitch121, um serviço de marketing baseado no perfil especializado em ajudar pessoas e empresas a impulsionar as vendas pelo LinkedIn.

OPINIÃO DE ESPECIALISTA

Julia Bramble, estrategista e instrutora de anúncios e marketing nas mídias sociais

Para as PMEs, o mundo das mídias sociais pode parecer assustador. O Facebook e o Instagram oferecem uma enorme variedade de insights, mas se você não tiver os recursos para analisá-los regularmente e dar-lhes sentido, é fácil se sentir sobrecarregado. Meu conselho é escolher dois ou três objetivos nos quais está trabalhando no momento (por exemplo, melhorar o engajamento ou a taxa de cliques em seu site a partir de sua página do Facebook) e determinar quais insights lhe darão as melhores informações para monitorar como está se saindo em relação a esses objetivos. Eis a seguir uma apresentação do tipo de insights que se pode obter do Facebook e do Instagram. Lembre-se de que para uma pequena empresa é irrealista pensar que é possível olhar todos esses insights regularmente, portanto, seja seletivo sobre o que decidir monitorar.

Facebook

As informações estão disponíveis tanto para sua página quanto para seu grupo do Facebook. Há uma enorme quantidade de dados a serem obtidos em anúncios ou eventos, e se usar o Messenger para aumentar sua audiência, você pode obter insights sobre o crescimento de seu Messenger e seu tempo de resposta no próprio Facebook.

Os insights do Facebook também fornecem informações relacionadas a quaisquer vídeos em sua página.

Muitos negócios começam a partir da criação de uma página no Facebook. Eis a seguir os principais insights que a mídia social lhe dá sobre a sua página:

- Quando seu público está mais ativo.
- Demografia do público (idade, sexo, onde moram) para as pessoas que seguem sua página e para aquelas engajadas com seu conteúdo. Essa é uma maneira útil para conferir outra vez se você alcança as pessoas que deseja.
- Número de seguidores.
- Curtidas e tendências ao longo do tempo.
- Alcance, visualizações de páginas e ações tomadas em sua página, tais como quantas pessoas responderam a sua chamada para a ação.

As informações são divididas depois com base em suas publicações individuais. Tal prática oferece um insight valioso, sobre os tipos de conteúdo que as pessoas comentam ou compartilham, para criar conteúdo com características semelhantes no futuro:

- É possível dizer o alcance e o engajamento para cada publicação. Seu alcance é dividido em fãs e seguidores, ou em não-fãs e seguidores, desta forma é possível ver o alcance de cada post para um novo público. O engajamento é dividido ainda em comentários, curtidas e cliques, e é possível obter grupos diferentes de métricas de engajamento para cada postagem. É um recurso útil, pois um número alto de curtidas não equivale necessariamente a um aumento no engajamento.
- O Facebook também monitora quem deixou de curtir ou de seguir quando alguém oculta sua publicação, para você ter ideia dos tipos de conteúdo que não agradam o público. É possível começar a identificar padrões para conferir o que funciona e o que não funciona.

Instagram

Se você tem uma conta no Instagram modelo empresarial ou criadora de conteúdo (essa última é uma conta para pessoas que desempenham um papel semelhante ao de influenciadores — criam conteúdo, mas não representam necessariamente um negócio), terá acesso a toda uma série de insights. Com essas contas, é possível saber:

- quem é seu público;
- quando são mais ativos no Instagram (dia da semana e hora do dia);
- quantas curtidas e comentários suas postagens receberam;
- ações tomadas em seu perfil, por exemplo, o número de cliques no site;
- quantas pessoas pararam de acessar o feed para verificar seu perfil.

Como no Facebook, os insights estão disponíveis em suas postagens, de forma individual, basta clicar abaixo delas em "ver insights". Esse recurso é realmente útil caso queira averiguar a origem das visualizações de suas postagens, por exemplo, se ocorreram por meio do feed das pessoas, da aba "explorar" ou de hashtags.

O Instagram Stories também é um canal cada vez mais importante, pois oferece uma visão geral de seus stories, o que permite a quantificação das visualizações e em que ponto as pessoas pararam de assisti-los. Sendo assim, ao entrar no Instagram Stories, terá uma visão muito mais aprofundada, assim como terá acesso a dados individuais, inclusive:

- Uma lista de todos que viram seus stories e até qual parte eles viram.
- Em Stories Insights, é possível ver quantas pessoas navegaram para o próximo segmento ou saíram (ou seja, deixaram de ver seus stories), o que fornece pistas sobre como seu conteúdo engaja.
- Pessoas que viram seus stories ou parte deles porque sua publicação foi compartilhada nos stories de alguém.
- O Instagram Stories também permite realizar pesquisas, questionários e perguntas para obter feedback direto do público — as respostas são gravadas em Stories Insights para sua referência e para serem posteriormente compartilhadas com o público, caso tenha interesse.

Como disse antes, é surreal pensar que é possível olhar para um conjunto completo de insights regularmente, logo, aconselho verificar os insights demográficos gerais em sua página do Facebook uma vez por mês, no máximo, e, as estatísticas resumidas e as detalhadas uma vez por semana. Eu recomendaria algo semelhante para o Instagram Insights — verifique as informações demográficas no máximo uma vez por mês. No que tange às informações resumidas e às detalhadas, uma vez por semana. Ressalte-se que é mais fácil verificar diariamente as informações dos stories, sobretudo se quiser registrar quem viu um determinado story, tendo em vista que eles desaparecem após 24 horas, assim como os insights detalhados. Por outro lado, os insights resumidos são arquivados com os stories, caso habilite tal função.

Laura Hannan, da Pitch 121, compartilha a seguir suas ideias sobre o LinkedIn como um canal, o tipo de insights que se pode obter por ele e como aplicá-los para fazer seu marketing por meio da plataforma.

OPINIÃO DE ESPECIALISTA

Laura Hannan, cofundadora e diretora comercial da Pitch 121

É muito mais fácil conectar-se individualmente no LinkedIn do que conseguir que alguém siga a página de sua empresa, portanto, antes de tudo, procure por indivíduos com quem se conectar. Em seguida, forneça um conteúdo útil às pessoas, além de simpatia em nível individual, ao menos por um tempo. Dessa forma, envie uma mensagem privada pedindo que sigam a página de sua empresa. Embora as páginas de empresa não apontem quem as segue, elas dão um insight do setor, do tamanho da empresa e do seu tempo de atuação, o que permite verificar se os seguidores de sua empresa se encaixam, de forma aproximada, no perfil de seu cliente.

Seguem minhas melhores dicas para se conectar com as pessoas:

- Lembre-se de que as regras de networking on-line são as mesmas que as do networking off-line. Se você estivesse em uma sala, fazendo networking, não abordaria outra pessoa com um pedido de venda na primeira interação. Você conversaria primeiro, seria legal, mostraria interesse e conduziria a conversa para poder encontrar a melhor maneira de ajudar. Só porque está on-line não significa que é possível deixar as regras de lado. Adote a mesma abordagem: mostre interesse, pergunte às pessoas sobre si mesmas e inicie um diálogo que possa levar a algum lugar.
- O perfil de alguém no LinkedIn e sua seção "sobre" lhe dá um bom insight de como se aproximar. Você tende a encontrar dois tipos de perfil: os repletos de tópicos e títulos curtos e objetivos, e os que contam uma história. Caso se aproxime de alguém que use tópicos, faz sentido, ao explicar algo a ele, fazer o mesmo. Caso, entretanto, se aproxime de alguém que escreveu uma história sobre si mesmo,

ele pode preferir ouvir algo casual sobre outra pessoa que você ajudou. Essas são maneiras igualmente válidas de vender às pessoas, mas você terá mais sucesso se reproduzir o estilo delas.

- Veja as recomendações que alguém deu em vez de aquelas que recebeu, pois isso lhe informa sobre as características e as habilidades que essa pessoa valoriza, o que pode lhe dar dicas sobre ela ou sobre o tipo de serviço que ela valorizaria.
- Tente fazer solicitações de conexão tão específicas e relevantes quanto possível.
- Busque pessoas que se sintam à vontade para falar de si. Como saber se as pessoas gostam de falar de si? Escreva uma publicação e faça uma pergunta específica convidando as pessoas a opinarem. Perguntas abertas como "o que você acha?" poucas vezes são bem-sucedidas, mas perguntas como "sua marca pessoal deve ter uma cor — qual é a sua?" em geral obtêm uma boa resposta. As pessoas que respondem a esse tipo de mensagem muitas vezes estarão dispostas a falar com você, portanto, use isso como um gatilho para iniciar uma conversa.
- A curiosidade mata! O e-mail e o LinkedIn são usados juntos para despertar a curiosidade das pessoas. Assuntos ambíguos de e-mail às vezes funcionam melhor do que assuntos específicos. Se enviar um e-mail às pessoas com o assunto "Bate-papo rápido?" ou "Reunião na semana que vem", muitas vezes receberá uma taxa de abertura melhor do que se fizesse uma menção específica sobre o que deseja falar com elas. Depois de enviar um e-mail, pode-se usar o LinkedIn para construir o relacionamento nas mídias sociais. Sua abordagem no LinkedIn também deve ser propositalmente ambígua para encorajá-las a olhar o e-mail ou até mesmo iniciar uma conversa com você. É mais provável que "eu lhe enviei um e-mail na semana passada" funcione mais do que "eu lhe enviei um e-mail sobre X".
- Descobrimos que a maioria das pessoas prefere não ser abordada sobre vendas de forma direta no LinkedIn, em particular se tiverem um perfil que recebe muitas ofertas de vendas. Se elas estiverem interessadas em vendas, muitas vezes, vemos conexões negociando a oferta por e-mail. Embora seja possível vender na plataforma, se você busca construir relacionamentos, a venda provavelmente o comprometerá. Recomenda-se fazer "pedidos" afáveis e educados,

pois tais atitudes funcionam bem, mas é preciso fazê-los com cuidado. Para manter o relacionamento no LinkedIn o mais consistente possível, indica-se o uso de um canal mais direto como o e-mail ou as ligações.

Métricas de vaidade e engajamento real: o que curtir?

Métricas de vaidade, como o número de curtidas ou seguidores, podem fazer com que sua atividade nas mídias sociais pareça fantástica. O problema é que elas não dizem nada real e podem enganá-lo, levando-o a pensar que sua atividade nas redes sociais tem um desempenho melhor do que na realidade tem. Seu número de seguidores não reflete quantas pessoas verão sua publicação ou se engajarão com seu conteúdo, e suas curtidas não são indicativos do número de pessoas que clicam, baixam ou compram seu produto ou serviço. Há um significado muito maior em como os seguidores se engajam com o seu conteúdo (como compartilhá-lo) ou se convertem em clientes.

Em 2019, o Instagram removeu a possibilidade de os seguidores verem quantas curtidas uma determinada foto recebeu (essa métrica ainda existe para o criador ver). A função curtir do Instagram ajudou a dar força a enorme onda do marketing de influência e é interessante perceber como essa decisão afetará pessoas como Kylie Jenner — que supostamente recebeu um milhão de dólares por uma única publicação no Instagram (PAUL, 2019). O Instagram alega que a mudança permitirá que os usuários se concentrem no conteúdo em vez do feedback, em uma tentativa de abordar a crescente conscientização em torno da saúde mental e das mídias sociais (ver o final deste capítulo). Há muitas pessoas céticas sobre essa alegação, vendo-a, em vez disso, como um movimento econômico do Facebook para limitar o poder dos influenciadores e manter mais comércio internamente (SCHIRR, 2019).

Rachel Miller, uma profissional de estratégia social global, marketing e futuro do trabalho, recebe com satisfação essa mudança, pois significará que as organizações serão forçadas a abandonar a obsessão por métricas de vaidade e encontrar uma maneira real de medir o ROI de sua atividade social. Miller (2019) culpa a falta de análise de dados pela fraca compreensão em torno do engajamento, afirmando que o ROI das mídias sociais deve ser "impulsionado principalmente por um engajamento real resultante de uma experiência personalizada". Isso significa usar os dados disponíveis para criar conteúdo que seu público-alvo valorizará e que lhe será apresentado no momento certo e na plataforma correta".

As marcas estão começando a experimentar diferentes maneiras de engajar seus clientes. Algumas até mesmo mostram o desejo de se tornarem menos dependentes das mídias sociais públicas. A varejista de cosméticos, Lush UK, tomou a decisão de fechar suas contas nas mídias sociais em todo o Reino Unido (Facebook, Twitter e Instagram). Em vez disso, criaram a hashtag #LushCommunity para monitorar e se concentrar em participar das conversas relevantes e explicar que "estamos cansados de enfrentar os algoritmos e não queremos pagar para aparecer em seu feed de notícias" (GILLILAND, 2019). Na realidade, a empresa não saiu das mídias sociais; ela está apenas lidando com elas em um espaço que lhe foi concedido em vez de pagar por ele. Nesse contexto, o tempo dirá o que isso fará com seus níveis de engajamento.

A seguir, recorremos a Adam Gray, autor do livro best-seller Brilliant Social Media e cofundador da consultoria de gestão de mídias sociais DLA ignite, sobre a importância de resistir ao discurso de vendas nas mídias sociais, em vez de engajar o público por meio do conteúdo e da liderança do pensamento.

OPINIÃO DE ESPECIALISTA

Adam Gray, cofundador e diretor de propriedade intelectual da DLA ignite

Meu conselho para qualquer profissional de marketing é manter uma dose saudável de ceticismo sobre tudo o que acontece no espaço social. Durante anos, os profissionais de marketing confiaram em sua intuição e experiência, mas o novo cenário de marketing torna difícil prever o que terá êxito, inclusive, dentro de sua atividade de mídias sociais.

A forma de engajar os clientes nas mídias sociais será diferente, pois depende se você está no espaço B2C ou B2B. Para compras de baixo valor, pouco engajamento e pequena complexidade B2C, a mídia paga no Instagram ou no Facebook funciona muito bem. Entretanto, se estiver vendendo uma solução B2B de alto valor em que o processo de compra e o nível de risco são muito maiores, nenhuma quantidade de publicidade no Facebook vai ajudá-lo.

Engajar seu cliente no espaço B2B se trata mais de mobilizar sua rede e criar uma base de crença de que sua organização é o lugar onde as pessoas devem comprar. Para medir seu engajamento, você precisa examinar de forma implacável se as publicações individuais fracassaram ou são bem-sucedidas. Somente dessa forma você terá uma boa ideia do que empolga ou atinge um *share of mind* de seus clientes e potencial clientela. Trata-se de entender o que seu público quer ouvir.

Muitas vezes, as organizações utilizam as mídias sociais para discursos de vendas, mas esse não é o lugar certo. Resista, ainda que acredite de fato que seu produto é o melhor do mercado. Se um produto é incrível ou não, nada tem a ver com seu sucesso ou fracasso. O que importa é se as pessoas se engajam com a empresa e o produto, e a única maneira de construir esse engajamento é prover conhecimentos e conselhos que permitam que as pessoas comprem seu produto ou serviço com confiança.

A ascensão do comércio social

As mídias sociais cresceram e se tornaram mais do que apenas um canal de engajamento; é cada vez mais um espaço que atende às necessidades das empresas, desde a publicidade direcionada até as vendas de comércio eletrônico. Para muitas marcas, "a possibilidade de concluir a compra enquanto permanece dentro do ecossistema dessas plataformas sociais surgiu como o 'Santo Graal' no desenvolvimento do comércio eletrônico" (GLOBALWEBINDEX, 2019). O Instagram pavimentou o caminho, introduzindo em 2019 um recurso de checkout que permite aos usuários comprar coisas pelo aplicativo. O Deutsche Bank prevê que a mudança do aplicativo para as compras gerará dez bilhões de dólares em receitas somente em 2021 (GHOSH, 2019). Em novembro de 2019, o PayPal Commercial Index informou que esperava que o número de empresas britânicas que vendiam pelas mídias sociais dobrasse até meados de 2020, o que significa que as pessoas comprariam de mais seiscentas mil varejistas britânicas nas mídias sociais (PAYPAL, 2019).

Desse modo, o marketing de influência tem sido fundamental para o crescimento do comércio social e, como já mencionado, é um grande negócio. Inúmeras celebridades como Kylie Jenner recebem pagamentos astronômicos pelas suas publicações no Instagram ou no YouTube. Cristiano Ronaldo, por exemplo, supostamente ganha mais dinheiro como influenciador no Instagram do que como jogador da Juventus (LANE, 2019). Como vimos no Capítulo 6, o marketing de influência é uma grande estratégia para marcas quando feito da forma correta, e não se trata apenas de celebridades. Os dados coletados pela GlobalWebIndex (2019) mostram que a mesma parcela de pessoas descobre marcas tanto por meio de celebridades quanto por postagens em blogs especializados ou avaliações de produtos.

Entretanto, há sinais de que a bolha de influenciadores está prestes a estourar. Os anunciantes têm conhecimento de que alguns pagam por seguidores, curtidas e comentários ou usam bots para aumentar artificialmente o engajamento, ao passo que os consumidores começam a suspeitar de influenciadores que promovem produtos que na realidade não gostam, tampouco usam. Por essa razão, estão sendo tomadas medidas para combater esse tipo de fraude, mas não há dúvidas de que a confiança dos consumidores foi abalada.

Abordar a falta de confiança do consumidor tem sido um tema recorrente neste livro. No Capítulo 1, analisamos como a legislação (RGPD da UE) aumentou a desconfiança dos consumidores em relação ao uso de dados. Além desse enorme descrédito em relação aos dados, os consumidores estão se tornando cada vez mais cautelosos em relação aos influenciadores, e sua confiança e paciência na publicidade social também começa a diminuir. De acordo com a GlobalWebIndex (2019), 51 por cento dos compradores sociais usam bloqueadores de anúncios para impedir suas exibições, e quase metade dessas ferramentas, sejam para celular ou desktop, afirmam que os anúncios são irritantes e irrelevantes ou até muito invasivos.

Ainda que a publicidade em mídias sociais seja um grande negócio, os formatos invasivos e repletos de anúncios geram a resistência à publicidade on-line. No Capítulo 7, introduzimos as questões éticas em torno das plataformas de publicidade direcionada e do uso de dados. Desse modo, como profissionais de marketing, podemos descobrir que legislações como o RGPD ou a Lei de Proteção ao Consumidor da Califórnia (CCPA) nos atinge, tornando muitas de nossas atividades atuais fora dos limites sociais. A seguir, William Blundon, empreendedor em série e presidente e CEO da AdvertOne Inc, discute a probabilidade de a privacidade se tornar ainda mais difícil de navegar quando mais regulações sobre cookies forem aplicadas.

VISÃO DE ESPECIALISTA

William Blundon, presidente e CEO da Advert One

Plataformas ou publicações? A publicidade nas mídias sociais é um grande negócio.

Estamos no início de um terrível acerto de contas no setor da publicidade digital. A razão é simples: plataformas de anúncios e muitos anunciantes têm abusado dos dados dos consumidores por duas décadas sem ter permissão para fazê-lo.

A Conferência das Nações Unidas sobre Comércio e Desenvolvimento relata que 107 países implementaram uma legislação para garantir a proteção de dados e privacidade (UNCTAD, 2019). O Regulamento Geral de Proteção de Dados da União Europeia (RGPD) é geralmente visto como o conjunto de proteções mais abrangente do mundo. Nos Estados Unidos, vários estados estão implementando a legislação de privacidade (SERRATO; ROSENZWEIG, 2019). Desses, a Lei de Privacidade do Consumidor da Califórnia (CCPA) é a mais extensa. Com a evolução da legislação de privacidade, os Estados Unidos, a União Europeia e outros países começam a estabelecer limites no uso de *cookies* para direcionar a publicidade digital. Tanto o RGPD quanto a CCPA colocam muitas outras restrições sobre como os dados dos consumidores são coletados, armazenados, usados e compartilhados. Alguns comentaristas previram que novas exigências regulatórias poderiam significar o fim do modelo de negócio de publicidade on-line. Embora isso seja extremamente improvável, a publicidade digital em plataformas sociais e em outras mídias enfrenta um futuro incerto.

Neste admirável mundo novo, a publicidade baseada em permissão abrirá o caminho para o futuro. Em vez de usar dados comportamentais e secundários ou confiar em *cookies* ou outro software de rastreamento de cliques, a publicidade baseada em permissão envia anúncios direcionados a pessoas que concederam ao anunciante ou plataforma de anúncios o direito explícito e particular de usar seus dados. A infraestrutura para a publicidade digital está passando por uma mudança fundamental. A tecnologia blockchain e o armazenamento de dados pessoais on-line (Pods) permitirão aos consumidores controlar como os anunciantes e as plataformas de anúncios acessam seus dados pessoais. Estamos caminhando para um mundo em que haverá contratos entre indivíduos e plataformas de publicidade, e os anunciantes poderão pagar aos indivíduos (espectadores de publicidade) por suas ações.

Há um debate sobre considerar se os grandes sites sociais são plataformas ou publicações, pois, o que quer que sejam determina o quanto serão regulamentados. Se forem considerados plataformas, são apenas um meio pelo qual a comunicação flui, portanto, seria regulado de forma bastante leve. Se, no entanto, forem considerados publicações, têm a propriedade das informações em seus sites, mas também são responsáveis por esse conteúdo. As propriedades das mídias sociais em geral prefeririam ser consideradas plataformas devido ao maior nível de liberdade. Entretanto, acumulam enormes quantidades de dados e conseguem direcionar o conteúdo para indivíduos pelos seus algoritmos, de modo que muitas vezes se parecem mais com uma publicação. Em última análise, serão os governos e as organizações voltadas para o cidadão que determinarão onde a linha é traçada, e com o tempo poderá surgir uma nova categoria, um híbrido dessas duas coisas. A mídia social é uma força tão dominante e global que esquecemos que ela ainda é uma criança. Portanto, há muitas decisões fundamentais que precisam ser tomadas ou refeitas durante a próxima década.

O tempo dirá onde termina o debate plataforma vs. publicação. No entanto, da maneira como as coisas vão, com o marketing de influência e o recurso de Checkout do Instagram, os sites de mídias sociais certamente estão começando a se assemelhar com publicações ou com motores de comércio eletrônico. Com o passar do tempo, os legisladores precisarão descobrir que tipo de regulamentação é necessária para esses sites, sobretudo porque muitos deles são fortemente dominados por jovens que podem ou não consentir com adultos.

Tendências a serem observadas nas mídias sociais

Encerraremos este capítulo com algumas tendências das mídias sociais a serem observadas:

1 As marcas inteligentes adotarão a transparência e a privacidade como elementos-chave de sua atividade social. Aqueles que descobrirem como deixar a personalização e a privacidade coexistirem em harmonia ficarão no topo. As marcas devem ser mais claras sobre a troca de valores de dados e torná-la parte de sua proposta de marca. Os profissionais de marketing precisam reconhecer que não é apenas com as plataformas sociais que se deve lidar; as marcas também têm um papel vital a desempenhar.

2 Em 2020, o WhatsApp revelou que alcançara dois bilhões de usuários ativos mensais em comparação com os 2,5 bilhões de usuários ativos mensais do Facebook (KEMPa, 2020). As interações em aplicativos de mensagens, como WhatsApp, SnapChat e WeChat, estão indo em uma direção, e isso é tudo. Tais aplicativos são conhecidos como "dark social": interações não podem ser rastreadas e não oferecem os insights de marketing da mesma forma que as mídias sociais públicas.

3 A "dark social" se distingue do lado obscuro das mídias sociais, é um termo usado para se referir a coisas como "trolagem", abuso de privacidade, desinformação e fake news. Já as Deep fakes pegam a imagem de uma pessoa e a substituem pela semelhança de alguém usando inteligência artificial e, embora algumas sejam divertidas, têm conotações bastante sérias, sobretudo em eleições, quando usadas para influenciar eleitores. Como profissional

de marketing, não reconhecer o que é real e o que é uma ilusão pode ter implicações para os dados e insights reunidos, uma vez que as pessoas têm múltiplas identidades e podem alegar ser alguém que não são para se beneficiar de alguma forma.

4 O lado obscuro das mídias sociais também inclui o seu uso problemático e compulsivo, que tem um efeito negativo sobre a vida das pessoas. Há uma crescente consciência do impacto das mídias sociais na saúde mental, com muitos usuários optando por reduzir seu uso a partir de hashtags como a "#DigitalDetox" se popularizando cada vez mais. As pessoas não estão saindo totalmente das mídias sociais, mas monitorando seu uso e reconhecendo a necessidade de uma pausa ocasional. O que isso significa para os profissionais de marketing? Não há motivo para grande alarme, mas esteja ciente de que as pessoas podem começar a se desconectar e a reduzir o número de plataformas sociais que utilizam.

Se você está pensando que o novo cenário social parece assustador, não está só. Uma legislação mais rígida aumentará a responsabilidade pessoal dos profissionais de marketing e é vital que permaneçam dentro dos limites do que lhes é permitido fazer. Não percamos de vista, porém, que esse é também o momento mais maravilhoso para ser um profissional de marketing. Os dados e a tecnologia à nossa disposição abrem oportunidades e insights surpreendentes. No Capítulo 10, veremos como usar a tecnologia para nos ajudar a navegar neste admirável mundo novo.

Principais aprendizados

- As mídias sociais transformaram a maneira como vivemos e se tornaram uma fonte externa de dados extremamente significativa para as organizações. Elas não são apenas um canal; são pessoas que nos dizem o que amam, onde fazem compras, que outras marcas amam e os influenciadores que seguem.
- O monitoramento social olha o passado, enquanto a escuta social, o futuro. A escuta se baseia no monitoramento por meio da análise e compreensão em camadas sobre os números, permitindo ter uma noção do panorama e do sentimento por trás das menções de sua marca.
- Sua estratégia relacionada às mídias sociais precisa começar com uma compreensão do público-alvo e de como ele as utiliza. Cada geração tem expectativas muito diferentes e as usam de formas distintas. Comece com seu público demográfico, mas analise mais profundamente, isto é, para além da faixa etária.
- As plataformas oscilam em popularidade, e você deve estar preparado para se adaptar e mudar conforme as necessidades do público.
- Resista ao impulso de dar um argumento de vendas nas mídias sociais e, em vez disso, engaje o público por meio do conteúdo e da liderança de pensamento. Use os dados disponíveis para criar conteúdo que seu público-alvo valorizará, apresentado no momento certo e na plataforma certa. A forma de engajar seus clientes nas mídias sociais será diferente dependendo se estiver no espaço B2C ou B2B.

- As mídias sociais cresceram e se tornaram mais do que apenas um canal de engajamento; é cada vez mais um espaço que atende às necessidades das empresas, desde a publicidade direcionada até as vendas de comércio eletrônico. O marketing de influência tem sido fundamental para o crescimento do comércio social, e é um grande negócio.
- A publicidade baseada em permissão abrirá o caminho para o futuro. Os legisladores precisarão determinar se os grandes sites sociais são plataformas ou publicações e que tipo de regulamentação é necessária, sobretudo porque muitos deles são fortemente dominados por jovens que podem ou não consentir.
- Principais tendências a serem observadas: transparência e privacidade como elementos-chave de marca da atividade social, dark social, deep fakes, além de uma crescente consciência do impacto das mídias sociais na saúde mental.

ALIMENTE SEU CÉREBRO

- Leia o livro de Adam Gray *Brilliant Social Media: How to start, refine and improve your social media business strategy*
- Saiba mais sobre as melhores práticas de mídias sociais:
  - www.facebook.com/business/insights. Relatórios e conselhos baseados em pesquisas do Facebook — e assine sua newsletter.
  - www.facebook.com/business/news. Atualizações no Facebook sobre melhores práticas, estudos de caso e mudanças em sua plataforma (incluindo Instagram, é claro).
  - https://sociallysorted.com.au/blog. ótimo blog sobre todas as coisas visuais das mídias sociais.
  - https://adespresso.com/blog. ótimo blog não só para anúncios no Facebook, mas também para mídias sociais mais amplas.
- www.socialmediaexaminer.com/category/how-to. ótimos artigos utilitários para todas as redes sociais, muitos sobre Facebook e Instagram.
- Considere seu próprio perfil nas mídias sociais e como você se encontra — será que precisa de uma reformulação? Pense em obter alguma ajuda. Fui orientada há muitos anos por Jane Scandurra e desde então recomendei seus cursos de orientação e coaching a muitas pessoas. Confira a empresa dela em www.scandurragroup.com.
- Confira os perfis nas mídias sociais dos especialistas deste capítulo ou de outras pessoas que você admira. Chegue até eles e peça para se conectar. Siga-os e confira quem os segue. Veja se é possível colher alguma dica útil para melhorar seu próprio perfil.

Referências

EMARKETER. US Social Media Users, by Generation, 2019. eMarketer, 2019. Disponível em: https://perma.cc/ESH6-37J6.

GHOSH, S. Instagram's Big Bet on Shopping Could Be Worth $10 Billion in 2021. Business Insider, 3 de abril de 2019. Disponível em: https://perma.cc/BWB7-K7UU.

GILLILAND, N. Why Is Lush Moving Away from Social Media? Econsultancy, 11 de abril de 2019. Disponível em: https://perma.cc/HM8K-LWVX.

GLOBALWEBINDEX. Social: GlobalWebIndex's Flagship Report on the Latest Trends in Social Media. GlobalWebIndex, 2018. Disponível em: https://perma.cc/VRD5-73PK.

GLOBALWEBINDEX. Social Commerce. GlobalWebIndex, 2019. Disponível em: https://perma.cc/A3VU-P3YL.

KEMP, S. Digital 2020a: April Global Statshot. DataReportal, 2020. KEMP, S. Digital 2020b: 3.8 Billion People Use Social Media. We Are Social, 30 de janeiro de 2020. Disponível em: https://perma.cc/ WH7B-L423.

LANE, B. Cristiano Ronaldo Reportedly Makes More Money Being an Influencer on Instagram Than He Does Playing Soccer for Juventus. Business Insider, 16 de outubro de 2019. Disponível em: https://perma.cc/64AV-LU7R.

LONDON RESEARCH. Customer Analytics: The 20 Company Attributes That Lead to Business Success. London Research, 2018. Disponível em: https://perma.cc/NM2S-RWLR.

MILLER, R. Drop the Vanity, It's Time for Action, Not Eyeballs. Rockstar CMO, 2019. Disponível em: https://perma.cc/W77X-A2C8.

TRAN, T. What Is Social Listening, Why It Matters, and 10 Tools to Make It Easier. Hootsuite, 03 de março de 2020. Disponível em: https://perma.cc/5535-GTBY.

PAUL, K. Instagram Tests Hiding How Many People Like a Post. That Has Influencers Worried. The Guardian, 15 de novembro de 2019. Disponível em: https://perma.cc/7FHB-5J5B.

PAYPAL. PayPal Research Finds Businesses Turning to Social Media to Sell. Paypal, 2019. Disponível em: https://perma.cc/RA4Z-RKX6.

RWRC CONNECT. What Consumers Really Want: Shoppers' Behaviours in an Instant-Everything World. RetailWeek, 2019. Disponível em: https://perma.cc/A356-DKV8.

SCHAEFER, M. Beyond Content Shock: The Defining Trend of 2015 Is Content Ignition. Businesses Growes, 2015. Disponível em: https://perma.cc/YTW4-CF62.

SCHAEFER, M. A Social Media Myth: Do We Really Need to "Listen to Our Customers"? Businesses Growes, 2019. Disponível em: https://perma.cc/6BYJ-ZTSG.

SCHIRR, K. Critical Marketing Considerations: Social Media and Mental Health. Businesses Growes, 2019. Disponível em: https://perma.cc/6WEJ-U26R.

SERRATO, J. K.; ROSENZWEIG, D. GDPR, CCPA and Beyond: Changes in Data Privacy Laws and Enforcement Risks to Monitor in 2019. Norton Rose Fulbright, 27 de fevereiro de 2019. Disponível em: https://perma.cc/6TG3-E6PX.

SMITH, A.; ANDERSON, M. Social Media Use in 2018. Pew Research Center, 1° de março de 2018. Disponível em: https://perma.cc/XHW8-WLQW.

STATISTA. Number of Daily Active Instagram Stories Users from October 2016 to January 2019. Statista, 2019. Disponível em: https://perma.cc/7KJH-JSNH.

TALKWALKER; HUBSPOT. Social Media Trends for 2020, Talkwalker, 2019. Disponível em: https://perma.cc/K46C-QMGN.

UNCTAD. Data Protection and Privacy Legislation Worldwide. UNCTAD, 2019. Disponível em: https://perma.cc/7TCP-8L3N.

10

Tecnologia para ajudar

Introdução

Ao longo dos capítulos deste livro, analisamos os vários desafios enfrentados pelos profissionais de marketing no mundo atual. As expectativas da função de marketing e da carga de trabalho que a acompanha são maiores do que nunca e fica cada vez mais claro que, para ter sucesso, precisamos encontrar maneiras de impulsionar a enorme quantidade de tecnologia à nossa disposição.

Não há como negar a importância da tecnologia ao marketing. Isso se reflete no aumento dos gastos com ferramentas: de acordo com o fornecedor de inteligência de mercado IDC, os gastos mundiais com dados e ferramentas analíticas atingirão 260 bilhões de dólares até 2022, com uma taxa de crescimento anual composta de 11,9 por cento (IDC, 2018). No momento em que escrevo, o mercado global de martech está avaliado em 121,5 bilhões de dólares, representando um aumento anual de 22 por cento (BDO, 2019), e de acordo com a Gartner, 26 por cento do orçamento total de despesas de marketing é dedicado a martech (STARITA, 2019).

Apesar disso, 44,6 por cento dos profissionais da área citam que a insuficiência da tecnologia é o maior desafio que enfrentam no marketing baseado em dados (SHUKAIRY, 2019). Como vimos no Capítulo 1, há uma abundância de tecnologia, novas plataformas, ferramentas e fornecedores aparecendo o tempo todo, e navegar por elas pode parecer imensamente desafiador. Pouquíssimas organizações sentem que têm um conjunto tecnológico que atende plenamente às suas necessidades. Você sabe quais tecnologias de marketing sua organização utiliza (caso haja alguma)? Sabe como elas são organizadas ou integradas? Sabe o que mais existe por aí que poderia facilitar seu trabalho ou a que fornecedores recorrer para obter conselhos? Você tem a sensação de que deveria procurar soluções gratuitas ou pagas? Se a resposta a qualquer uma dessas perguntas for "não", você não está só. Pesquisas da Domo e da Censuswide descobriram que 83 por cento dos profissionais de marketing se sentem sobrecarregados pelo número sempre crescente de novas tecnologias (LITSA, 2019), e o planejamento da estratégia de longo prazo é mais difícil do que nunca, devido ao fato de o cenário permanecer em um estado constante de fluxo.

Contudo, não se desespere! Este capítulo utiliza a experiência dos profissionais renomados nessa técnica para fornecer um guia prático para a montagem de um conjunto tecnológico de marketing e para o planejamento de uma estratégia de martech. Também destacamos barreiras ou desafios que podem ser encontrados, bem como os perigos de não se olhar além da tecnologia e dos fornecedores como base para considerar outros aspectos necessários para uma estratégia de martech bem-sucedida, tais como as pessoas e a cultura organizacional. No entanto, o termo é muito usado e muitas vezes mal compreendido, então começaremos pela sua definição.

O que significa exatamente *martech*?

Martech é muitas vezes pensado de forma errônea, uma vez que se relaciona a plataformas como HubSpot, Marketo ou Salesforce. Entretanto, uma plataforma por si só não é descrita como "martech". Trata-se simplesmente de uma tecnologia — uma tecnologia de marketing, talvez — mas não passa disso. Sendo assim, o termo significa impulsionar a tecnologia para atingir as metas e objetivos de marketing. Carlos Doughty, tecnólogo de marketing e fundador da MarTech Alliance, definiu a expressão como "a interseção de marketing e tecnologia", explicando que "qualquer tecnologia que uma empresa utiliza para entregar seu marketing é tecnologia de marketing — quando agrupada, essa coleção de tecnologia é citada como seu marketing ou seu conjunto tecnológico. No entanto, a técnica não se restringe apenas às plataformas. Trata-se de entender o que acontece na interseção crítica, o impacto que isso tem sobre seu plano de marketing, de pessoas, de processos e, por fim, do cliente" (MARTECH ALLIANCE, 2019). Este capítulo considerará as tecnologias, como construir um conjunto de marketing e como impulsioná-lo para atingir seus objetivos. Começaremos observando as tecnologias.

Escolhendo sua tecnologia

Como vimos, em 2020 o guru de martech Scott Brinker (2020) identificou a existência de oito mil soluções que se utilizam de tal técnica, 13,6 por cento acima de 2019. Seu famoso supergráfico destaca o dilema de escolha enfrentado pelos profissionais de marketing de hoje. Com tantas tecnologias existentes para apoiá-los na geração e distribuição do customer insight, como escolher? A categorização das tecnologias feita por Scott ajuda bastante a direcionar o foco. Ele as categoriza em seis grupos:

1 publicidade e promoção (922 tecnologias);
2 conteúdo e experiência (1.936 tecnologias);
3 mídias sociais e relacionamentos (1.969 tecnologias);
4 comércio e vendas (1.314 tecnologias);
5 dados (1.258 tecnologias);
6 gestão (601 tecnologias).

Cada grupo é então dividido ainda mais em categorias relevantes a sua totalidade. Os dados são de longe a categoria de crescimento mais rápido, com 25,5 por cento de aumento. Há 1.258 tecnologias que se encaixam em uma das dez subcategorias seguintes:

1 dados de público/marketing e melhoria de dados;
2 inteligência do negócio/cliente e ciência de dados;
3 plataforma de dados do cliente;
4 painéis de controle e visualização de dados;
5 DMP (data management platform — plataforma de gestão de dados);
6 governança, conformidade e privacidade;
7 iPaaS Cloud/integração de dados e gerenciamento de tags;
8 desempenho e atribuição da análise de marketing;
9 análise móvel e da web;
10 projetos e fluxo de trabalho.

A seguir, Scott fala brevemente sobre como desenvolve e atribui essas categorias.

OPINIÃO DE ESPECIALISTA

Scott Brinker, vice-presidente do ecossistema de plataformas da HubSpot, editor do Chiefmartec.com e presidente do programa da MarTech

Inicialmente, criei as categorias para o panorama da tecnologia de marketing vasculhando centenas de sites. Queria pesquisar e absorver a linguagem utilizada pelas organizações para descrever e posicionar seus produtos. Essa linguagem se combinou, formando as categorias do infográfico.

Quando se trata de decidir que categoria atribuir a determinados produtos, tomo as organizações pelo valor nominal e sou guiado principalmente pela forma como elas identificam seus próprios produtos e como são vistas por quem trabalha no setor. Alguns produtos poderiam se encaixar em várias categorias, portanto, procuro ser guiado pela proposta de valor principal de cada produto. Por exemplo, quase toda tecnologia de marketing incorpora alguma forma de dados e análises, mas os escolhidos para a categoria de dados são aqueles que têm dados e análises como sua principal proposta de valor.

Os limites em torno das categorias são muito porosos, e boa parte disso se resume ao debate semântico. Às vezes, os produtos acabam em mais de uma categoria, mas só permitiria que isso acontecesse caso fosse inevitável!

Penso no cenário como um dos produtos e não como uma organização. Alguns dos principais nomes como a Adobe, a Microsoft ou a Salesforce têm centenas de produtos que insiro individualmente em categorias. Por exemplo, colocaria o Sales Cloud CRM da Salesforce na categoria de CRM e sua nuvem de marketing na categoria de automação de marketing e gestão de campanhas/leads (ambas subcategorias da categoria de Conteúdo e Experiência).

Faço duas ressalvas:

1 Esse panorama não é, de forma alguma, completo. Sempre ouço falar de empresas ao redor do mundo que ainda não incorporamos, portanto o número real é muito maior do que as oito mil que relatamos em 2020.

2 Esse panorama é composto principalmente de produtos que são envoltos explicitamente como uma solução de marketing. Cada vez mais, porém, as plataformas de computação em geral têm um valor que é aplicado ao marketing; elas não estão apenas integradas com o marketing como sua principal missão. Por exemplo, existem agora centenas de serviços disponíveis na Amazon Web Services, muitos dos quais são reunidos de maneiras interessantes para resolver os desafios de marketing, mas até o momento, não os inclui no panorama. Você poderia argumentar que eu deveria! A ausência deles não significa que eu ache que não tenham valor ao marketing.

Creio que o mercado será cada vez mais bifurcado entre as principais plataformas como a Adobe, a Salesforce, a Microsoft, a Oracle e as aplicações especializadas. Os principais nomes estarão abertos para abraçar um ecossistema de parceiros de aplicativos mais especializados integrados em suas plataformas. A necessidade de um campo muito rico e robusto de especialistas em aplicativos não diminuirá, pois parece impossível para uma organização cobrir tudo o que os profissionais de marketing querem fazer. A próxima geração de *martech* verá, portanto, os principais nomes assumindo o papel de plataformas grandes e fundamentais, proporcionando coesão a um conjunto de aplicações mais especializadas.

Outra fonte útil a ser utilizada na tomada de decisões sobre software de análise é a Finances Online. A plataforma elabora anualmente uma lista dos vinte melhores sistemas de software de análise de dados, dando uma visão geral de cada um e destacando seus pontos fortes e fracos. Os cinco melhores sistemas em 2020 estão listados a seguir:

1. Sisense;
2. Looker;
3. Zoho Analytics;
4. Albacora;
5. Periscope Data.

Esses sistemas são classificados como superiores ao IBM Analytics (que ocupa o décimo lugar no top 20), ao IBM Watson (12º lugar), ao MATLAB (13º lugar) ou ao Google Analytics (14º). Todos os sistemas têm seus próprios pontos fortes (por exemplo, o Sisense tem detecção de idioma automático, o Yellowfin oferece uma plataforma de inteligência de negócios totalmente integrada, e o IBM Analytics incorpora o aprendizado de máquina), portanto, você deve ter um caso de negócios genuíno e uma imagem clara do problema que pretende resolver antes de considerar em qual investir.

Por meio da MarTech Alliance, uma empresa de mídia de tecnologia de marketing que ajuda as organizações a conduzir sua transformação digital, Carlos Doughty tem como objetivo simplificar a tecnologia de marketing, e produziu um guia dos 4Ps da Tecnologia de Marketing para orientar os profissionais por meio da riqueza de soluções disponíveis. Se uma coisa é clara, é que essas tecnologias não são consideradas isoladamente; você deve pensar em como cada uma delas se alimenta de sua tecnologia e da estratégia martech como um todo. Os quatro Ps de Carlos são:

1. Plano ou o "Porquê" — essa é a pedra angular de sua estratégia de marketing. Seu planejamento e plano de ação de martech envolve a jornada do cliente, fortalece seu canal de marketing, proporciona uma visão mais rica e acelera sua estratégia de marketing até os objetivos do negócio e a experiência do cliente.
2. Pessoas ou "Quem" — as habilidades/treinamento, pessoas, parceiros e estrutura de equipe necessários para entregar sua estratégia de martech. Tecnólogos ou operacionais de marketing, parceiros de plataforma, gerentes de automação de marketing, gerentes de operações de marketing digital, cientistas de dados, growth hackers e muito mais, até a tecnologia emergente e disruptiva que redefine as funções como as conhecemos hoje.

3 Plataformas ou "O quê" — desde a seleção de ferramentas de marketing até a construção e integração do conjunto completo, essa é a tecnologia que permite ou otimiza a publicidade e a promoção, o comércio e as vendas, o conteúdo e a experiência, os dados, a gestão, as redes sociais e os relacionamentos. Trata-se de qualquer instrumento, desde e-mail de marketing, busca, conteúdo, mídias sociais, mídia paga, mensurabilidade, marketing conversacional, automação e personalização multicanal, capacitação de vendas — e essencialmente, qualquer ferramenta orientada por dados.

4 Processo ou "Como" — esse é um processo de duas partes: implementação ou o processo de instalação de sua(s) solução(ões) martech, e operações ou o processo de funcionamento do negócio com as plataformas. Em ambos os casos, trata-se de velocidade, adaptabilidade, experimentação rápida até a otimização (MARTECH ALLIANCE, 2019).

Carlos nos conduzirá pelo Passo 3 (Plataformas) em mais detalhes, apresentando cinco passos para construir seu conjunto de marketing.

OPINIÃO DE ESPECIALISTA

Carlos Doughty, CEO, diretor de marketing tecnológico e fundador da MarTech Alliance

Passo 1: classifique as etapas da ferramenta de marketing a partir da auditoria de planejamento

Comece avaliando seu conjunto atual de ferramentas de marketing de acordo com a necessidade das plataformas:

- Manter — a solução atende às necessidades do negócio.

- Otimizar — a solução atende a algumas das necessidades do negócio.
- Abandonar — a solução não atende às necessidades do negócio.
- É necessário escolher um fornecedor — nenhuma solução existente.

Esse processo é particularmente útil na identificação de qualquer tecnologia não utilizada que pode liberar orçamento para ajudar a financiar outras.

Passo 2: defina e visualize sua estrutura

A seguir, você quer ter uma visão geral de seu conjunto tecnológico. Há uma série de maneiras pelas quais é possível enquadrá-lo e visualizá-lo, por exemplo, pela jornada do cliente, pela função do canal de marketing ou pelo tipo de solução *martech*. Quando tiver sua estrutura, mapeie-a em contraste com suas ferramentas de marketing existentes para identificar quaisquer lacunas ou áreas nas quais tenha ferramentas que não precisa. Seu conjunto tecnológico principal deve incluir:

- depósito de dados;
- plataforma de dados do cliente (CDP – customer data platform);
- automação de marketing;
- gestão do relacionamento com o cliente (CRM — customer relationship management);
- sistema de gestão de conteúdo;
- gestão das mídias sociais;
- inteligência, análise e atribuição do negócio;
- comércio eletrônico.

Essas duas etapas estão interligadas. A identificação das soluções que devem ser mantidas, otimizadas, abandonadas, etc., vem da visualização e do enquadramento de seu conjunto tecnológico existente.

Passo 3: fluxo do processo de dados do mapa

Agora, identifique como seus dados atravessam pelo seu conjunto tecnológico. Os dados fluem por todas as direções, evoluindo conforme seguem, e o sucesso ou fracasso de seu conjunto de *martech* dependerá de quão bem você entenderá sua modelagem e arquitetura de dados. Tudo precisa ser controlado, desde os dados coletados até o que acontece quando eles são enriquecidos ou anexados e organizados pelo conjunto tecnológico. É essencial que as equipes de TI e marketing trabalhem de forma colaborativa para compreender bem isso.

Há muitas soluções que ajudam a simplificar esse processo, por exemplo, a integração da plataforma como serviço (iPaaS — integration-platform-as-a-service), os CDPs e ecossistemas de aplicação. Tais produtos são criados com os profissionais de marketing em mente. Tomemos os CDPs como exemplo, cujo conceito não é novo, mas a tecnologia é. Existem soluções predefinidas que podem ajudá-lo a alcançar o que todos os profissionais de marketing almejam: visão única do cliente, melhor análise de insight, personalização, segmentação e capacidade de usar todos esses ricos dados para ativar suas campanhas de marketing e produzir uma atividade integrada. A tecnologia CDP centraliza os dados e incorpora uma série de regras inteligentes para que uma abordagem de comunicação integrada seja automaticamente lançada por uma variedade de canais diferentes. As organizações fazem isso há algum tempo, mas, até recentemente, precisavam construir as soluções por conta própria. A diferença agora é que temos soluções tecnológicas CDP predefinidas, e muito do trabalho já está feito desde o início.

Passo 4: processo de escolha de fornecedores

Após concluir as três primeiras etapas, é provável que tenha descoberto a necessidade de novas tecnologias de marketing. Eis a seguir uma abordagem metodológica para a escolha de fornecedores. Note que isso foi pensado para soluções empresariais. Para organizações menores, o nível do processo documental é reduzido:

1 Coleta de requisitos internos e solicitação de informações;
2 Comitê de direção do projeto estabelecido;
3 Casos de uso de negócio;
4 Casos de uso da plataforma;
5 Tabela de resultados dos fornecedores;
6 Solicitação de proposta;
7 Seleção de fornecedores;
8 Provas de conceito;
9 Implementação e configuração;
10 Integração do conjunto tecnológico;
11 Treinamento e ambientação;
12 Suporte e atualização;
13 Gestão de fornecedores;
14 Auditoria e avaliação.

Uma observação sobre a tabela de resultados dos fornecedores: seus casos de uso do negócio devem ser utilizados para ajudar a definir como pontuar os diferentes fornecedores. Tenha cuidado com os que surgem e apenas oferecem uma demonstração de sua plataforma. É vital fazer uma demonstração relativa à forma como você vai utilizá-la, para garantir sua eficácia da maneira necessária. Também vale a pena observar que a seleção de um fornecedor é o sétimo passo nesta lista. Com muita frequência, as empresas fazem imediatamente essa seleção sem dar a devida consideração aos seis pontos anteriores. É vital ter uma ideia clara do que precisa e por que precisa, assim como das opções disponíveis, antes de tomar sua decisão.

Passo 5: manutenção e desenvolvimento de seu conjunto de marketing

Manter e desenvolver seu conjunto de marketing é um trabalho perpétuo. Desde conduzir a adoção de sua plataforma, manter-se atualizado com o mais recente produto lançado, a ambientação de novas contratações, o desenvolvimento dos usuários da plataforma ou a negociação de termos de renovação. Isso significa dizer que haverá muitas tarefas que irão mantê-lo ocupado. É essencial ter um tecnólogo de marketing dedicado que esteja um passo à frente dos desenvolvimentos.

Não se trata apenas de tecnologia

Como você escolhe sua tecnologia é de vital importância, mas há muito mais em uma estratégia martech de sucesso do que apenas plataformas. Os outros 3Ps mencionados por Carlos (Plano, Processo e Pessoas) precisam de igual atenção. As ferramentas de análise estão se tornando cada vez mais sofisticadas, mas investir na tecnologia não é suficiente. Os investimentos também precisam ser feitos nas pessoas e nos aspectos de processo da análise de dados para que ela funcione para sua organização. Como já dito, Carlos deixa claro em seu relatório 4Ps da tecnologia de marketing que um tecnólogo da área dedicado é vital para o sucesso de qualquer conjunto de marketing. As organizações precisam de pessoas que saibam como utilizar novas tecnologias e integrá-las com as ferramentas e processos existentes. A Econsultancy (2018) relatou que dois terços das empresas (64 por cento) acreditavam não ter as habilidades ou talentos para aproveitar ao máximo a tecnologia de marketing, com 45 por cento dos entrevistados B2B e B2C citando-a como uma das três principais barreiras para o uso adequado de martech.

Além de contratar as pessoas certas e investir no treinamento necessário, você deve pensar em qualquer parceria interna que possa ajudá-lo a atingir seus objetivos. Quem seria necessário ter do lado de dentro da sua organização para fazer de sua estratégia de martech um sucesso? Por exemplo, como Carlos mencionou, é vital que as equipes de marketing e de TI trabalhem juntas para entender o fluxo e o armazenamento de dados dentro de uma empresa. A McKinsey concorda; em

2019, a empresa apontou a importância da parceria com o CTO (Chief Technology Officer): "CMOs unificados entendem que o marketing e a tecnologia são parceiros inextricáveis no desenvolvimento de potencial para trazer valor de novas maneiras. O marketing sozinho não pode tirar proveito do vasto volume de dados que as empresas têm sem uma estreita colaboração com o CTO" (BOUDET et al., 2019).

O Capítulo 8 considerou os resultados do relatório da London Research (2018) sobre o que significa ser um líder e alguém ultrapassado no contexto da análise de dados. Além dessas descobertas, o relatório mostrou que os líderes têm 59 por cento mais probabilidades do que os ultrapassados de receber o apoio das stakeholders na diretoria da organização em inteligência digital do cliente. Os stakeholders em nível no patamar executivo precisam apreciar a importância da análise dos clientes e autorizar o nível apropriado de investimento necessário para atingir as metas do negócio.

No Capítulo 8, demos uma breve olhada no modelo de maturidade da análise do cliente. Para mais detalhes, Linus Gregoriadis, diretor da London Research, fala a seguir sobre o que determina a maturidade técnica em análise e distingue os líderes dos atrasados.

Potencializando a tecnologia para se tornar um líder analítico

---

OPINIÃO DE ESPECIALISTA

Linus Gregoriadis, diretor e cofundador da London Research

O relatório da London Research sobre análise de clientes pesquisou 1,8 mil profissionais de negócios e identificou um grupo de "líderes" de inteligência de clientes, incluindo 15 por cento das empresas que responderam, cujas habilidades eram "estabelecidas" e sete por cento que eram "avançadas". Os 78 por cento restantes foram classificados como "atrasados" e considerados como estando no estágio da análise do cliente "básico" ou "em desenvolvimento", com uma margem significativa para melhorias.

Em termos de tecnologia, aqueles no estágio "básico" usavam apenas soluções pontuais e análises gratuitas; aqueles no estágio "em desenvolvimento" tinham passado a plataformas *martech* parcialmente integradas; os líderes "estabelecidos" usavam soluções pontuais integradas ou uma nuvem de marketing unificada de um único fornecedor, e; os líderes "avançados" usavam uma plataforma de experiência completamente integrada, incluindo uma nuvem de marketing.

Nossa pesquisa identificou sete atributos mais estreitamente associados à análise de liderança do cliente (abordados no fim do Capítulo 8). Os dois atributos relacionados à tecnologia são:

1. uso da tecnologia de análise em todo o seu potencial;
2. tecnologia que permite uma atribuição multicanal eficaz.

Os líderes são três vezes mais propensos que os atrasados a concordar que "utilizam sua tecnologia de análise digital em todo seu potencial" (58 por cento dos líderes contra 19 por cento dos atrasados).

Integração tecnológica

A integração tecnológica surgiu como um fator crítico para o sucesso da inteligência do cliente, permitindo uma maior personalização baseada na conexão contínua de múltiplos pontos de contato com o cliente por meio de uma plataforma unificada. O objetivo de todos os profissionais de marketing deve ser afastar-se dos silos de dados e, em vez disso, ter os dados integrados em todo o seu conjunto de marketing. A integração da tecnologia deve vir em primeiro lugar. Descobrimos que as empresas líderes em termos de automação e integração estão começando a obter todo o valor da tecnologia de análise digital, mas ainda são muito minoritárias.

Estamos vendo uma evolução da análise da web para a inteligência do cliente. Não é mais suficiente apenas monitorar o número de visitantes do site; os profissionais de marketing precisam de soluções mais integradas nas quais as ações prescritas pela tecnologia de análise podem alimentar as plataformas de automação de marketing. O Santo Graal para muitos profissionais de marketing é conseguir uma visão "360 graus" de um cliente para oferecer uma experiência hiperpersonalizada. Desse modo, objetivando melhorar a experiência do cliente, as organizações devem investir em soluções digitais integradas que combinem o aprendizado de máquina e os dados. Os líderes de análise do cliente têm uma probabilidade significativamente maior de pagar pela tecnologia do que seus pares, seja exclusivamente ou em conjunto com softwares gratuitos, como o Google Analytics.

O debate pago vs. gratuito

Nossa pesquisa encontrou um benefício tangível para as organizações que pagam por suas soluções analíticas. Os líderes de análise do cliente são mais de três vezes menos propensos que seus pares a relatar o uso de software gratuito (ver Figura 10.1). Há um apetite crescente pela tecnologia de análise paga, impulsionado principalmente pela constatação de que os dados e estatísticas disponíveis nos fornecedores gratuitos não oferecem o mesmo nível de insights acionáveis que as soluções pagas. Aqueles identificados como líderes de análise percebem que não se trata apenas de ter os dados e estatísticas, mas que eles precisam levar a ações prescritas, e que vale a pena investir na melhor tecnologia para diminuir essa sobrecarga. Nossa pesquisa mostra que empresas que usam análises pagas têm 48 por cento mais chances de dizer que obtêm insights acionáveis a partir de seus dados.

A privacidade dos dados e o RGPD também tiveram um impacto, pois muitas marcas acreditam que ter uma tecnologia paga oferece um nível mais alto de controle. A abordagem da "plataforma fechada" adotada pelo Google, pela Amazon e pelo Facebook também aponta o equilíbrio a favor de soluções pagas, já que os dados estão apenas sob controle da organização e não sob controle do fornecedor da plataforma gratuita.

FIGURA 10.1 Tipo de tecnologia utilizada por líderes e atrasados (paga vs. gratuita)

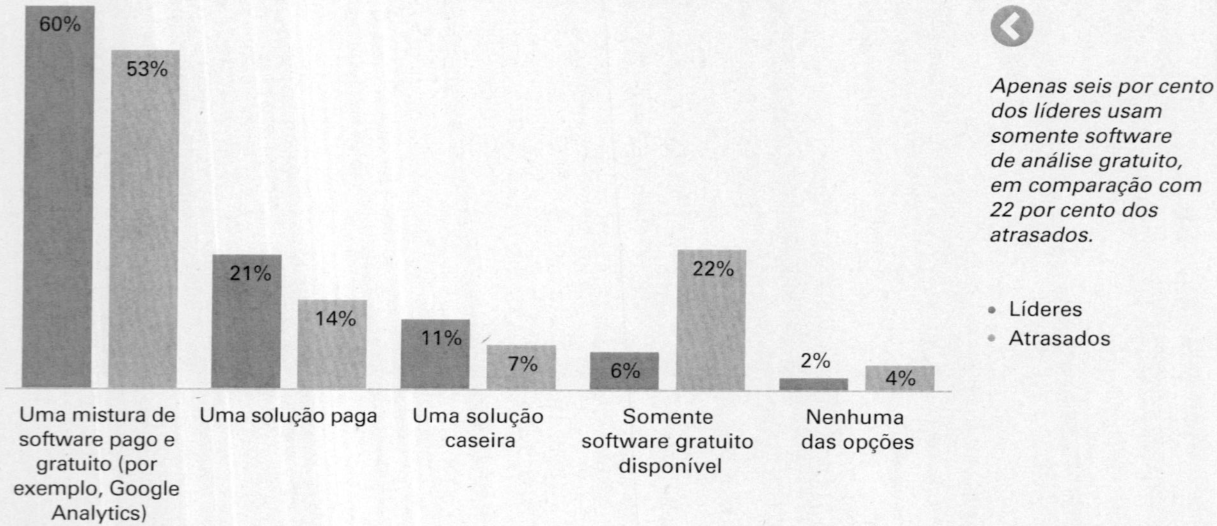

FONTE: LONDON Research, 2018.

Além disso, a figura 10.1 mostra que a maioria das empresas pesquisadas usa uma mistura de tecnologia paga e gratuita. Os líderes, entretanto, olham além do software gratuito e sua valiosa (mas ainda limitada) funcionalidade, com 21 por cento usando apenas uma solução paga (em comparação com 14 por cento dos atrasados). Como já mencionado, apenas seis por cento dos líderes dependem exclusivamente de software gratuito.

Soluções de análise pagas abrem muitas portas para as marcas, além de fornecerem insights acionáveis. Eis a seguir algumas estatísticas de nossas pesquisas que descrevem os benefícios das análises pagas:

1 As marcas que usam as melhores soluções pagas são mais propensas do que aquelas que utilizam software gratuito a obterem integração entre ferramentas de análise de clientes e outras fontes de dados como e-mail, automação de marketing, personalização, comércio eletrônico e sistemas de gestão de conteúdo. Nossa pesquisa constatou que empresas que usam análise paga têm 77 por cento mais chances de ter uma plataforma tecnológica que automatize o envio de mensagens e a comunicação a partir de insights de análises digitais, fornecendo uma base sólida para iniciativas de experiência do cliente.
2 Têm 31 por cento mais chances de dizer que a análise digital fornece uma base sólida para suas iniciativas de experiência do cliente.
3 Possuem 94 por cento mais chances de impulsionar totalmente a inteligência do cliente para obter o máximo valor de seu investimento em mídia paga.
4 Possuem quarenta por cento mais chances de enriquecer os dados de seus clientes utilizando dados secundários e terciários, por exemplo, utilizando o Adobe Analytics em conjunto com o Adobe Audience Manager, com o fim de observar dados confidenciais e de fontes externas em uma única plataforma.

Seja optando por soluções gratuitas ou pagas, essa é uma discussão importante de se ter ao determinar o que incluir em seu conjunto martech. Por ter liderado o marketing de negócios na Europa para a Adobe por sete anos, John Watton é alguém que conhece a tecnologia de análise. John dá mais detalhes a seguir sobre o debate pago vs. gratuito, bem como sobre o estado atual da tecnologia de marketing.

OPINIÃO DE ESPECIALISTA

John Watton, ex-líder europeu de marketing da Adobe

Os profissionais de marketing de hoje têm mais dados e insights do que noção de como proceder a partir deles. Assim, todo profissional de marketing deve ter como objetivo tornar-se mais competente em termos de dados, uma vez que não se trata mais de algo deixado apenas aos cientistas da área; eles se democratizaram e permeiam todos os aspectos do papel do marketing.

Produtos como o Adobe Analytics tornam os dados acessíveis a todos em uma organização. Por exemplo, um analista usou o software para analisar a seção empresarial do Adobe.com. Ele interpretou o comportamento da web e forneceu respostas a perguntas sobre estatísticas de visitantes ou de engajamento. Essa não foi, no entanto, a única maneira que o Adobe Analytics foi usado. Os gerentes de marketing também acessavam a ferramenta de forma independente para encontrar respostas a quaisquer perguntas que tivessem.

Um produto premium e pago como o Adobe oferece o tipo de funcionalidade abundante e necessária para desenvolver uma sofisticação de análise. A maior parte das marcas ainda não dominou a análise da web, tampouco a análise do cliente, portanto, há um longo caminho a percorrer, e muitas organizações ainda estão dispostas a manter uma opção mais simples e gratuita (mais comumente o Google Analytics).

O padrão em tecnologias de análise de web são similares ao Adobe Analytics ou Webtrends. Historicamente, o Adobe Analytics é usado para análise da web, mas há uma demanda crescente para trazer dados de outras fontes que não o site (como a gestão de relacionamento com o cliente). Essa demanda tem se transformado mais em um portal de análise de clientes, combinando dados de muitas fontes.

A realidade é que poucas empresas conseguem alcançar essa visão "360 graus" das interações com os clientes, integrando sites pagos, fornecidos e próprios, bem como serviços, suporte, on-line e off-line. Esse é um grande exercício de canalização. Os departamentos nas organizações usam ferramentas gratuitas e fáceis de configurar e instalar, em conjunto com as ferramentas pagas mais acessíveis dentro de um orçamento departamental, o que ocasiona iniciativas em silos. Idealmente, as organizações precisam de uma iniciativa de transformação entre empresas com suporte executivo para reunir esses silos em uma plataforma de análise mais ampla. Apenas dessa forma, a desejada visão 360 graus do cliente é alcançada. Quem lidera essa transformação cruzada? Pode ser um CMO inovador ou o CIO (particularmente o caso na Alemanha), o Chief Digital Officer (CDO) ou uma combinação dos três.

Os principais nomes de tecnologia para a transformação de empresas são a Adobe, a Salesforce e a Oracle. Todas têm seus próprios pontos fortes; por exemplo, a Adobe tem o Adobe Experience Manager, ótimo para a gestão de conteúdo, enquanto a Salesforce tem uma forte automação de marketing, bem como uma capacidade para mídias sociais, e o software da Oracle é programático e ótimo para automação do marketing. Em suma: todas essas ferramentas têm uma rica funcionalidade e uma flexibilidade, conseguindo formar uma visão 360 graus do cliente a partir de um único registro da clientela, que se encontra em todos os canais de marketing e que permite que todas as comunicações sejam personalizadas e relevantes. Historicamente, são as grandes empresas que usam software analítico e pago. No entanto, isso vem mudando, pois não se trata mais apenas de uma lista de funcionalidades e se você deve ou não pagar por elas. Após o advento do RGPD, trata-se de governança de dados, privacidade e transparência. Muitas empresas agora precisam considerar questões como "Podemos confiar nossos dados a uma ferramenta gratuita de uma pequena startup? A quem podemos confiar nossos dados? Deveríamos optar por um nome mais estabelecido que, sem dúvida, possa resolver o problema tanto técnica como legalmente?" Não é uma resposta fácil, mas é inegável que o processo de tomada de decisão é ainda mais complexo!

Analisaremos a seguir um estudo de caso da Refinitiv, a fornecedora global de dados e infraestrutura de mercados financeiros e vencedora de dois prêmios de excelência em marketing (THE CONFERENCE BOARD, 2019; SANCHEZ, 2019). A Refinitiv é avançada em termos de maturidade técnica e um cliente típico da Adobe. James Rowland, diretor de desempenho digital da Refinitiv, foi nomeado na premiação B2B Marketing 2019 na categoria "profissional de marketing B2B do ano". No estudo de caso a seguir, ele explica como a organização potencializou a tecnologia da Adobe para sustentar o desenvolvimento de seu inovador mapa de jornada do cliente e melhorar a experiência do cliente digital.

ESTUDO DE CASO

James Rowland — A jornada unificada do cliente da Refinitiv

A jornada unificada do cliente da Refinitiv foi criada para nos dar a melhor chance de transformar um visitante do site em um cliente fiel. Nosso objetivo era projetar a jornada perfeita para um indivíduo ou conjunto de indivíduos, tornando o usuário o número um. O processo consiste em cinco áreas-chave que, juntas, oferecem a melhor e mais suave experiência digital possível para o cliente:

1 Conscientização. Nessa fase, a interação e a conscientização são apoiadas com conteúdo social on-line e vídeos, incluindo canais de mídias sociais, como Twitter, LinkedIn e YouTube.
2 Geração de leads. Esta etapa envolve a aquisição do cliente por meio da busca orgânica, incluindo a otimização de mecanismos de busca (SEO) e o pagamento por clique (PPC).
3 Vendas. Na etapa 3, um lead é transformado em cliente. O cliente entra no portal de vendas e recebe uma série de e-mails de "boas-vindas" ao longo de sete dias consecutivos.
4 Ambientação e retenção. A equipe de Experiência do Usuário Digital oferece treinamento contínuo e suporte a todos os novos usuários via e-mail, vídeos e suporte por bate-papo.
5 Apoio e renovação. O cliente se beneficia de sugestões autorizadas e personalizadas com base em seu perfil de usuário e uso do site.

Nossa missão é impulsionar o crescimento e a inovação dos clientes com nossa plataforma unificada, permitindo que o setor descubra, faça transações e gerencie riscos. Onde há silos, construímos conexões. Onde há uma abundância de dados, facilitamos a descoberta de insights poderosos. Onde há oportunidade, possibilitamos liquidez, e onde há regulamentação, entregamos clareza. Para tornar tudo isso possível, usamos quatro produtos Adobe diferentes para lançar o portal MyRefinitiv. O portal permite que os clientes acessem todos os 150 produtos da empresa por um login. Os produtos da Adobe no conjunto tecnológico são os seguintes:

1 Adobe Analytics — usado para analisar o tráfego em torno do site e do desempenho.
2 Adobe Audience Manager — usado para conseguir dados da nossa base atual de clientes e pesquisar o tipo de clientela que queremos atrair. A ferramenta também nos fornece informações sobre nossos visitantes da web.

3 Adobe Experience Manager — a informação do Adobe Audience Manager alimenta o Experience Manager, a plataforma de gestão de conteúdo da Adobe, a qual nos permite servir o conteúdo mais adequado a cada indivíduo, em uma campanha extremamente direcionada.

4 Adobe Target — essa plataforma nos permite personalizar com base em um entendimento dos segmentos de clientes coletados e monitorados no Audience Manager.

O lançamento do portal foi um sucesso, com os clientes classificando a nova experiência do portal com uma avaliação muito mais alta do que a experiência antiga. Com isso, o uso das ferramentas de autoatendimento do cliente aumentou em 38 por cento.

O impacto da inteligência artificial e do aprendizado de máquina

Este capítulo termina observando como a inteligência artificial (IA) e o aprendizado de máquina estão impactando o cenário da tecnologia de marketing. Como profissionais de marketing, estamos todos conscientes da crescente prevalência da IA em nossas tecnologias, e muitos profissionais da área já estão tomando medidas para utilizá-la. Por exemplo, a London Research descobriu que a maioria deles usam IA ou planejam usá-la, para o seguinte:

- visar ao conteúdo certo e o envio de mensagens no momento adequado;
- gerar insights;
- identificar e criar uma dinâmica de segmentos;
- criar e adaptar o conteúdo para personalização em grande escala.

O direcionamento oportuno das mensagens de conteúdo é o principal motivo pelo qual as empresas usam a IA, dentre as quais, quase três quartos já a utilizam por esse motivo ou planejam fazê-lo (LONDON RESEARCH, 2018). No Capítulo 7, analisamos como ela é usada para escrever melhores briefings criativos, coletar dados de compra e veicular anúncios personalizados, bem como para alimentar as próximas melhores iniciativas de ação. Como lembrete, é usada em todos os tipos de formas para determinar a melhor ação a ser tomada, incluindo o tempo ideal e o método de engajamento.

Prevê-se que a IA e o aprendizado de máquina se tornarão cada vez mais confiáveis para as organizações devido à sua capacidade de fazer sentido e de obtenção de uma compreensão mais profunda de uma vasta quantidade de dados. É provável que se torne tão comum que eventualmente deixaremos de falar sobre isso. Você se lembra de uma época em que tudo possuía um "e" em suas iniciais? Costumávamos falar sobre eCRM ou eCommerce, mas agora o "e" se tornou tão incorporado que não precisamos mais mencioná-lo. O mesmo se aplica à IA.

FIGURA 10.2 Tabela de avaliação de sucesso de Katie King

1 **Mentalidade de IA**	2 **Apoio executivo**	3 **Caso de negócio**	4 **Experimento**	5 **Colaboração**
• Visão • Abertura • Habilidade de mudar • Flexível • Realista	• Confortável • Ávido • Alinhado • Ativo/parceria com tomadores de decisão • Visão de futuro	• Resolve a necessidade do cliente • KPIs estratégicos e em ordem • Abordagem iterativa • Processos prontos • Monitoramento dos concorrentes/ disruptores	• Saber quais ferramentas podem ajudar • Comprovação do conceito • Preparado para falhar • Processos documentados • Dados coesivos para insights profundos	• Interdepartamental • Humanos e máquina • Trabalhar com a academia • Conexões com cadeias de suprimento e parceiros • Visão a longo prazo
1 ponto para cada	1 ponto para cada	1 ponto para cada	1 ponto para cada	1 ponto para cada

6 **Talentos de IA**	7 **Cultura**	8 **Inovação**	9 **Impacto mais abrangente**	10 **Plano de ação**
• Aprendizado contínuo • Plano de requalificação • Talento executivo • Recursos específicos a postos • Financiamento disponível	• Interdepartamental • Olhar para o exterior • Equidade • Longo prazo • Reconhecer o fator "o que eu ganho com isso" para os funcionários	• Ágil • Incentivar inovação • Aberto • Planejamento para disrupção • Planejamento para transformação	• Entender a ética • Trabalhar com o órgão comercial do setor • Contribuição para as estruturas • Responsável/vigilante • Conformidade	• Plano estratégico em ordem • Consciência do financiamento • Critérios de sucesso em ordem • Pronto para executar a IA • Autoridade para proceder
1 ponto para cada	1 ponto para cada	1 ponto para cada	1 ponto para cada	1 ponto para cada

Qual foi a sua pontuação/50?	**0–20** **Tradicional** Atualmente operando de forma mais tradicional; um principiante em IA, mas pelo menos está em seu objetivo. É hora de pesquisar seu setor, identificar as ferramentas disponíveis, ser claro sobre a necessidade do cliente e começar a criar sua estratégia de IA em um plano de marketing.	**20–35** **Transicional** Um início promissor; a IA está nos planos, mas você perde muitas oportunidades objetivando causar um grande impacto. Olhe atentamente para sua pontuação e analise quais são as lacunas e onde deve concentrar seus esforços.	**35–50** **Transformacional** Você explora os benefícios que a IA oferece em muitos aspectos de seu marketing. Para causar um impacto transformacional em sua empresa avalie sua pontuação e analise quais são as lacunas. Mantenha o cliente no centro; tenha uma visão de longo prazo e considere os impactos éticos mais amplos da IA.

FONTE: WWW.AIINMARKETING.COM

Katie King, autora de Using Artificial Intelligence in Marketing, desenvolveu uma tabela de pontuação de sucesso para ajudar as pessoas a começarem a usar a IA para o tipo de iniciativas das quais falamos ao longo deste livro (ver Figura 10.2). Para saber mais sobre a IA e sua crescente importância, voltamo-nos outra vez para Katie King.

OPINIÃO DE ESPECIALISTA

Katie King, autora

A inteligência artificial e o aprendizado de máquina tomam as conjecturas do marketing e fornecem as evidências, dados e insights necessários para torná-lo mais científico, confiável e à prova de erros. Isso dá superpoderes aos profissionais dessa área, pois lhes permite ter em mãos informações detalhadas sobre os clientes. Com a IA e o aprendizado de máquina, esses profissionais fornecem um marketing extremamente personalizado para que os clientes obtenham informações pertinentes e relevantes quando quiserem.

Junto com esse incrível potencial, no entanto, vem uma enorme quantidade de propaganda. A MMC Ventures (2019) informou que das 2.830 startups da Europa classificadas como empresas de IA, apenas 1.580 apresentaram provas de incorporação de IA. Quarenta por cento das empresas classificadas como IA apenas ofereciam uma mera análise de negócio.

Você deveria buscar ferramentas de IA para melhorar seu conjunto de marketing? Meu conselho é desconfiar da propaganda e considerar sempre o problema que tenta resolver antes de decidir sobre a tecnologia que precisa. Muitos profissionais de marketing adquirem ferramentas de IA ou participam de cursos de treinamento nesse sentido porque acham que deveriam, não porque agem de acordo com uma necessidade identificada. Defina primeiro seu caso de negócio. A probabilidade é que você identifique uma necessidade de uma ferramenta com capacidade de IA, mas tenha cuidado ao sentir a pressão para acompanhar as últimas ferramentas, e, por essa razão, buscá-las apenas porque são classificadas como "IA".

A pesquisa da Deep Knowledge Analytics e do Big Innovation Centre sobre a adoção de ferramentas de IA nas empresas destaca como são díspares as ferramentas e quantas há para escolher. A pesquisa identifica mil empresas desse segmento e 35 centros de IA (DKA; BIC, 2018); um número que pode facilmente gerar uma "sobrecarga de ferramentas". Ouvi tal panorama ser descrito com precisão como um "Faroeste de IA".

Ainda em sua infância, o cenário de marketing da IA tem um longo caminho a percorrer. Os grandes fornecedores no mercado na época em que escrevo incluem o Salesforce Einstein, o IBM Watson, o Adobe Sensei, a Amazon Web Services, o Microsoft Azure e o Google. Vale dizer que muitas dessas empresas fornecem seu próprio conjunto de marketing. Os fornecedores de nível médio incluem empresas como a Kortical, que oferecem plataformas nas quais é possível criar sua própria IA de marketing. A camada a seguir desse nível intermediário inclui centenas de ferramentas díspares, com algumas recebendo mais visibilidade do que outras, tais como a Concured ou o Albert AI.

Torna-se necessária uma espécie de cola para unir todas essas ferramentas díspares, isto é, um portal em todo o espectro do marketing que consiga extinguir a necessidade de adquirir ferramentas individuais. Todavia, tal ferramenta virá com a próxima geração de *martech*. Ainda não está claro quem fornecerá essa espécie de cola; apostas são feitas na Amazon Web Services, no IBM Watson, no Adobe Sensei ou até em um novo concorrente.

Este capítulo destacou como a explosão da tecnologia de marketing levou a novas formas interessantes de coleta de dados e insights. No entanto, também gerou uma sensação de sobrecarga e confusão com a qual muitos dos profissionais de marketing de hoje se deparam. O importante é escolher a tecnologia que será de maior valor a você, bem como determinar esse valor, identificando, em primeiro lugar, a necessidade de seu negócio. Tom Fishburne (2015), o comentarista e cartunista por trás do Marketoonist, escreveu sobre como os profissionais de marketing gostam de perseguir ideias novas e brilhantes. Desse modo, por vezes, ficam tão encantados que se esquecem dos objetivos do negócio: "Os objetos brilhantes que encontramos só valem a pena se nos permitirem atingir os objetivos do negócio. O valor se encontra no que a nova e brilhante ideia permite, mas não nela em si".

Também está muito claro a partir das opiniões dos especialistas deste capítulo que, embora a tecnologia tenha um papel vital a desempenhar na implementação de uma estratégia de marketing orientada por uma visão, é a cultura e as pessoas de uma organização que farão toda a diferença. As melhores ferramentas do mundo não serão úteis se não houver uma estratégia unificada nas empresas para defendê-las. Em muitos casos, a cultura precisará mudar, as equipes precisarão ser treinadas e as pessoas com habilidades relevantes devem ser contratadas para usar a tecnologia mais recente e integrá-la aos processos e sistemas existentes.

No capítulo final reuniremos tudo isso, analisando as implicações para os profissionais neste mundo novo e assustador, bem como consideraremos a mentalidade necessária para se destacar como um profissional de marketing do futuro.

Principais aprendizados

- Não há como negar a importância da tecnologia para o marketing e é evidente que, para ter sucesso, precisamos encontrar maneiras de impulsionar a enorme quantidade de tecnologia à nossa disposição. 83 por cento dos profissionais da área se sentem abalados pelo crescimento cada vez maior das novas tecnologias.

- Todo profissional de marketing deve ter como objetivo tornar-se mais competente em termos de dados. Eles não são mais algo exclusivo aos cientistas de dados, tendo em vista que se democratizaram e permeiam todos os aspectos da função de marketing.
- Scott Brinker (2020) identificou a existência de oito mil soluções martech, um aumento de 13,6 por cento em relação a 2019. Seu famoso supergráfico destaca o dilema de escolha que os profissionais de marketing enfrentam hoje.
- Carlos Doughty, da MarTech Alliance, produziu um guia dos 4Ps (Plano, Pessoas, Plataformas, Processo) do marketing tecnológico para orientar os profissionais da área por meio da riqueza de soluções disponíveis. Como você escolhe sua tecnologia é de vital importância (e ele apresenta uma abordagem de cinco etapas para isso), mas é necessário muito mais do que simples plataformas para o desenvolvimento de uma estratégia martech de sucesso.
- Um tecnólogo de marketing dedicado é vital para o sucesso de qualquer conjunto de marketing. As organizações precisam de pessoas que saibam como utilizar novas tecnologias e integrá-las com as ferramentas e com os processos existentes.
- A integração tecnológica é um fator crítico para o sucesso da inteligência do cliente. O objetivo de todos os profissionais de marketing deve ser afastar-se dos silos de dados e, em vez disso, ter os dados integrados em todo o seu conjunto de marketing.

- Na realidade, poucas empresas conseguem alcançar uma visão "360 graus" das interações com os clientes integrando sites pagos, fornecidos ou próprios, bem como serviços, suporte, on-line e off-line. Idealmente, as organizações precisam de uma iniciativa de transformação entre empresas com apoio executivo para reunir esses silos em uma plataforma de análise mais ampla.
- Há um apetite crescente por tecnologia de análise paga, impulsionado principalmente por uma compreensão de que os dados e estatísticas disponíveis em fornecedores gratuitos não oferecem o mesmo nível de insights acionáveis que as soluções pagas.
- A inteligência artificial e o aprendizado de máquina geram as conjecturas do marketing e fornecem evidências, dados e insights necessários para tornar o marketing mais científico, confiável e infalível. As organizações confiarão cada vez mais na IA e no aprendizado de máquina devido à sua capacidade de dar sentido e obter insights mais profundos a partir de grandes quantidades de dados. Sendo assim, o direcionamento oportuno das mensagens de conteúdo é o principal motivo pelo qual as empresas usam a IA atualmente.
- Considere sempre o problema que está tentando resolver antes de decidir sobre a tecnologia de que precisa. Não se deixe levar pela onda!

- ALIMENTE SEU CÉREBRO
- Se ainda não o fez, leia o livro de Katie King *Using Artificial Intelligence in* Marketing.
- Confira o supergráfico completo do cenário *martech* de Scott Brinker, https://chiefmartec.com/2020/04/marketing-technology-landscape-2020-martech-5000.
- Uma vez feito isso, verifique o Martechbase de Agustin Rejon em www. martechbase.com. É uma ferramenta pesquisável, fácil de usar e gratuita para profissionais de marketing que utilizam os dados do supergráfico de Scott Brinker. É possível usá-la para buscar o software de *martech* certo, montar seu próprio conjunto tecnológico, compartilhá-lo e conferir ferramentas interessantes.
- Junte-se à MarTech Alliance, www.martechalliance.com, para obter newsletter, treinamentos, conferências e muito mais (adoro o clube do livro deles!).
- Siga os profissionais "peso pesado" de martech — Scott Brinker, Carlos Doughty, John Watton, Linus Gregoriadis e Katie King — nas mídias sociais.
- Pense no maior problema que está tentando resolver e se você tem a tecnologia certa para lhe apoiar.

Referências

BDO. Martech: 2020 and Beyond: Insights into the Martech Market. BDO, 2019. Disponível em: https://perma.cc/AQ5A-M6KS.

BOUDET, J. et al. Marketing's Moment Is Now: The C-Suite Partnership to Deliver on Growth. McKinsey & Company, 20 de junho de 2019. Disponível em: https://perma.cc/6RJN-P8PE.

BRINKER, S. Marketing Technology Landscape Supergraphic. Chiefmartec, 2019. Disponível em: https://perma.cc/EG58-JE76.

DKA; BIC. AI in UK Industry Landscape 2018. DKA, 2018. Disponível em: https://perma.cc/LV29-UTJT.

ECONSULTANCY. Marketing in the Dark: Dark Martech. Econsultancy, 2018. Disponível em: https://perma.cc/D7U4-XQYW.

FISHBURNE, T. Shiny Object Syndrome. Marketoonist, 18 de janeiro de 2015. Disponível em: https://perma.cc/QT2Q-JE7J.

IDC. Revenues for Big Data and Business Analytics Solutions Forecast to Reach $260 Billion in 2022, Led by the Banking and Manufacturing Industries, According to IDC. IDC, 15 de agosto de 2018. Disponível em: https://perma.cc/VJW6-A8BV.

KING, K. Using Artificial Intelligence in Marketing: How to harness AI and Maintain The Competitive Edge. Londres: Kogan Page, 2019.

LITSA, T. What Are the Biggest Challenges Senior Marketers Face? ClickZ, 16 de julho de 2019. Disponível em: https://perma.cc/N5UV-BAUF.

LONDON RESEARCH. Customer Analytics: The 20 Company Attributes That Lead to Business Success. London Research, 2018. Disponível em: https://perma.cc/9B7F-4G2E.

MARTECH ALLIANCE. The 4Ps of Marketing Technology: Your Guide to Developing an Integrated Martech Strategy and Roadmap. MarTech Alliance, 2019. Disponível em: https://perma.cc/B3NJ-XUND.

MMC VENTURES. The State of AI 2019: Divergence. MMC Ventures, 2019. Disponível em: https://perma.cc/4XDJ-2LCJ.

SANCHEZ, A. Announcing the Adobe Experience Maker Awards Finalists: Check Out the Best Experiences and Experience Makers of 2019. Adobe, 20 de março de 2019. Disponível em: https://perma.cc/N4EV-LLJY.

SHUKAIRY, A. The Importance of Data Driven Marketing — Statistics and Trends. Invesp, 2019.Disponível em: https://perma.cc/P2E4-ERXT.

STARITA, L. 4 Key Findings in the Annual Garner CMO Spend Survey 2019–2020. Gartner, 3 de outubro de 2019. Disponível em: https://perma.cc/DL29-VMP8.

THE CONFERENCE BOARD. Refinitiv: The 2019 Excellence in Marketing and Communications Awards. The Conference Board, 2019. Disponível em: https://perma.cc/U5WZ-ACSA.

11

Implicações para os profissionais

Introdução

Este capítulo final reúne temas-chave do livro e destaca algumas das principais considerações dos líderes de marketing ao se direcionarem para esse admirável mundo novo. As opiniões dos especialistas ao longo dos capítulos demonstraram o potencial que o uso da estratégia de customer insight oferece hoje aos profissionais de marketing. Além da mudança e da incerteza, há também uma enorme oportunidade e escopo para fazer as coisas melhores, de forma mais eficiente e com mais foco do que nunca. Os profissionais de marketing de amanhã precisam ser fortes, adaptáveis e de mente aberta para aproveitar essa oportunidade. Precisamos ouvir nossos clientes e basear cada decisão que tomamos em insights e evidências, sem medo de fazer as coisas de forma diferente e pôr as necessidades de nossos clientes à frente das nossas para, em última instância, alcançar o sucesso do negócio.

Em 1995, Michael Treacy e Fred Wiersema publicaram *A disciplina dos líderes de mercado*, um livro que afirmava que os líderes de mercado poderiam se destacar na excelência operacional, liderança de produto ou intimidade com o cliente, mas não em todos os três. Esse pensamento ainda é válido hoje, mas Keith Reynold Jennings (2019) propôs uma reviravolta moderna: que os líderes de mercado podem se sobressair em termos custo-benefício, sendo inovadores ou personalizados. Por meio da coleta e interpretação de insights, o marketing pode desempenhar um forte papel para ajudar as organizações a entenderem qual dessas disciplinas fundamentais de mercado os clientes mais valorizam e definirem, por consequência, a declaração de missão e a proposta de valor. Portanto, os dados e insights estão envolvidos em tudo, desde orientar a estratégia da marca, identificar segmentos e personas, desenvolver conteúdo e liderança de pensamento, até a aquisição, desenvolvimento e retenção de clientes.

Começaremos este capítulo final com uma recapitulação de como os dados e o insight, sobretudo os obtidos pelo aproveitamento das mais recentes técnicas de análise, podem nos ajudar a alcançar uma compreensão profunda de nossos clientes e a nos conectarmos com eles em um nível mais profundo, sobretudo mais humano.

Marketing humanizador

Os seres humanos são criaturas imprevisíveis. Dizem uma coisa (quantas vezes você já disse algo porque sabe que é o que alguém queria ouvir?), mas o que fazem é outra bem diferente. O insight é inestimável para nós como profissionais de marketing porque nos fala sobre o comportamento e por que os humanos agem da maneira como agem. Nos Capítulos 1 e 2, ouvimos de Mark Schaefer, autor de Marketing Rebellion: The Most Human Company Wins (2019), sobre a importância de desenvolver uma nova mentalidade de marketing e encontrar novas maneiras de pesquisar para estabelecer conexões mais profundas e emocionais com os clientes. Rory Sutherland (2019), vice-presidente da Ogilvy e autor de Alchemy: The Surprising Power of Ideas That Don't Make Sense, afirma: "Para que uma empresa seja realmente focada no cliente, precisa ignorar o que as pessoas dizem. Em vez disso, deve se concentrar no que as pessoas sentem".

Temos mais dados disponíveis na palma da mão do que em qualquer outro momento da história. O que devemos lembrar é que quando falamos de dados e seus conjuntos, estamos falando de seres humanos. Nossos dados são a porta de entrada para entender o que faz com que nossos clientes sintam o que querem, mas, como Richard Robinson da DPL escreveu no Capítulo 7, nosso maior desafio é tornar esses dados humanizados para de fato compreender os gostos e aversões dos clientes, como despendem seu tempo e o que impulsiona suas ações e comportamento. A forma como coletamos esses dados está se tornando cada vez mais complexa, e uma vez combinados com análises e técnicas preditivas, como abordagem comportamental, IA e aprendizado de máquina (abordados no Capítulo 7), podemos oferecer uma experiência hiperpessoal que ressoará e impulsionará as ações dos clientes. Sem uma compreensão abrangente da pessoa por trás dos dados, iniciativas como o programa de "próxima melhor ação" centrado no cliente da Cisco, também descrito no Capítulo 7, não seriam possíveis.

Um aspecto importante da humanização do marketing é aprofundar para entender o propósito da organização ou o porquê. Usar o insight para entendê-lo ajuda a entender o porquê por trás das escolhas do cliente e verificar se ambos estão alinhados. No Capítulo 3, olhamos para a ascensão do consumidor consciente e como as marcas hoje precisam demonstrar de forma autêntica que são social, cultural e ambientalmente sensíveis, responsáveis e proativas. Comunicar o propósito com clareza e enraizá-lo em valores importantes aos consumidores humaniza as marcas e fomenta a retenção dos funcionários, a confiança do cliente e o crescimento.

Duas campanhas publicitárias diferentes, ambas dirigidas por marcas de refrigerantes no Reino Unido, mostram a diferença entre acertar e errar em relação ao objetivo. Oasis e Vimto são bebidas populares entre os consumidores mais jovens, particularmente a geração Z. De acordo com o estudo AdReaction: Engaging Gen X, Y and Z, de Kantar Millward Brown, a geração Z é um dos grupos mais difíceis de alcançar, com 69 por cento bloqueando ativamente os anúncios em redes sociais (HANDLEY, 2017). Munidos desse conhecimento, tanto a Oasis como a Vimto produziram campanhas publicitárias destinadas especificamente a chegar ao difícil mercado da geração Z, mas com resultados muito diferentes.

Em 2019, a Oasis lançou uma série de anúncios reconhecendo que as pessoas odeiam o marketing de interrupção, por isso prometeu parar de anunciar caso os consumidores continuassem a comprar seus produtos, permitindo assim que a marca atinja sua meta de vendas. Ao escrever para o Smart Insights on-line, Carolanne Mangles (2019) afirmou que os anúncios são autoindulgentes, grosseiros e "um truque barato que não me inspira nem me impressiona a ponto de comprar da marca Oasis". O anúncio ficou na minha cabeça porque, na primeira vez que o ouvi no rádio, estava com minha filha de 11 anos e sua babá de 19 anos. Presumivelmente, a campanha "antipropaganda" pretendia fazer com que a Oasis parecesse mais sincera e humana, e, a partir disso, construísse conexões mais profundas, do tipo que Mark Schaefer fala. Tal técnica não funcionou em minha casa! A resposta de minha filha foi: "Compro Oasis de qualquer forma logo um anúncio não faz nenhuma diferença", ao passo que a babá perguntou "O que é uma meta de vendas?"

Compare isso com a campanha "antipublicidade" da Vimto de 2018, mais uma vez com o objetivo de alcançar a geração Z nas mídias sociais. A estratégia, chamada "Vejo o Vimto em Você", fez a Vimto relançar sua página no Instagram em três etapas. A primeira incluiu um canal de "não siga", que usava microinfluenciadores e anúncios direcionados para levar as pessoas a uma página "secreta" do Instagram. A etapa seguinte anunciou que a Vimto estava por trás da página e recompensou aqueles que a seguiram. Depois disso, apresentaram um conteúdo temático e mais microinfluenciadores para aumentar os seguidores, além do engajamento. Em dois meses, a página da Vimto no Instagram passou de 350 seguidores para pouco mais de cinco mil (CHAKRABARTI, 2019). A empresa declarou que os níveis de engajamento eram mais que o dobro do padrão do setor e a promoção da marca cresceu em nove por cento (CRONIN, 2019).

Parte do problema com a estratégia da Oasis era que dependia de os adolescentes se importarem com (ou compreenderem!) os objetivos internos da organização. Além disso, é difícil acreditar que as promessas feitas eram autênticas. Mesmo que o público-alvo entendesse o anúncio, será que realmente acreditaria que a Oasis pararia de anunciar se atingisse sua meta de vendas? A Oasis interpretou mal o insight e entendeu mal seu público.

Agora, ouviremos Joel Harrison, editor-chefe e cofundador do B2B Marketing, um recurso principal para profissionais de marketing B2B em todo o mundo. Joel discute como o uso de dados e insights na área evoluiu ao patamar que estamos hoje, bem como o papel crítico que a estratégia martech exerce oferecendo tempo aos profissionais para que implantem insights de forma criativa. É essa criatividade que permite a humanização do marketing e a formação de conexões mais profundas com os clientes.

OPINIÃO DE ESPECIALISTA

Joel Harrison, editor-chefe e cofundador da B2B Marketing

Quinze anos atrás, muitos profissionais de marketing estavam cientes da importância dos dados e insights, mas a maioria não tinha tempo, orçamento ou conhecimento suficiente para implantá-los. Naquela época, uma mistura de dados do cliente e intuição emocional era usada para tentar compreender os sentimentos e ações da clientela. O fato de os profissionais de marketing se sentirem mais à vontade com o lado intuitivo significava que muitas vezes os dados eram priorizados, o que com frequência era considerado muito caro ou vasto para ser aprofundado.

A primeira onda do *martech* viu tudo mudar, e o endereço de e-mail tornou-se fundamental para a atividade de marketing. Os profissionais da área de repente tinham um público totalmente endereçável, por essa razão, o marketing direto, revistas e exposições foram deixados de lado. O modelo de custos mudou, houve novos desafios a serem superados (por exemplo, os bancos de dados de e-mail se desatualizaram rápido) e começou uma era de bombardeio, referida por muitos como marketing baseado no "espalhar e rezar". Enviar e-mails não custava nada, portanto, os profissionais de marketing não se retraíam. O início das estratégicas *martech* deveria ter se equiparado a um uso mais sofisticado de dados e insights, mas na realidade vimos algumas das lições das melhores práticas ficarem em segundo plano.

Desde essa primeira onda, a explosão das tecnologias de marketing levou a novas formas de coleta de dados e insights. A compra é cada vez mais complexa, os compradores são mais proficientes e normalmente há mais tomadores de decisão envolvidos no processo. Esse é um desafio particular no marketing B2B, devido à extensão da experiência do cliente. Nesse contexto, os profissionais de marketing não detêm toda a jornada; as vendas e os serviços também têm uma parcela, portanto, para conseguirem êxito, tais profissionais precisam trabalhar ainda mais para criar campanhas direcionadas e personalizadas. Essa necessidade maior de direcionamento, gerada pela crescente capacidade de reunir informações de diferentes fontes, é o que explica o aumento do marketing baseado em contas (ABM).

O RGPD foi outro divisor de águas, e ao somar tudo, fica claro porque basear suas decisões em evidências obtidas do customer insight é agora parte indispensável para um profissional de marketing. Não existe mais escapatória, pois o insight e as provas devem apoiar cada movimento seu. Desse modo, o marketing deixou de ser uma função de negócios e executiva para se tornar um facilitador de estratégia.

À medida que o arsenal de *martech* segue evoluindo, os profissionais da área têm um número crescente de ferramentas à disposição para empregar o conhecimento de forma adequada. Fornecedores novos e cada vez mais localizados estão continuamente mudando o cenário (por exemplo, a empresa de monitoramento de intenção digital Cyance, apresentada no Capítulo 7), enquanto outros se reformulam e se consolidam (por exemplo, plataformas de intenção se reformulam como plataformas de dados de clientes).

Como regra geral, os profissionais de marketing sempre se sentiram mais à vontade para realizar tarefas criativas do que para analisar dados. Essa é uma grande generalização, mas é uma das razões pelas quais, no passado, o lado criativo do marketing era muitas vezes priorizado em relação ao lado mais analítico, o dos dados. Quando a faceta dos dados ganhou mais importância, cientistas desse ramo começaram a surgir em equipes de marketing, mas esses esforços nem sempre tiveram êxito, pois são difíceis de encontrar e não se encaixam bem na cultura do marketing. Essa é apenas uma das razões pelas quais os desenvolvimentos em *martech* são tão positivos aos profissionais da área. A democratização dessas ferramentas permite que obtenham insights por conta própria sem precisar de profundas habilidades pessoais específicas, relacionadas à análise de dados. A crescente inclusão de IA nos produtos oferece relatórios com insights com apenas um clique. Tais desenvolvimentos fornecem o tempo necessário para que se concentrem no lado criativo de seu papel. Em outras palavras, eles têm mais tempo para aproveitar o insight e implantá-lo, em vez de passar horas a fio pesquisando dados.

Nesse sentido, o profissional de marketing de hoje precisa ter a atitude de procurar e demonstrar evidências e, ao mesmo tempo, ter abrangência e liberdade suficientes para fazer o inesperado e, às vezes, pensar de forma contraintuitiva. A força dos dados e do customer insight é extraordinária e só vai aumentar, mas o poder da intuição humana e de sua implantação ainda é um componente vital. Não podemos ser escravos dos dados o tempo todo.

O crescimento do marketing baseado em contas

Em Opinião de Especialista, Joel afirma como a crescente disponibilidade de dados e de insights é parcialmente responsável pelo aumento do ABM. Introduzimos o ABM no Capítulo 5, mas vale a pena revisitá-lo aqui. Se estiver à procura de uma maneira de alimentar sua estratégia de marketing, o ABM pode ser a melhor maneira. Recapitulando, de acordo com a ITSMA (2019), existem três níveis diferentes de ABM:

1. um para um (em que os profissionais de marketing trabalham com equipes de contas individuais para desenvolver e implementar programas extremamente personalizados para elas);
2. um para poucos (em que os profissionais de marketing trabalham com equipes de vendas específicas para se concentrar em pequenos grupos ou grupos de contas com imperativos de negócio similares);
3. um para muitos (em que os profissionais de marketing trabalham com as vendas para definir listas de contas prioritárias, usar tecnologia para engajar e personalizar o marketing para indivíduos dentro dessas contas, e acompanhar os resultados.

No passado, o ABM era reservado a grandes organizações, mas devido aos desenvolvimentos de martech, qualquer organização, independentemente do tamanho, consegue agora gerar insight para suprir as estratégias de ABM. Isso resulta em melhor direcionamento, marketing, conversão e taxas de retenção. Segundo a ITSMA (2019), as empresas dedicam quase um terço (uma média de 29 por cento) de seus orçamentos de marketing ao ABM.

Bev Burgess, conselheira sênior de ABM e autora, deu os seguintes conselhos na conferência B2B Marketing ABM, em novembro de 2019.

OPINIÃO DE ESPECIALISTA

Bev Burgess, conselheira sênior de ABM e autora

Há sete maneiras de fazer seu programa de ABM do jeito errado e sete maneiras de fazê-lo da maneira certa.

Sete maneiras de fazer do jeito errado:

1. Fracassar na parceria com as vendas.
2. Não entender o marketing de leads qualificados (MQL) ou seja, concentrar-se apenas em leads como forma de medir o sucesso.
3. Aceitar qualquer conta (os clientes não são todos criados de forma igual!).
4. Incluir o ABM ao seu trabalho diário (não deve ser um "adicional", é um trabalho em tempo integral).
5. Pular diretamente para a tática.
6. Achar que se trata apenas de anúncios on-line direcionados.
7. Não usar a tecnologia de forma adequada.

Sete maneiras de fazer da maneira certa:

1 Alinhar-se com as vendas (e o negócio).
2 Estabelecer objetivos de reputação, relacionamentos e receitas (não apenas de geração de leads).
3 Colaborar para priorizar as contas.
4 Dedicar os recursos certos.
5 Começar com dados e insights.
6 Oferecer conteúdo personalizado on-line e off-line.
7 Impulsionar as estratégias de *martech*.

Como em muitas iniciativas novas, saber por onde começar com um programa ABM é um desafio, particularmente dentro de grandes organizações globais. A seguir, ouviremos Gemma Davies, guru de ABM e diretora de estratégia global de ABM na ServiceNow. Gemma compartilha sua experiência em criar um programa de ABM a partir do zero e mobilizar uma estratégia global bastante ambiciosa, parte da qual era desenvolver um centro de excelência na ferramenta a fim de compartilhar os conhecimentos, as habilidades e as melhores práticas.

ESTUDO DE CASO

Gemma Davies — Construindo um centro global de excelência em ABM na ServiceNow

Na ServiceNow, acreditamos que fazer funcionar é melhor para as pessoas. Nosso programa de ABM apoia essa visão, promovendo o relacionamento com os clientes, aumentando a reputação da empresa e impulsionando a receita ao ajudar os clientes a maximizarem seu investimento na Now Platform™, a plataforma inteligente e intuitiva da ServiceNow para o trabalho.

O ponto de partida de qualquer estratégia ABM deve ser compreender os imperativos e objetivos de negócio de seus clientes. Somente após ter essa compreensão, é possível começar a construir uma proposta relevante que ressoe com os imperativos mais importantes para os clientes.

Nossa estratégia de ABM na ServiceNow tem três objetivos principais:

1. Criar experiências únicas para nossos clientes e nossas equipes de contas que sejam relevantes, consistentes e impactantes.
2. Capacitar e apoiar nossa equipe de vendas para conduzir uma conversa diferente, mais estratégica e consultiva com clientes e potencial clientela.
3. E, como resultado, ajudar nossa equipe de vendas a conquistar novos clientes e fechar negócios maiores, mais rápido.

O segredo de nosso sucesso é fazer do ABM uma iniciativa do negócio, não apenas de marketing, e, como tal, o ABM tornou-se um fator-chave de sucesso na busca da visão de longo prazo de nossa empresa. A Figura 11.1 mostra o plano de ação criado em parceria com outros departamentos para permitir que todos na organização compreendam e participem de nossa visão.

Na etapa "Visão" do plano de ação, nosso objetivo era cumprir o seguinte:

- Gerar compreensão na organização, definindo o que é e o que não é o ABM.
- Criar uma visão e construir um quadro de sucesso para o negócio e para a equipe.
- ABM é uma iniciativa de longo prazo; leva tempo para construir e ainda mais para ver os retornos. Entrar em um acordo sobre nossos marcos e dirigir as expectativas.

FIGURA 11.1 Plano de ação para o sucesso da ABM da ServiceNow

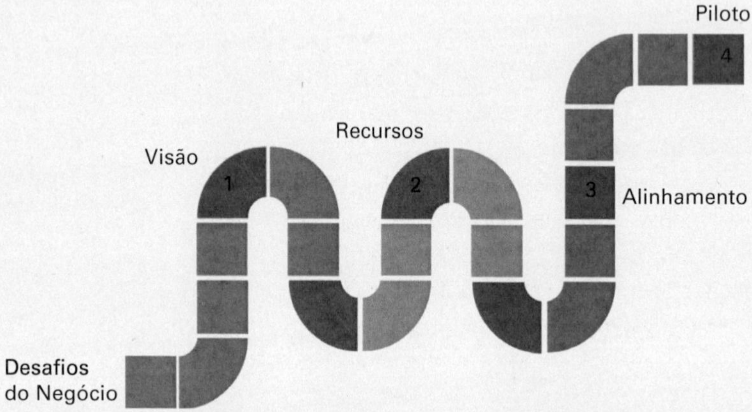

FONTE: SERVICENOW Inc.

No ponto de "Recursos", queríamos:

- Construir a equipe — contratar grandes profissionais, definir uma estrutura de escala e delinear responsabilidades.
- Adotar uma abordagem consistente para a construção de habilidades, treinamento e desenvolvimento.
- Impulsionar o apoio externo para escalar — ter o apoio de parceiros especializados, agências e tecnologia.

A etapa de "Alinhamento" incluiu dois pontos-chave:

- A seleção da conta dará seguimento ou interromperá o programa.
- Garantir que a equipe de contabilidade não esteja apenas a bordo, eles também são promotores — faça-os colocar a boca no trombone.

Por fim, era hora de fazer o piloto do programa, e quando o fizemos consideramos o seguinte:

- Focar onde temos promotores de vendas — pessoas que desejam fazer isso dar certo.
- Modelos de entrega de testes — equipes interfuncionais e ágeis.
- Construir para escalar.

Talvez, o aspecto mais ambicioso de nossa estratégia de ABM fora implementá-la globalmente. Para nos ajudar a obter isso, criamos a ServiceNow, centro de excelência de ABM. "As a service" [como um serviço] é um espaço onde o conhecimento das melhores práticas é compartilhado, apoiando os esforços globais de ABM na construção de relacionamentos, reputação, retenção e receita. Além disso, nos permite trabalhar em parceria com agências para impulsionar escala, valor e inovação. Ela abre o caminho para a inovação em grande escala, impulsionando as melhores práticas globais e recursos especializados. Também identificamos conexões entre diferentes áreas na ServiceNow (por meio do trabalho com equipes de campo) para fazer novas recomendações. A Figura 11.2 mostra como o Centro de Excelência funciona na prática.

FIGURA 11.2 Centro de Excelência ABM como um serviço da ServiceNow

FONTE: SERVICENOW Inc.

Minhas principais dicas para construir sua estratégia de ABM são:

1. ABM serve ao negócio, não apenas às vendas ou ao marketing — escute e colabore desde o primeiro dia.
2. Devemos definir as estratégias de ABM para oferecer serviços que melhor atendam aos objetivos da empresa e não competir com outros tipos de marketing.
3. Leva tempo (e muitas, muitas conversas) para construir uma estratégia de ABM e ver os retornos.
4. Ao começar, tenha sempre um olho na escala e na repetibilidade.
5. Celebre com frequência, aprenda com os fracassos.

A importância de ser ético

Edwina Dunn deu uma palestra fantástica na IRI (International Growth Summit) em 2019, na qual falou sobre a ética dos dados, deixando claro que só porque você **pode** fazer algo, não significa que **deva**. Edwina é CEO da Starcount, a empresa de insight de dados que montou com Clive Humby, de quem ouvimos falar no Capítulo 8. Em sua palestra, Edwina discutiu que estamos todos muito atentos ao uso de dados e à necessidade de consentimento. Muitos de nós nos sentimos assustados, mas não podemos deixar que isso nos impeça e reprima a inovação. Ela também discutiu que quem tiver o maior número de dados provavelmente vencerá no futuro. Empresas como a Amazon, o Facebook e o Google têm muitos dados que todos queremos (DUNN, 2019).

A palestra de Edwina retoma as questões-chave que abordamos ao longo deste livro. A primeira é a inegável importância de possuir dados e usá-los para entender seus clientes, e a segunda é a importância de usá-los de forma ética sem permitir que reprimam a inovação. O impacto do RGPD está longe de terminar. A seguir, ouviremos Jen McClure, sócia e diretora do programa do centro de marketing e comunicações do The Conference Board, sobre uma legislação similar nos Estados Unidos, a Lei de Privacidade do Consumidor da Califórnia, que entrou em vigor em janeiro de 2020. Como William Blundon da AdvertOne Inc discutiu no Capítulo 9, muitos países agora põem limites no uso de cookies para direcionar a publicidade digital, o que abrirá o caminho para a publicidade baseada em permissões. Os legisladores têm um longo caminho a percorrer para definir os detalhes, incluindo se as grandes mídias sociais devem ser consideradas como plataformas ou publicações e que tipo de legislação é necessária para regulá-las.

Devemos, no entanto, continuar. A atenção dada aos dados, ao seu uso, à privacidade e à sua regulamentação terá um enorme impacto em nossas vidas profissionais, mas o mundo avança muito rápido, por isso não podemos permanecer paralisados enquanto os legisladores resolvem tais situações. Devemos continuar usando os dados para entender nossos clientes de uma maneira que esteja de acordo com a legislação atual, assim como devemos continuar inovando. Nas palavras de Richard Robinson, na DPL:

> As preocupações com privacidade e confidencialidade dos dados continuarão a perpetuar um debate sobre a aplicação dos dados no marketing e, para algumas empresas, irão retardar a inovação. O setor de dados precisará investir em uma comunicação melhor com seu público-alvo, objetivando esclarecer a distinção entre as salvaguardas de privacidade e a utilidade de dados anônimos (DPL, 2018).

Os consumidores começaram a proteger seus dados, e o júri está formado para saber se continuarão a fazê-lo no futuro. O uso de dados de clientes permite aos profissionais de marketing oferecerem uma experiência melhor e mais personalizada, mas com muitos consumidores recusando-se a cedê-los, a personalização está ficando mais difícil de ser feita. Sendo assim, ainda não se sabe se os consumidores começarão a perceber o valor de ceder seus dados para receberem mensagens de marketing personalizadas. Scott Brinker, guru de martech e editor do blog do Chief Marketing Technologist, dá algumas informações sobre isso a seguir.

OPINIÃO DE ESPECIALISTA

Scott Brinker, vice-presidente do ecossistema de plataformas da HubSpot, editor do Chiefmartec.com e presidente do programa da MarTech

Sou oitenta por cento a favor de uma legislação rigorosa, pois ela protege os consumidores e força os profissionais de marketing a pensarem a quem estão realmente servindo, tendo em vista que se tornaram desleixados sobre a qualidade dos dados e como eram utilizados. Os outros vinte por cento da minha pessoa, no entanto, temem que possamos ir longe demais sem dar atenção a toda a troca de valores de dados.

Pode-se argumentar que, até o escândalo da Cambridge Analytica/ Facebook, a privacidade dos dados não fazia parte da consciência pública. O consumidor médio não tinha exemplos de como a entrega de seus dados os prejudicara, e o custo dessa entrega parecia muito baixo. Entretanto, o episódio da Cambridge Analytica (e a introdução do RGPD na Europa, que ocorreu por volta da mesma época) sem dúvida aumentou a conscientização pública sobre o seu valor. O tempo dirá se os consumidores começarão ou não a apreciar os benefícios da personalização e, assim, a entregar seus dados outra vez. Até lá, os profissionais de marketing precisam ficar quietos e apenas fazer o melhor que puderem com os dados disponíveis.

Para retomar alguns dos temas introduzidos por Scott, recorreremos a Jen McClure, diretora do centro de marketing e comunicação do The Conference Board, diretora do programa do conselho de mídias sociais e CEO da JEM, um serviço de consultoria e assessoria que ajuda as empresas a terem sucesso na era digital. Jen escreve sobre a necessidade de as organizações unirem os pontos entre as funções empresariais, para que uma estratégia clara e abrangente de gestão de dados e conformidade possa ser colocada em prática.

OPINIÃO DE ESPECIALISTA

Jen McClure, diretora do centro de marketing e comunicação do The Conference Board, diretora do programa do conselho de mídias sociais e CEO da JEM

Em termos de gestão e conformidade de dados, estamos no início de um caminho muito longo. Em 1º de janeiro de 2020, a Lei de Privacidade do Consumidor da Califórnia (CCPA) entrou em vigor. Isso tornou as experiências digitais dos consumidores um pouco confusas (sendo necessário concordar com uma política de cookies toda vez que abrem um site), mas do ponto de vista profissional é ótimo ver como muitas organizações estão preparadas para essa mudança. Grandes passos foram dados desde a introdução do RGPD, e essa tendência continuará à medida que as organizações resolverem fazer tudo da melhor maneira possível.

O maior desafio enfrentado por muitas organizações em termos de conformidade é que elas não possuem uma auditoria de dados abrangente, ou mesmo não sabem o que é ou como conduzi-la. Muitas vezes, mesmo que uma organização saiba que uma auditoria precisa ser feita, existe uma grande incerteza em torno de como a responsabilidade por ela recai na organização.

As organizações mudam com o tempo, e diferentes funções se fundem. Com a interseção entre marketing e comunicações se fundindo continuamente, e o nível de interação entre marketing e vendas continuando a aumentar (por exemplo, com a crescente importância do ABM e das vendas sociais), quem é responsável pela gestão de dados de clientes e pela conformidade? Marketing ou vendas? Jurídico ou TI? No caso de dados de funcionários, o RH? E os vendedores terceirizados que coletam e/ou processam dados pessoais em nome da organização?

O problema é que nenhuma função pode resolver tudo, portanto, onde quer que a responsabilidade pela auditoria de dados se encontre, a tarefa pode acabar sendo negligenciada. É vital que as organizações encontrem uma forma de colaboração entre as funções que coletam, gerenciam e usam dados de todos os tipos. Além disso, é necessário que pensem de forma abrangente à medida que avançamos e vamos além da conformidade com a melhor das intenções, de acordo com a ética dos dados.

Não é uma tarefa fácil para o TI ter uma supervisão abrangente de todos os dados que as organizações têm acesso e utilizam. Há tantos dados sendo coletados, desde marketing, vendas, comunicação, mídias sociais até de funcionários da tecnologia de RH, e muitos dos sistemas usados são alocados na nuvem e, portanto, não pertencem ao departamento de TI. Sendo assim, para que se descubra como as organizações lidam com a gestão e a conformidade de dados, torna-se necessário repensar o papel da TI e como ela serve à organização.

Muitas das tecnologias de marketing digital, agora disponíveis, nivelaram o campo de atuação entre grandes e pequenas empresas e facilitaram a competição para as organizações menores. Entretanto, embora as regulamentações tenham critérios diferentes de acordo com o tamanho da empresa, muitas das pequenas organizações têm muito medo, pois não têm a experiência interna para se orientarem sobre como gerenciar seus dados e estar em conformidade. Tal fato pode acarretar paralisia, às vezes, ao descarte de bancos de dados inteiros de clientes, porque as empresas não têm certeza de que foram coletados de uma forma compatível.

Da mesma forma ocorre com o monitoramento das mídias sociais. Em nosso trabalho de consultoria, vemos uma falta de conhecimento e compreensão em torno do monitoramento das mídias sociais e de como as empresas devem usar e armazenar os dados. As opiniões vão desde a crença de que nada precisa ser feito (seja porque as empresas de monitoramento são responsáveis pela conformidade, ou porque os dados estão disponíveis publicamente), até a total paralisia, medo e dúvida, tornando difícil para as equipes de mídias sociais conseguirem a aprovação dessas plataformas e fornecedores para seu uso. Algumas empresas simplesmente não coletam, ou não monitoram nada por medo de não estarem em conformidade, porém é necessária a criação de um meio-termo. Com isso, são necessárias diretrizes claras em torno da governança dos dados das mídias sociais para que as empresas aproveitem ao máximo a tecnologia e os dados que têm à disposição em prol da experiência do cliente.

A auditoria de dados foi um dos principais tópicos na conferência de 2019 do The Conference Board sobre ética digital. Outros tópicos abordados foram:

- estabelecendo uma estrutura ética para seus dados;
- escolhendo a tecnologia certa para sua estratégia de negócio;
- justiça algorítmica: consequências intencionais e não intencionais;
- análise em ação: como inovar, e, em paralelo, manter seus padrões éticos;
- mostre-me o dinheiro: monetizando os dados dos clientes;
- jogando na defesa: conecte seus funcionários e suas funções para minimizar o risco cibernético;
- inteligência artificial: utilizando o aprendizado de máquina e as redes neutras para melhorar seu negócio;
- fazendo a coisa certa: ética, confiança e integridade.

Como vejo o futuro? Precisamos encontrar maneiras de conectar os pontos, preencher as lacunas e educar as equipes para que as pessoas saibam o que se espera delas e se libertem do medo que sufoca a inovação e a criatividade. Quando eu era vice-presidente de mídias digitais e sociais da Thomson Reuters, a principal fonte mundial de informações inteligentes para empresas e profissionais, fundei e liderei um centro de excelência digital. O centro era um fórum colaborativo responsável pela estratégia digital, capacitação e governança em toda a organização global. Era um recurso para treinar nossos funcionários sobre o uso de dados, privacidade e melhores práticas. Ele serviu para conectar os pontos na organização e nos permitiu criar políticas de privacidade globais, para que víssemos como precisávamos nos diferenciar dos demais territórios. Atualmente, tal prática ajuda nossos clientes, por isso precisamos agir mais nesse sentido: centros digitais cumprindo uma função que as estruturas organizacionais não são projetadas para fazer e conectando os pontos entre as muitas fontes de dados.

O profissional de marketing de hoje deve buscar entender as legislações e o que é necessário para estar em conformidade. Além disso, precisa fazer as perguntas certas para garantir que sua organização faça tudo da melhor maneira possível. Não ignore ou contorne as legislações e, de modo inverso, não deixe que elas o paralisem, mas, em vez disso, procure ter uma profunda compreensão das melhores práticas, sistemas, ferramentas e recursos, e alinhe-os com o que deseja realizar. Uma auditoria de dados abrangente é vital, pois permite que as organizações revisem e compreendam os dados que possuem, além de garantir que usem esses conjuntos de dados de forma adequada. Ela também tem um benefício oculto, na medida em que descobre maneiras pelas quais uma organização pode conectar melhor seus dados, o que gera um insight ainda maior. Sendo assim, não ter uma auditoria de dados em vigor apresenta, portanto, tanto riscos quanto oportunidades perdidas.

O que o está impedindo?

À medida que, tanto este capítulo quanto o livro terminam, veremos algumas das coisas que podem impedir sua organização de assumir um engajamento mais profundo com a análise digital e a inteligência do cliente. A Figura 11.3 mostra uma imagem do relatório da London Research Customer Analytics: The 20 company attributes that lead to business success. Muitos dos temas-chave mostrados na Figura 11.3 foram abordados ao longo dos capítulos deste livro, e recapitularemos alguns dos principais a seguir.

Cultura organizacional

No prólogo, analisamos como certas vezes é necessário assumir riscos para atingir nossos objetivos. As organizações devem trabalhar duro para fomentar uma cultura em que as pessoas se sintam aptas a pensar fora da caixa, diminuam a velocidade para acelerar (discutido no Capítulo 2) e ousem experimentar antes de se sentirem completamente prontas. De acordo com a London Research (2018a), as organizações precisam de uma cultura em que "haja um ambiente saudável para colaboração, trocas e para que novas ideias se estabeleçam".

As principais organizações de hoje também devem ter uma cultura orientada por dados, que encoraje os funcionários a se aprofundarem continuamente para alcançar uma compreensão completa do que atrai clientes. Como vimos no Capítulo 1, a Forrester Research cunhou o termo "empresas orientadas por insights" para descrever organizações que ditam o ritmo do crescimento global. Tais organizações têm partes interessadas que reconhecem a necessidade das análises do cliente e autorizam investimentos em tecnologia para que os objetivos do negócio sejam alcançados. Isso se relaciona com outro tema do gráfico da London Research: a falta de adesão da diretoria. Para evitar o problema dos silos de dados e conseguir um conjunto tecnológico unificado que satisfaça as necessidades de todas as funções empresariais, torna-se necessária uma iniciativa de transformação entre empresas com apoio executivo. De acordo com a London Research (2018b), as organizações líderes têm "59 por cento mais chances de ter o apoio na diretoria sênior da organização dos principais interessados em acionar a inteligência do cliente pela tecnologia digital".

FIGURA 11.3 Quais são as barreiras mais significativas para uma melhor análise digital e inteligência do cliente?

FONTE: LONDON Research, 2018a

Falta de habilidades

De acordo com a London Research (2018c), as principais organizações têm "86 por cento mais chances (do que as atrasadas) de investir nas habilidades de que necessitam para extrair o máximo de seu investimento em tecnologia digital". Estamos caminhando para o que a Ogilvy Consulting (2018) descreve como a "era inteligente", "em que o papel dos profissionais de marketing é descobrir os mais profundos customer insights e agir a partir deles. Já o desafio para as marcas é encontrar papéis extremamente pessoais e relevantes na vida do indivíduo" (ver Capítulo 4).

Ouvimos repetidas vezes de muitos dos colaboradores deste livro que o profissional de marketing de amanhã precisará de uma mentalidade de dados. Todavia, o papel deste profissional abrange tanto a criatividade quanto a análise para que o customer insight seja aplicado de forma apropriada e significativa. Como Joel diz em Opinião de Especialista, a democratização da tecnologia e dos dados é algo fantástico para os profissionais de marketing, pois os liberta para se concentrarem na parte criativa de seu trabalho, mas eles ainda precisarão se familiarizar com a tecnologia. Algumas empresas podem precisar de um tecnólogo de marketing dedicado para se manter no topo do conjunto e garantir a integração completa com as ferramentas e processos existentes.

Lembre-se sempre, no entanto, que deve existir um case de negócio claro e uma razão para investir. No Capítulo 10, a autora Katie King discutiu as razões pelas quais as pessoas geralmente fazem cursos de treinamento em IA tendo em vista se tratar da novidade do momento e não porque identificaram uma clara necessidade do negócio. Portanto, seja cauteloso e certifique-se de que está se capacitando em áreas que claramente serão benéficas ao seu negócio.

Falta de investimento em recursos de dados

A seguir, na lista, está a falta de investimento em recursos de dados. Segundo a London Research (2018c), as principais organizações têm “124 por cento mais probabilidade do que as atrasadas de realizar análises preditivas e prescritivas”. As análises preditiva e prescritiva alimentam as organizações com o nível de dados necessários para prescrever ações hiperpersonalizadas e precisas, tudo isso em tempo real. Trata-se de ser o mais atual possível. No Capítulo 7, vimos como as organizações líderes, como a Cisco, estão repensando o marketing e usando a análise preditiva para identificar como as pessoas se sentem ou se comportam a fim de terem uma melhor compreensão de suas ações. Vimos também como a tecnologia biométrica, como a análise de expressão facial, o rastreamento ocular e a resposta galvânica da pele proporcionam um nível totalmente novo de insight. Quando combinada com dados, essa nova tecnologia permitirá que os profissionais de marketing façam ofertas extremamente personalizadas com base em quem realmente são as pessoas.

Nosso estudo de caso da Cisco no Capítulo 7 também levantou a questão da digitalização de dados em todos os canais, incluindo a conversão da voz em texto de todas as interações do call center. Os dados coletados estão mudando. No futuro, coletaremos mais dados de voz e digitalizaremos dados não baseados em texto. Por essa razão, serão necessários investimentos em interfaces de voz, que, segundo Simon Kemp (2019), CEO da Kepios e analista chefe da DataReportal, “têm o potencial de revolucionar as formas como cada um de nós usa e interage com todos os nossos dispositivos conectados, com conteúdo e, sobretudo, com os resultados de pesquisa”.

Estrutura organizacional (silos)

De acordo com a London Research (2018c), os líderes de análise de clientes têm 145 por cento mais chances de ter uma visão completa de todas as interações dos clientes com suas marcas. Para entender integralmente seu cliente, você precisa de uma visão completa e unificada de suas ações. Estruturas organizacionais em silos levam a dados desse tipo. No Capítulo 10, John Watton, ex-CMO europeu da Adobe, discutiu como conseguir uma visão "360 graus" do cliente é o Santo Graal para muitos profissionais de marketing, mas que é, surpreendentemente, algo difícil de se fazer. Os dados dos clientes se encontram nas áreas de vendas, marketing e atendimento ao cliente, mas na maioria das vezes a equipe de marketing só tem a visão de sua área. Isso nos leva ao nosso próximo ponto: a falta de tecnologia unificada.

Falta de tecnologia unificada

Como vimos no Capítulo 10, a integração tecnológica é um fator crítico para o sucesso da inteligência do cliente, sendo necessária para alcançar aquela "visão 360 graus" da qual John Watton falou. É comum que as organizações tenham muitas iniciativas de silos em vez de um conjunto tecnológico totalmente integrado. Para unificar seus dados e alcançar essa visão completa dos clientes e da potencial clientela, é necessário primeiro unificar sua tecnologia, e o ímpeto para alcançar isso precisa vir de stakeholders inovadores e progressistas. Caso você não identifique a tecnologia apropriada para satisfazer suas necessidades de negócio, será muito difícil se tornar o melhor.

Excesso de dados e não saber por onde começar

A sobrecarga de dados foi um tema de destaque em todo este livro. Lembre-se da estatística da Domo no Capítulo 1, que 83 por cento dos profissionais de marketing se sentem às cegas devido ao enorme volume de análises com as quais precisam lidar como parte de seu papel diário (DOMO, 2019). Todos sentimos isso, mas as estratégias apresentadas neste livro o ajudarão a se concentrar no que é importante e a eliminar a sobrecarga. Lembre-se de identificar a hipótese que está tentando provar ou desmentir antes de começar. Isso o ajudará a se concentrar e lhe dará um ponto de partida.

Regulamentação e conformidade de dados

A Figura 11.3 mostra que 19 por cento dos entrevistados da empresa London Research identificaram a falta de conhecimento ou de melhores práticas em torno da regulamentação e conformidade dos dados como obstáculo em sua organização. Os consumidores estão retomando o controle. Tivemos o RGPD e agora temos a CCPA. Como disseram os especialistas neste livro, isso é apenas o começo, e as organizações precisam encontrar uma maneira de entender e agir de acordo com os regulamentos mais atualizados, bem como conectar os pontos entre as várias funções internas para que cada funcionário entenda como lidar com os dados de uma maneira compatível.

Conclusão

Como mostraram os capítulos deste livro, nunca houve um momento tão empolgante (ou difícil!) para se estar no marketing. Nossas atribuições mudam rapidamente e devemos estar preparados para aprender, nos adaptar, para expor nossa opinião e para lutar pelo que achamos certo e necessário, tudo isso a fim de atingir nossos objetivos. Os profissionais de marketing continuarão a ser responsáveis pela aquisição, desenvolvimento e retenção de clientes, mas compreender o público e agir com base em insights — muitas vezes em tempo real, será mais necessário do que nunca. A democratização dos dados e da tecnologia significará que todas as decisões que tomarmos serão respaldadas por evidências baseadas em dados. Essas evidências serão usadas para orientar a estratégia da marca, identificar segmentos e personas, e desenvolver conteúdo e liderança de pensamento.

Haverá inúmeros desafios ao longo do caminho: regulamentações de privacidade reforçadas, problemas de desinformação e confiança, deep fakes, um cenário de mídias sociais em constante evolução, tecnologia de voz, novos influenciadores e comunidades de nicho, para não mencionar uma série de novas tecnologias e IA. Será mais importante do que nunca compreendermos o nosso porquê e termos um propósito. Além disso, o consumidor cada vez mais consciente almejará que sejamos autênticos e que façamos parte da comunidade, humanos e, acima de tudo, éticos, porque eles se importarão mais com as experiências do que com os produtos. Apertem os cintos! É hora de se libertar de sua zona de conforto.

Referências

CHAKRABARTI, S. Balancing Data with Creativity. The Future CMO, Raconteur, 10 de junho de 2019. Disponível em: https://perma.cc/K3B9-RR8A.

CRONIN, E. Vimto Launches £3.5m Marketing Campaign. Talking Retail, 17 de junho de 2019. Disponível em: https://perma.cc/MWP4-GAZD.

DOMO. Marketing's New MO: Why Marketing Leaders Need to Juggle Strategic, Business and Operational Goals Better than Ever Before Before. Domo, 2019. Disponível em: https://perma.cc/83TB-YL5P.

DPL. Data Utility: Predictions for 2019 and Beyond. DPL, 2018. Disponível em: https:/perma.cc/D5V6-2VMV.

DUNN, E. Edwina Dunn: Edwina Dunn OBE no IRI International Growth Summit 2019. YouTube, 2019. Disponível em: https://www.youtube.com/watch?v=MM0kIL_rJWE.

HANDLEY, L. Generation Z Likely to Avoid Advertising, Use Ad Blocks and Skip Content: Study. CNBC, 11 de janeiro de 2017. Disponível em: https://perma.cc/D8WP-UWSG.

ITSMA. Moving to ABM Maturity: 2019 ABM Benchmark Study. ITSMA, 2019.

JENNINGS, K. R. Re-discovering the Three Essential Market Disciplines. Businesses Grow, 2019. Disponível em: https://perma.cc/S44Q-FRY9.

KEMP, S. Digital 2019: Q4 Global Digital Statshot. Datareportal, 23 de outubro de 2019. Disponível em: https://perma.cc/J4CQ-7PF7.

LONDON RESEARCH. Customer Analytics: The 20 Company Attributes That Lead to Business Success. London Research, 2018a. Disponível em: https://perma.cc/9B7F-4G2E.

LONDON RESEARCH. How Company Culture Drives Customer Analytics Success. London Research, 2018b. Disponível em: https:// perma.cc/GA77-Y9FD.

LONDON RESEARCH. Top Five Attributes for Customer Analytics Success. London Research, 2018c. Disponível em: https://perma. cc/3WYJ-573L.

MANGLES, C. Campaign of the Week: Has Oasis Pushed Their Advertising Gimmicks Too Far Past Good Taste? Smart Insights, 14 de junho de 2019. Disponível em: https://perma.cc/D97J-8FWQ.

OGILVY CONSULTING. The CMO and the Opportunity of an Era: Surviving and Thriving in the Age of Marketing Transformation. Ogilvy Consulting, 2018 Disponível em: https://perma.cc/VD3C-RB9H.

SCHAEFER, M. Marketing Rebellion: The most human company wins. Knoxville: Schaefer Marketing Solutions, 2019.

SUTHERLAND, R. Alchemy: The surprising power of ideas that don't make sense. Londres: WH Allen, 2019.

TREACY, M.; WIERSEMA, F. The Discipline of Market Leaders: Choose your customers, narrow your focus, dominate your market. Nova Iorque: Perseus Books, 1995.

AGRADECIMENTOS

Primeiro, um agradecimento especial à professora Moira Clark, que me encorajou a fazer pesquisas de doutorado sobre customer insight em 2004, despertando em mim uma paixão por esse assunto. Este é o livro que sempre quis escrever quando publiquei minha tese em 2008! Gosto de pensar que é um livro muito mais rico, graças à generosidade de meus colegas de marketing, todos especialistas em suas áreas.

Queria que este fosse um livro para profissionais, feito por profissionais. Um imenso obrigada a todos os entrevistados que reservaram tempo em suas vidas ocupadas para compartilhar seus conhecimentos e ideias. Muitos são velhos amigos e antigos colegas, alguns são novos amigos; foi um privilégio conectar-me a cada um deles.

Gostaria também de agradecer a Jenny Volich e Stephen Dunnell da Kogan Page, que ajudaram a dar vida a este livro, e a Katherine Hartle, pelo seu inestimável apoio editorial.

Por fim, gostaria de agradecer a minha família, especialmente minha filha, Tazmin; Viðar Þorkelsson, ex-CEO da Valitor, e; a meus amigos, por seu apoio, compreensão e incentivo durante o processo de escrita do livro.